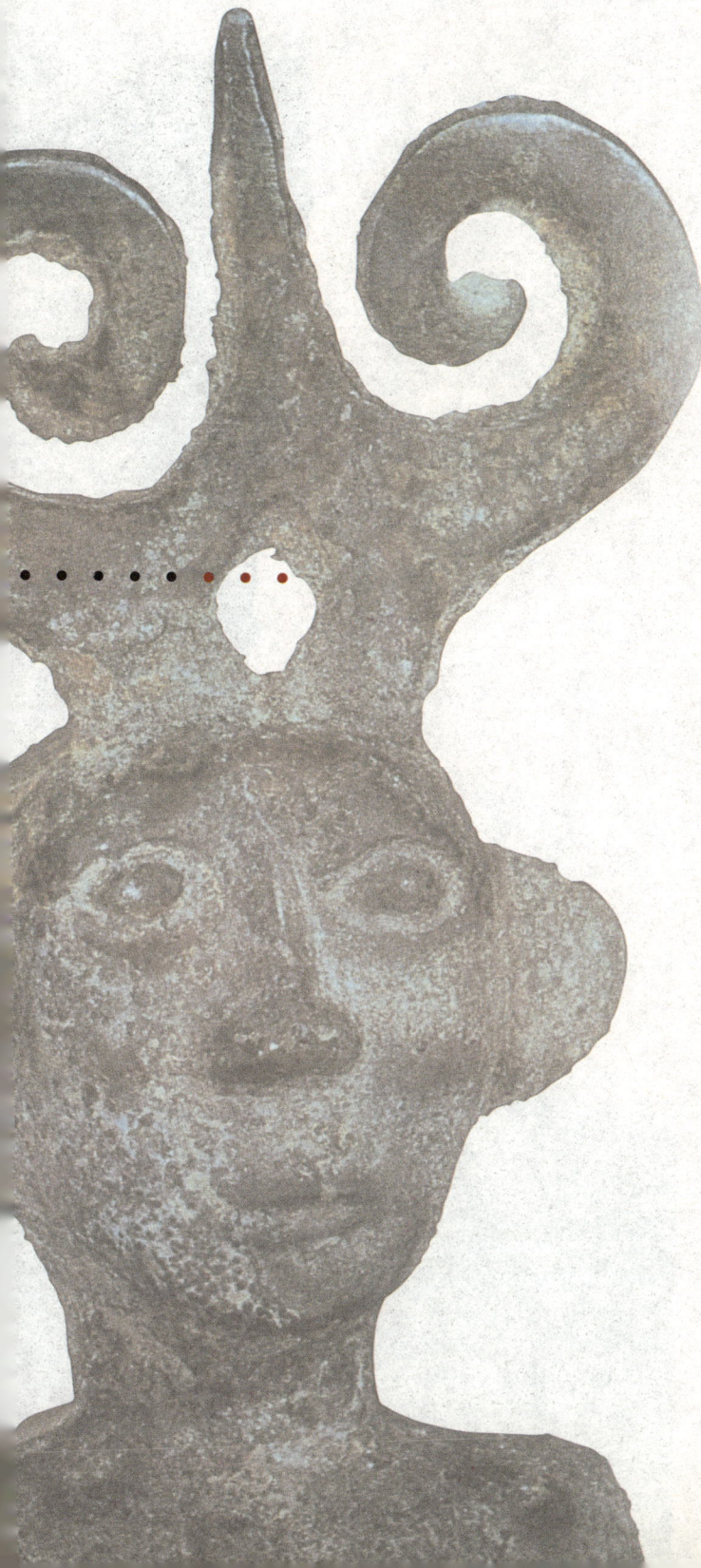

话说中国

诗经里的世界

公元前1046年至公元前771年的中国故事

杨善群　郑嘉融　著

上海故事会文化传媒有限公司

上海锦绣文章出版社

总顾问：李学勤
总策划：何承伟

本卷顾问：许倬云

主编：　刘修明
副主编：陈祖怀

正文作者（按卷次先后排列）

《创世在东方》　　　杨善群　郑嘉融
《诗经里的世界》　　杨善群　郑嘉融
《春秋巨人》　　　　陈祖怀
《列国争雄》　　　　陈祖怀
《大风一曲振河山》　程念祺
《漫漫中兴路》　　　江建忠
《群英荟萃》　　　　顾承甫　刘精诚
《空前的融合》　　　刘精诚
《大唐气象》　　　　刘善龄　郭　建
　　　　　　　　　　郝陵生
《变幻中的乾坤》　　金尔文　郭　建
《文采与悲怆的交响》程　郁　张和声
《金戈铁马》　　　　程　郁　张和声
《集权与裂变》　　　胡　敏　马学强
《落日余晖》　　　　孟彭兴
《枪炮轰鸣下的尊严》汤仁泽

辅文作者（按姓氏笔画排列）

马学强　田　凯　仲　伟　江建中　刘善龄
刘精诚　汤仁泽　杨善群　李　欣　李国城
张　凡　张和声　陈先行　陈祖怀　苗　田
金尔文　郑嘉融　宗亦耘　孟彭兴　赵冬梅
秦　静　顾承甫　殷　伟　郭立暄　程　郁
程念祺

图片提供

文物出版社、河南省博物院等单位
及（按姓氏笔画排列）田　凯　仲　伟
孙继林　李国城　何继英　陈先行　欧阳爱国
殷　伟　徐吉军　郭立暄　郭灿江　崔　陟
瞿　阳　薄松年等
本页长城照片由郑伯庆拍摄

梦想与追求

何承伟

为最广大读者编一部具有现代意识的历史百科全书

> 中国是一个拥有五千年灿烂文明史、又充满着生机与活力的泱泱大国。中华民族早就屹立于世界的东方，前赴后继，绵延百代。

> 作为中国人，最为祖国灿烂的过去与崛起的今天感到骄傲。

> 作为中国的出版人，应义不容辞地以宏大的气魄为广大热爱中国历史的读者，承担起传播这一先进文化的责任：努力使中国历史文化出版物，与中国这样一个拥有五千年文明史的过去相适应，与当代中国日新月异的发展现实相适应，与世界渴望了解中国的需求相适应。

> 人民创造了历史，历史又将通过我们的出版物回赠给人民，使中华民族数千年积累起来的灿烂文化成为当今中国人取之不尽的思想宝库，让更多的读者感悟我巍巍中华五千年光辉历史进程和整个中华民族灿烂的文明成果。

> 为此，我们作了大胆的探索：以出版形态的创新为抓手，大力提高这套中国历史读物的现代意识的含量，使图书能够真正地"传真"历史；以读者需求为本位，关注现代人求知方式与阅读趣味的变化，把高品位的编辑方针和大众传播的形式有机结合起来，独辟蹊径，创造一种以介于高端读物与普及读物的独特的图书形态，努力使先进的文化为最广大的读者所接受。

> 经过多年的努力，这套融故事体的文本阅读、精彩细腻的图片鉴赏、便捷实用的检索功能于一体的中国历史百科全书——《话说中国》终于将陆续与读者见面。这套书计15卷，卷名分别为：《创世在东方》、《诗经里的世界》、《春秋巨人》、《列国争雄》、《大风一曲振河山》、《漫漫中兴路》、《群英荟萃》、《空前的融合》、《大唐气象》、《变幻中的乾坤》、《文采与悲怆的交响》、《金戈铁马》、《集权与裂变》、《落日余晖》和《枪炮轰鸣下的尊严》）。

> 在《话说中国》这部书里，你将看到以故事体文本为主体的感性与理性的统一。

> 现代人对历史的感悟，最能产生共鸣、最能感到激动的文学样式是什么，是故事。是蕴涵在故事里的或欣喜或悲切或高亢或低回的场面。这些经典场面令人感慨唏嘘，荡气回肠。记住了一个故事，也就记住了一段历史。故事是一个民族深沉的集体记忆，容易走进读者的心灵世界，它使读者在随着故事里主人公的命运起伏跌宕之时，不知不觉地与中国历史文化进行了"亲密接触"，从而让历史文化的精华因子，潜移默化地影响着我们的行为，净化着我们的心灵。因此，《话说中国》以故事体的文本作为书的主体。同时，它还突破了传统历史读物注重叙述王朝兴衰的框架，以世界眼光、一流专家学者的史识来探寻中国历史的发展脉络与规律；以密集的信息，弥补故事叙述中知识点不足的局限，从而使故事的感性冲击力与历史知识的理性总结达成高度的统一。它让读者既见树木，又见森林；既享受了故事所带来的审美快感，同时又能寻绎历史的大智慧。

> 在《话说中国》这部书里，你将看到互为表里的图与文的精彩组合。

> 当今社会已进入"读图时代"，这一说法尽管片面，但也反映了读者的需求。在这套书里的图片与通常以鉴赏为主的图片有很大不同：

> 图片内容涵盖面广。这些图片能够深入再现历史现实，立体凸现每一不同历史时期社

出 版 说 明

会生活各方面的发展变化。透过生动的"图片里面的故事"，可以体味其中蕴涵着的深刻内容，堪称是历史文化的全息图像。它们与故事体文本相关联，或是文本内容的画面直观反映和延伸，或是文本内容的背景补充，图与文珠联璧合，相得益彰。同时，纵观整套书的图片又分别构成了一个个独立的专门图史，如服饰图史、医药图史、书籍图史、风俗图史、军事图史、体育图史、科技图史等等。

> 图片的表现形式极其丰富。这套书充分顾及现代读者的读图口味，借助现代化手段尽量以多种面貌出现，汇集了文物照片、历史遗址复原图、历史地图与示意图、透视图以及科学考古发掘现场照片在内的3000余幅图片。既有精炼简洁的故事，又有多元化的图像，读者得到的是图与文赋予的双重收获。

> 创造了一种新的读图方式。书中的图片形象丰富，一目了然，具有"直指人心"的震撼力，但在阅读过程中，尤其是在欣赏历史文化的图片中，这种震撼力很难使读者感悟到。原来他们是凭自己的文化底蕴和生活积累在品味和理解书中的图片。两者一旦产生矛盾，就不可能碰撞出火花。本书作为面向大众的出版物创造了一种全新的阅读环境：改造我们传统的图片的文字说明，揭示图片背后的信息，让读者在读完这些文字后，会产生一个飞跃，对第一眼所看到的图片有一种新的发现和新的认识。

> 在《话说中国》这部书里，你将看到一个充满数字化魅力的历史百科知识体系。

> 数字化给我们的社会生活带来了许多崭新的变化，作为文化产品的创新也不例外。为此，我们在这套信息密集型的中国历史百科全书里，大量运用了在电脑网络上广泛使用的关键词检索方式，以关键词揭示故事内核，由此来检索和使用我们的故事体文本与相关知识性信息。这套书的信息化、网络化、数字化，充分表现了中华民族不但有自强不息的过去时，前进中的现在时，而且还有充满希望的将来时。

> 一则故事，一幅图片，一个关键词，都是某个有代表性的"点"，然而这个点不是孤立的存在，而是一个有意义的叙事单位。它是中华民族的文明亮点，折射了我们民族的文化性格。把这些亮点连接起来，就会构成一条历史之"线"，而"线"与"线"之间的经纬交织，也就绘成了历史神圣的殿堂。点、线、面三维一体，共同建构着上下五千年的民族大厦。

> 著名科学史家贝尔纳曾说："中国在许多世纪以来，一直是人类文明和科学的巨大中心之一。"我们知道，印刷是中国引以为骄傲的四大发明之一，中国出版在世界出版史中，曾留下许多脍炙人口的灿烂篇章。然而近代中国出版落后了，以至于到今天与发达国家相比，无论是在出版技艺上，还是在出版理念上，都存在着不小的差距。我们在本书的出版过程中善于学习、消化与借鉴，"洋为中用"，充分发挥"后发优势"，努力把世界同行在几十年中创造的经验，学习、运用到这套书的编辑过程中，以弥补两者之间的差距。事实证明，只要我们努力了，只要我们心中有了读者，我们一样可以后来者居上。

> 中国编辑中的一位长者曾说过这样一段话："我们没有显赫的地位，却有穿越时空的翰墨芬芳；我们没有殷实的财富，却有寄托心灵的文化殿堂。"

> 在编辑这套书的过程中，我们深深感到，中国历史文化太伟大了，无论你怎样赞美，都不为过；中国历史文化又太神奇了，无论你以何种方式播种，都会有意想不到的收获。今天，我们所撷取的，只不过是其中的一朵小花，还有更多更美的天地需要人们进一步去开拓。

现代人与历史

上海社会科学院研究员　刘修明

> 历史与现代人有什么关系？历史对现代人有什么用？这并非每一个现代人都能正确回答的问题。

> 过去的早就过去了。以往的一切早已灰飞云散，至多只留下遗迹和记载。时光不能倒流，要知道过去干什么？历史无用的混沌和蒙昧，不是个别现象。在科学技术高度发达的现代社会，人们更易对远离现实的历史轻视、淡漠。对历史无知而不以为然的人，不在少数。

> 不能简单地指责这种现象。一旦通过有效途径缩短了现代人和历史的距离，人们就会从生动形象的历史中取得理性的感悟，领悟历史的哲理，开发睿智，从而加深对现代社会文明的认识，使现代人的认识和实践达到一个新的层次。那时，人们就会有一个共识：历史和现代是承续的。历史是现代人生存和发展不可缺少的内容。历史和现代人是不可分的。

> 祖国的历史是一部生动的、博大精深的启迪心智的教科书。中国历史是独树一帜的东方文明史。承载中华文明的中国历史，在她形成发展的曲折而漫长的过程中，从未中断过（不像埃及、两河流域、印度文明或中断或转移或淹没）。她虽然历尽坎坷，备尝艰辛，却始终以昂首挺立的不屈姿态，耸立在亚洲的东方。即使从19世纪上半叶开始的对中华文明一个多世纪的强烈冲击和重重劫难，也没有使曾创造过辉煌的中华文明沉沦，反而更勃发了新的生机。中国的历史学家从孔子、左丘明、司马迁开始，持续不断地以一种不辜负民族的坚韧精神，把中华民族放在辉煌与挫折、统一与分裂、前进与倒退、战争与和平、正义与邪恶的对立统一的辩证过程中，将感悟到的一切，记录在史册上。以一笔有独特美感并凝结高超智慧的精神财富，绵延不绝地传承给一代又一代炎黄子孙，从而成就了中华民族及其创造的文明的沿续和发展。中华文明的创造和中国历史的记载是不可分的。中国历史是兼容时空又超越时空的中华文明有形和无形的载体。

> 英国哲学家培根说过："历史使人明智。"历史的经验是前人付出巨大的代价（甚至生命的代价）才总结出来的。历史经验包蕴着发人深思的哲理。要深刻地了解现实，理智地面对将来，就应当自觉地追溯历史。现代人只有了解历史，才能感受历史启迪现

实的无穷魅力。惟有从历史的经验与哲理感知杂乱纷纭的现实，才能体会历史智慧的美感和简洁感。

> 这种由历史引发的智慧、魅力和美感，对丰富一个人的生命内涵，提升人的素质，是非常重要的。我们强调人的素质，但素质的基本内涵是什么，却未必很清楚。我认为，人文素质应该是人的素质的基本内涵。一个人的人文素质是由他所属的民族几千年文化创造的基因，积淀在他的血液和灵魂中形成的。以文史哲为主体的人文教育，对人的素质提高具有特别的价值。而中国历史往往又是文史哲三位一体的糅合和载体。只重视外语、电脑教育而忽视人文教育的偏向应引起重视并加以纠正。这种素质教育应当起步于一个人的青少年时代。对祖国的热爱，民族自信心的树立，正确的人生观、价值观的确立，都离不开对祖国历史的了解。只有这样的人，才能立志报效祖国和中华民族，并以他们的不断传承和新的创造，继续为人类文明的发展作出新的贡献。在共同文化血脉上发展起来的13亿中国人和5千万在世界各地的华人，都应有这样的共识，都应承担这样的责任。

> 了解祖国的历史，可以从简明的历史教科书入手，也可以从浩瀚的史籍中深究。关键是引起读者的阅读兴趣。我们这里提供的是一本图文并茂用故事形式编写的中国历史。中国有一本几乎家喻户晓、发行量达几百万册的出版物：《故事会》。这是上海文艺出版总社的名牌刊物，在社会上有很大的影响。何承伟先生从几十年编辑的成功实践中，提出了这样一部以图文并茂的故事形式并包含巨大信息量的中国历史百科全书的设想。在众多学者的参与和合作下，成就了这样一部新体裁的中国通史《话说中国》。它生动形象、别开生面的编写方式，使包括老中青在内的现代中国人，都可以轻快地从这部书中进入中国历史宏伟的殿堂，从中启迪心智，增加知识，开拓眼界，追溯历史，面对未来。它把传统的教育和未来的展望，有机而和谐地结合在一起，引导当代中国人顺应悠久古老的中国文明融注世界发展的现代潮流，以期为世界的文明发展作出新的贡献。我们相信，凝聚了几十位学者和编者多年努力的这部书，一定会为这种贡献尽其绵薄之力，发挥其应有的作用。

目录

出版说明

梦想与追求——为最广大读者编一部具有现代意识的历史百科全书 004

何承伟

一位从事出版工作30年的资深编辑对出版创新的领悟和尝试

总序

现代人与历史 006

刘修明

著名学者解析中华历史如何与现代读者对话，现代人如何走进历史深处

专家导言 012

许倬云

西周史专家谈其对西周历史的最具心得的研究精华

把中国历史的秀美景致尽收眼底 014

本书导读示意图

前言 018

公元前1046年至公元前771年

从奋发有为到昏庸腐败的兴衰历程——西周

杨善群 郑嘉融

西周经典故事94篇，生动地反映了西周前期君王创业之艰辛，中期君王治国的风波，后期君王昏庸残暴所造成的恶果。每一个故事都能发人深思，耐人寻味，使人得到深刻的教益。

○○一 巨人足迹 024
姜原因踩巨人足迹而怦然心动，怀孕生子

○○二 天才农艺师 026
弃有高超的务农本领，使天下庄稼丰收

○○三 公刘好货 028
公刘带领族众迁移，周族又发展兴旺

○○四 太王好色 030
公亶父专爱他的妃子姜女，不搞三妻四妾

○○五 太伯奔吴 033
太伯、仲雍为避让君位，长途跋涉，来到南方

○○六 季历困死 036
商王文丁猜忌周君季历，竟对他加以迫害

○○七 文王生于猪圈 039
文王的母亲道德高尚，使儿子成为一代贤君

○○八 恩泽及死人 042
对于无主尸体，文王吩咐准备棺材下葬

〇〇九 灵台欢歌　044
文王想建造一座楼台，许多人自动来参加劳动

〇一〇 流浪汉吕尚　046
姜太公流浪生活，充满着传奇色彩

〇一一 西伯昌遭囚禁　048
崇侯虎进谗言，西伯昌被纣囚禁起来

〇一二 演绎《周易》　050
西伯昌用演绎六十四卦，来排遣烦恼

〇一三 烹杀伯邑考　052
纣要求伯邑考作人质，并借故将其烹杀

〇一四 辛甲和鬻熊　054
西伯昌德高望重，周边许多贤人都来投奔

〇一五 姜太公钓鱼　056
西伯昌遇到吕尚在渭水边钓鱼，两人一见如故

〇一六 献地送玉版　058
西伯昌设计树立自己的声誉，使敌人削弱

〇一七 虞芮人诉讼　060
西伯昌抓住时机，举起灭商的旗帜

〇一八 太姒之梦　062
周王妃太姒宣传做梦，发动舆论攻势

〇一九 伐崇大捷　064
周王昌连续出兵，为推翻殷朝扫清障碍

〇二〇 太公兵计　066
姜太公满腹韬略，妙计横生

〇二一 文王临终嘱太子　068
周王昌嘱咐太子发，告以做人的道理和经验

〇二二 盟津观兵　070
周王发进行军事演习，许多诸侯前来订立盟约

〇二三 《泰誓》鼓动　072
诸侯军士纷纷会合，周王发发表长篇讲话

〇二四 险象环生　074
伐纣大军一路险情，被英勇将士一一克服

〇二五 牧野决战　077
诸侯军会师牧野，纣军前徒倒戈，一败涂地

〇二六 商容辞三公　080
周王发请商容担任周朝高官，商容推辞不受

〇二七 武王感谢殷俘　082
周王发与殷军俘虏谈话，并拱手行礼

〇二八 伯夷之风　084
伯夷、叔齐反对武王伐纣，不食周粟而饿死

〇二九 武庚与三监　086
如何治理殷民，周武王采取了怎样严密的措施？

〇三〇 箕子走朝鲜　088
箕子出奔到朝鲜，武王封他为朝鲜国君主

〇三一 治国《洪范》　090
箕子从朝鲜来到周都，向武王陈述治国大法

〇三二 周公献策　094
周公的品德、智谋，在兄弟中最为杰出

〇三三 太公丹书　096
姜太公辅助武王，教给他很多谋略

〇三四 九鼎神器　098
夏禹铸成九只大鼎，夏商周君王都在争夺

〇三五 西戎贡大犬　099
西戎进献一条大犬，召公告诫："玩物丧志。"

〇三六 肃慎献利箭　100
肃慎进献良弓利箭，武王把它作为长女的嫁妆

〇三七 未定天保　102
武王如何苦心孤诣，思索巩固政权的大事

〇三八 金縢藏策　104
武王得重病，周公祈祷，欲代武王去死

○三九 天动威 106
周公代理行政引起成王怀疑，暴风雨产生奇迹

○四○ 东征平叛 109
纣子武庚等发动叛乱，周公率军东征

○四一 《鸱鸮》诗寄意 112
东征路上周公写了一首诗，成王为诗意感动

○四二 士兵的心声 113
三年东征，凯旋归来，请看士兵吟唱的诗歌

○四三 封建亲戚 114
东征占领了大片土地，周王室大封亲戚

○四四 太公就国 117
姜太公封至齐国，很快富强起来

○四五 微子封宋 119
周公封微子建立宋国，继续统治一部分殷民

○四六 营建东都 120
东征胜利后，开始在洛邑营建东都

○四七 迁殷顽民 122
殷贵族中的顽民，周公把他们改造成为新人

○四八 伯禽定鲁 124
鲁国周围的夷人、戎人叛乱，伯禽奋勇回击

○四九 周召二公不和 126
周公摄政引起召公怀疑，周公坦诚相告

○五○ 三诲康叔 130
康叔被封在卫国，周公三发诰书，谆谆告诫

○五一 蔡仲改过 132
蔡叔子蔡仲幡然醒悟，周公复封他于蔡

○五二 制礼作乐 134
周公主持制礼作乐，使人民和睦，颂声四起

○五三 《甘棠》思召公 138
召公一生勤于政事，经常巡行乡邑，体察民情

○五四 齐鲁霸王 140
两种治国方针，造成不同结果，发人深省

○五五 叔侄情深 141
周公成王，一对叔侄，深厚情谊，千古传颂

○五六 周公求葬 144
周公临终要求把自己葬于东都，成王如何处置?

○五七 熊绎封楚 146
周公把熊绎封到荆山，欲以楚国作南方屏障

○五八 成王惧 148
成王与康王在位期间，成为西周的黄金时代

○五九 昭王南征 151
昭王为掠夺财富，南征楚国，结果全军覆没

○六○ 穆王得白狼 153
为征服犬戎，穆王大军进讨，结果一无所获

○六一 吕侯修刑 155
穆王因刑法讲话，吕侯整理责成四方遵守

○六二 放纵远游 159
周穆王最喜欢旅游，有过神话般的经历

○六三 造父驾八骏 160
造父驾着八骏拉的马车，让穆王长驱西游

○六四 西域风光 162
穆王朝西北长途漫游，形成极为壮观的场面

○六五 见西王母 164
在漫游西域途中，穆王传奇故事，神乎其神

○六六 盛伯献女 166
盛伯献上女儿陪穆王游玩，产生了一段恋情

○六七 寒日哀民 168
穆王听说路有冻死人，他挥笔作诗，深感不安

○六八 高奔戎捕虎 170
穆王忽遇猛虎，高奔戎上前搏斗，把老虎活捉

○六九 密康公得三女　　172
密康公骗得三个姑娘，没有上献，被恭王攻灭

○七○ 孝王和西戎　　174
周孝王在西面作了两块屏障，使西戎不敢来犯

○七一 奴隶买卖　　176
贵族把奴隶当物品，用来赏赐、买卖或赔偿

○七二 熊渠兴兵　　178
熊渠见周夷王恶疾缠身，乘机兴兵，称王称霸

○七三 齐哀厉之乱　　180
纪侯进谗言，周夷王就把齐君烹死，造成内乱

○七四 牧牛打官司　　181
牧牛因上司欺侮告状，结果被罚，又挨鞭打

○七五 国人暴动　　182
周厉王实行专制，引发国人暴动而狼狈逃窜

○七六 召公救太子　　184
召穆公为救太子，把自己儿子交出，被人打死

○七七 殷鉴不远　　186
在厉王专制年代，召穆公作许多诗歌进行劝谏

○七八 芮良夫怒斥周厉王　　188
芮国国君芮良夫，在朝廷怒斥厉王的倒行逆施

○七九 不藉千亩　　190
西周每年春天举行藉田礼，宣王即位进行改革

○八○ 中兴盛事　　192
宣王初年任用贤良，局势好转，人称"中兴"

○八一 秦仲之难　　195
秦仲惨遭西戎杀害，秦国反击西戎逐渐壮大

○八二 姜后脱簪待罪　　196
宣王终日与女人为乐，姜后使宣王猛醒

○八三 废长立少生乱　　198
宣王命鲁武公次子为世子，酿成鲁国大乱

○八四 杜伯射宣王　　200
杜伯无辜被斩，三年后有人装杜伯将宣王射死

○八五 取名"仇"起祸　　202
晋穆侯长子名"仇"，少子名"成师"，造成内乱

○八六 地震议政　　204
幽王二年京城大地震，史官议论"周朝要灭亡！"

○八七 褒姒来历　　206
宠妃褒姒是个妖孽之种，这是编造出来的

○八八 烽火戏诸侯　　208
为使褒姒一笑，幽王烧烽火，让诸侯都来营救

○八九 宜臼怨愤　　210
幽王前妻所生太子宜臼被逐出宫廷，忧伤怨愤

○九○ 幽王之死　　211
申侯联合犬戎攻破镐京，幽王仓皇出逃被杀

○九一 讽刺诗流行　　212
西周末年讽刺诗，矛头直指君王和高层贪官

○九二 不平则鸣　　214
遭遇不平作咏叹诗，表达西周末年各阶层心声

○九三 郑桓公救国　　216
郑桓公在东边找了块地方使郑国免遭灭亡

○九四 金文宝器　　218
西周铭有金文的铜器数百件，都是传世珍宝

聚焦：公元前 1046 年至公元前 771 年的中国 220

专家导言

> 西周历史的史料，当可分为文献与考古资料两类。文献之中，又以《诗经》、《周易》与《左传》为最重要。考古资料又可分为遗址、实物及铜器铭文三项。重建古史，因为年代久远，资料又少，大致只能略知轮廓，难求细节。所幸这些资料，颇有可以由互勘而得证实之例。

> 例如：周代封建亲戚，以为藩屏，其分封礼仪，有一定的程式。今日所见资料，《左传·定公四年》封唐叔于晋；《诗经·崧高》封申伯，《诗经·韩奕》封韩侯；铜器铭文中，宜侯簋与大盂鼎两器铭文：凡此个案，其铭述所及，均为封土地，封人民，语气规格，均属类似。

> 又如：西周诸王世系，《史记》已有详列，也与《左传》各处所记符合。近来出土的史墙盘，记载的西周诸王，由文武到恭王；最近出土的逨盘，铭文记载文武以至厉王的次序；这两件器铭简述诸王的若干大事，也与《史记》等文献资料所记，大致相合。至于诸王世代次序，则一概吻合。——由此可见，传世文献资料，大致可以作为周代历史的史料。

> 近年来，三代年代学的排列乃是众所注目的大工程。这一计划已有相当成果。然而，古史年代，实与古代年历学有难以分割的关联。古代年历，以其测候与计算方法，并不精密；自古以来，如因长期积累的误差，导致不符天象的记时，历官必须有所校正，或加或减，记载的日月即可能有出入。以最近陕西眉县杨家村出土单氏家族的逨鼎两器铭文而言，其中四十二年五月既生霸乙卯，与

四十三年六月既生霸丁亥，两个既生霸，即使月相是时段，不是定点，两者相差可有九日，是以其中必有一个是错的。以此为例，古代记时的资料，既不能件件都准确，则我们又如何能以或有错误的资料，强求其处处密合，企图重建一个丝缕入扣的古史年代？

> 西周在中国历史上的意义，或可谓华夏体系的初次具体成形。商王国诚为中国古代中原大国，但四周颇有其他势力，夏与周都先后与商并峙。周室建立封建网，封国遍布各处。在这一封建网内的人民，即是"诸夏"的成员。这一文化体系，有其政治、经济、社会及信仰等种种关系，千丝万缕，编织为一个当时的主流。后来西周覆灭，政治主权分散了，然而文化上的主流，仍在诸夏世界；是以齐桓晋文所捍卫者在此，孔子所阐释者也在此。日后中国文化，继长增高，其原来基础，仍在周代出现的天命——那一普世无私的道德观念！

> 西周历史由盛而衰，当可视作一发展过程。西周封建，将各处族群的精英，结合于严密的"礼""乐"及宗法秩序之中，这是走向"合"的阶段，从此中国有了一个华夏体系。日久之后，诸侯安于土著，当地的利益与感情，重于对中央的向心。这是一个走向"分"的阶段，从此中国有多元的文化发展，互相激荡，彼此竞争，又彼此影响，遂有春秋战国的文化高潮。

> 西周史不能与东周分割，许多东周发生的文化现象，其根源还是在西周。周祚八百年，的确是中国文化的苗生时期。

本书导读示意图

　　《话说中国》作为融故事体的文本阅读、精彩细腻的图片鉴赏于一体的中国历史百科全书，其中包含着无数令人神往的中国历史的秀美景致，它们经纬交织，互为表里，形成了中华民族上下五千年的灿烂文明。

　　如同游览名山大川离不开导游和地图的指点，通过以下图例的导读提示，读者定能够尽兴饱览祖国历史美景，流连忘返。

随时感受历史文化的魅力与编纂创意的匠心

　　整个版面构成充分体现出本书以故事体文本为主体的特点，体现出本书作为历史百科全书的知识信息密集、图文并重的特点，使读者在本书任何一个页面上，都能感受到历史文化的魅力与编纂创意的匠心。

导读、段落标题与编号，能更好地理解故事精髓，更好地运用故事

　　为了更好地理解故事，在实际学习生活中运用故事，本书在故事体文本中，特地为读者准备了故事导读、故事段落标题与故事编号等三个重要内容。故事导读是概述故事精要，它与故事段落标题，都是为了让读者更好地理解故事的精髓，同时让读者以一种轻松便捷的方式快速获得文本重要信息。

人物、典故和关键词具有很大信息量和实用性

　　在每一则故事中，都含有故事核心内容（即故事内核）、故事人物等基本要素。本书将此提炼出来，标注在每则故事的右上角（加上故事来源），使之具有很大的信息量和实用性。

建构多元、密集的知识性信息，构成了全书另一个重要组成部分

　　以密集的信息，弥补故事叙述中知识点不足的局限，从而使故事的感性冲击力与历史知识的理性总结达成高度的统一。它让读者既见树木，又见森林；既享受了故事所带来的审美快感，同时又能寻绎历史的大智慧。如"中国大事记""世界大事记""历史文化百科"和图片说明文字等专栏中的有关内容，都是经过精心选择的练达的知识板块，既是历史知识的精华，又是广泛体现"活"的历史，体现当时社会人生百态，体现当时寻常百姓的寻常生活。

再现历史现实的图片系统

　　图片内容涵盖面广泛，能够深入再现历史现实，观赏效果细腻独到，立体凸现了每一不同历史时期社会生活各方面的发展变化。透过生动的"图片里面的故事"，可以体味其中蕴涵着的深刻内容，堪称是历史文化的全息图像。

　　《话说中国》以精美绝伦的文字和图片，将中华民族最可宝贵的民族精神和生生不息的文化传统，演绎得生动而传神。看了这张导读图，你就开始一程赏心悦目的中国历史文化之旅吧。

　　故事标题。

　　故事编号：与"人物""典故""关键词"等相联系。

历史文化百科：是精选的历史文化百科知识，分别涉及政治、经济、文化、科技等十余个知识领域。

中国大事记：以每卷所在历史年代为起止，精选与故事相应相近年代的中国历史文化重大事件，以此体现中国历史发展的基本脉络。

故事导读：概述故事精要，更好地理解故事精髓。

世界大事记：以中国大事记为参照，摘选相应年代的世界各国历史文化重大事件，以此体现本书“世界性”的理念。

前842年

公元前842年

世界大事记

以色列耶户王朝建立。

穆王 祭父 造父

享乐 闲适

《穆天子传》卷一至卷四

人物 关键词 故事来源

人物、典故、关键词、资料来源：将故事的人物、关键词提炼出来，标注于此（加上故事来源），使之具有很大的信息量和实用性。

少数民族献上美女和珍奇的特产

不久，天子开始西游，到达赤乌。赤乌人献马、牛、羊、穄麦给天子。穆王使大臣祭父接受这些礼物，说：“赤乌民的祖先与周室本为同一宗族。周太王亶父开始经营西土，封他的嬖臣长季绰在舂山，把大女儿嫁给他，作为周室的卫护者。”于是，穆王赐给赤乌人黄金、贝带、朱砂等物，又说：“赤乌山，是天下的良山，宝玉所出，嘉谷生长，草木硕美。”他很喜欢这里的禾谷，带了一些种子回去，准备在中国种植。天子玩得高兴起来，命乐队奏起“广乐”。赤乌人又献了两个美貌女子给天子，穆王喜形于色，赞美说：“赤乌，美人之地也，宝玉之所在也！”

经过一段时间的北征、西征，穆王想要返回京师，就开始向南、向东而行。一天，来到重邕氏居住的黑水之滨，看见野麦、答堇等庄稼，西域人称为“木禾”，是重邕人的主要食粮。接着，又来到附近的采石之山，看到许多玲珑的玉石。穆王十分喜爱，便亲自拾取采石，让重邕人铸成器具。天子高兴地与重邕人一起饮酒，并赐给他们黄金、银乌等物。过了三天，穆王来到文山之下。文山人献上良马、牥牛，说此牛能像骆驼一样行走在流沙之中。天子又看到毛长得很长、样子奇特的豪马、豪牛、龙狗和豪羊，大开了眼界。

三足鸟尊

西周中期青铜器，通体作大鸟形，鸟身肥硕，昂首腆胸，腿粗壮，宽尾，尊口在鸟背，鸟腹部再加一足，以保尊体平稳。

西周古今地名对照表

西周古地名	今地理方位
有郃氏	山西稷山县、闻喜县一带
邰	陕西武功县
豳	陕西彬县东北
周原	陕西岐山县南
程	陕西咸阳市东
义渠	甘肃庆阳县、泾川县一带
吕（东吕）	山东莒县东
棘津	河南延津县东北
盂津（盟津）	河南孟津县东北
朝歌	河南淇县
良	江苏邳州市北
羑里	河南汤阴县北
散	大散关，陕西宝鸡市南
长子	山西长子县
丹阳	①河南西南部丹江、淅水会合处 ②湖北秭归县③湖北枝江市
虞	山西平陆县
芮	①山西芮城县②陕西大荔县东
密（密须）	甘肃灵台县西
阮、共	甘肃泾川县
黎	山西黎城县东北
邗	河南沁阳市
崇	河南嵩县、嵩山一带
丰	陕西长安县西南
镐（宗周）	陕西长安县东南
怀	河南武陟县西南
共头山	河南辉县市东南

故事段落标题：揭示本段故事主题，具有阅读提示和增加阅读悬念的作用。

以直观的表格形式，便于读者对分散信息作系统的查考。

图片：涵盖面广泛，能够深入再现历史现实。纵观整套书的图片，又分别构成了一个个独立的专门图史。

图片说明文字：深入揭示图片“背后”的历史文化内涵，读完这些文字，就会对图片有新的发现和新的认识。

公 元 前 1 0 4 6 年 ＞ ＞ ＞ ＞ ＞公 元 前 7 7 1 年

西周

前言

公元前 1046 年至公元前 771 年
从奋发有为到昏庸腐败的兴衰历程
西周

上海社会科学院历史所研究员　杨善群
上海市第五十九中学教师　郑嘉融

〉继夏、商二代之后而建立的西周王朝，在经济、政治、文化等方面都有了新的发展。周人作为一个古老的部落，在夺取全国政权的道路上有着许多不平凡的经历，出现了像文王、周公那样的政治家、军事家。西周的分封诸侯和"制礼作乐"，在历史上产生过深远的影响。由于统治者剥削的相对减轻，社会秩序稳定，西周初年出现了中国历史上第一个太平盛世——"成康之治"。

〉《诗经》中的不少西周诗歌和长达数百字的西周铜器铭文，是历史上文化艺术的精品。西周后期社会矛盾加剧，出现了像厉王、幽王这样的昏君、暴君，导致西周王朝的覆亡。回顾西周的这段历史，会使我们增长见识，给我们许多启示。

夺取天下政权的艰难历程 〉周族原来是和夏、商同样古老的部落。周的始祖弃，传说曾经在尧舜的部落联盟中担任后稷的官，负责管理农事。周部落起初活动于今山西西南部和陕西中部一带。夏末商初，由于局势的动乱，周部落在不窋的率领下，北迁到今甘肃庆阳地区。至商朝早期，公刘又南迁至豳，在今陕西彬县西北。周人在豳地整治农田，改良工具，发展生产，一天天繁荣壮大。商朝晚期，为避戎狄部落的侵扰，公亶父率领周族南迁至岐山之阳。周人在这里发展经济，壮大军事力量，开始有了剪灭商朝的志向。因此，后人称岐山之阳为"周原"，公亶父被追尊为"太王"。公亶父之子季历不断向周围的戎狄部落发起攻击，扩展疆土，周人成为西方强大的方伯。季历之子昌就是有名的周文王，他进一步发展经济，善待百姓，联合诸侯，势力不断壮大，已经是"三分天下有其二"。周文王后期公开宣称"受天大命"，向商的属国及王畿连续攻伐，奠定了灭商的基础。〉文王去世后，太子发继位，他就是周武王。武王积极准备伐商，即位后不久就在孟津观兵，举行军事演习，当时来会合伐商的诸侯就有八百多。过了两年，武王判定伐商的时机已经成熟，就出动大军向商都进发。商纣闻讯周军来犯，也临时拼凑些卫队和奴隶武装前来抵御，两军相遇于商都南郊的牧野。当周军发动进攻时，商师的前锋发生倒戈，很快就土崩瓦解。商纣见大势已去，急速驾车回宫，抱着搜刮来的财宝自焚而死。周武王进入商都，祭告天帝和祖先神灵，宣布接受天命，代商而统治天下。这个仪式，标志着周朝政权的建立。〉为统治新征服的殷民，武王封纣子武庚留在殷都，当周朝的诸侯。另外，又封武王的三个弟弟管叔、蔡叔、霍叔在武庚周围，以监视武庚的行动，称为"三监"。武王因操劳过度，在克殷后二年猝然病逝。武王去世后，太子诵继位，他就是周成王。成王年幼稚弱，由叔父周公代理行政。管叔、蔡叔怀疑周公欲篡王位，散布流言蜚语。武庚见有机可乘，便煽动管、蔡，联合东方诸国，发动叛乱。面对严重的局势，周公先说服王室内部，再组织军队东征。经过近三年时间的征战，周公攻灭武庚，诛杀管叔，流放蔡叔，并平定了参加叛乱的东方诸国。周公这次东征，使周朝政权稳固起来。

公元前 1046 年至公元前 771 年
从奋发有为到昏庸腐败的兴衰历程
西周

巩固王朝统治的有力措施 ＞ 周公东征平定叛乱后，新占领了东方的大片土地，必然要采取措施，巩固在那里的统治。他一方面在洛邑即今河南洛阳市营建东都，以作为控制东方的中心；一方面大封亲戚、功臣为诸侯，作为周朝在四方的统治据点。在中原地区，他封小弟康叔于殷地，建立卫国，封服顺周朝的原殷贵族微子启于商丘，建立宋国，统治殷遗民；封自己的长子伯禽于东方的奄，即今山东曲阜，建立鲁国；封功臣吕尚即姜太公于营丘，在今山东淄博，建立齐国；封成王弟叔虞于唐，在今山西临汾、翼城一带，建立晋国。在北方，武王时已封同姓亲属召公的长子于蓟（音计），在今北京市西南，建立燕国；在南方，又封亲顺周朝的鬻熊的后代熊绎于今湖北西南部，建立楚国；在东南方，有周太王长子太伯和次子仲雍在今江苏南部建立的吴国，武王时也已加封为诸侯。其他同姓亲戚和异姓功臣的封国星罗棋布，穿插其间。据说周初分封的诸侯有七十一国，而姬姓亲戚的封国占了五十三个。＞为控制这些诸侯，不让他们成为独立王国，周朝规定了许多约束的制度：在分封诸侯时一般有"授民授疆土"的仪式，规定其封疆的大小和爵位的等级；封国内要实行周室的政令，某些重要官吏由周天子任命；诸侯每隔一段时间要到王廷朝觐述职，并要交纳一定的贡赋；诸侯的军队要服从王室的调遣，并派劳力为王室服役。按照周王分封诸侯的模式，诸侯对其属下卿大夫也分封以采邑，卿大夫对其下属的士也封以食地。这样，周天子以逐级分封的方式，建立了一套严密的统治网。＞周代国家机构比前代又有所完善。周王左右的辅佐官有太师和太保，合称"师保"，掌握军权，参谋国事；又有太宰，总揽一切政务。其下比较重要的职官有：司徒掌管民政，司马掌管军赋，司寇掌管刑法，司空管理工程。另有太祝、太卜负责宗教、祭祀事宜，太史、内史掌管天文历法、文献典籍、起草和发布王命。周朝国家常备军总兵力有十几万人，其中"西六师"驻守西部旧有本土，"成周八师"镇慑东方新占领的疆域。周代的刑法在《禹刑》《汤刑》的基础上，又制定了《九刑》。其中，脸上刺字的墨刑和割鼻的劓刑各有千条，斩足的刖刑有五百条，割去生殖器的宫刑有三百条，斩首的大辟有二百条。其法网严密如此。周公还制订了礼，作为人们普遍应该遵守的规范，又主持创作乐舞，作为感化人心的艺术手段。

经济与文化的长足发展 ＞ 由于西周初期国家对农业生产的重视，对劳动者的剥削相对有所减轻，因此当时的农业出现了较快的发展势头。金属农具的普遍使用，大大提高了农业生产的效率。当时流行的两人协力合作的耦耕方式，也加快了耕作的进度。在农业技

术方面，当时已掌握了田地休耕、选择良种、除草积肥、消灭虫害等方法。《诗经》中相当多的西周农事诗，描述当时农田的丰收景象，各处的粮食堆积如山，鳞次栉比，装满了"百室"、"千仓"、"万箱"。这是西周农业长足发展的生动反映。﹥手工业工人和商人在西周都由官府控制，当时称为"工商食官"。西周的手工业仍以青铜器最为著名。青铜器铸造的地域广泛，数量大增。历代出土的西周青铜礼器、用具、兵器、工具，数以千计，还出现了一些新的品种。如乐器中的钟、镈，兵器中的戟、剑，都是过去所没有的。在不少铜器上铸了长达数百字的铭文，这更是世界工业史上的奇观。其他如陶瓷器制作、玉器雕刻、丝绸纺织、皮革加工、车辆制造等方面，在西周都有较明显的发展。﹥"工商食官"的制度到西周后期已有所改变，出现了一批不受官府控制的自由商人。《诗经》中有"如贾三倍"的诗句，说明从事商业活动可以得到三倍的厚利。在各大都邑已出现了交易市场，市场上的贸易由专人进行管理，制发买卖的券契。商业交换中的货币，仍是来自远方海边的贝。铜也被用作交换中介，后来就发展为铜铸货币。民间的买卖仍然是以物易物居多，《诗经》上说，有人抱着布去买丝。贵族间物品交换的形式更是多种多样：据金文记载，有人用一匹马、一束丝去买五名奴隶，有人用价值八十朋的瑾璋换得了十块田，还有人用良马四匹换取了三十块田。﹥青铜器上的长篇铭文，成为西周文化的一个重要特色。这些铭文，记述了有关政治、经济、军事各方面的史实，对研究西周社会历史有较高的价值。西周的甲骨文和金文，又增加了不少单字，在书法上也有演变，是研究我国文字发展史的重要资料。西周时期的史官保存了相当丰富的文化典籍。《尚书》中的《周书》和《逸周书》中的许多文章，结构严谨，文辞生动，是当时的重要历史文献。《诗经》是我国最早的一部诗歌总集，其中的《周颂》、《大雅》、《小雅》和《国风》中的部分诗篇，是西周时期的作品。这些诗篇，有的是庙堂的颂歌，有的是贵族对生活的赞美和感情的抒发，还有下层庶民的哀怨和控诉，比较全面地反映了当时的社会风貌，具有极高的史学和文学价值。西周又是音乐发展的重要时期。西周的乐器种类增多，音乐理论也日趋完善。在朝会、祭祀等重大典礼时都要演奏音乐，表演乐舞。

昏君暴君肆虐导致王朝覆灭 ﹥分封诸侯进行统治的西周，到中期以后，它的矛盾

开始暴露出来。由于王室不断给亲属分封土地，这些土地为世袭占有，不能收回，因此，属于周天子的土地就越来越小，人民也越来越少。反之，一些诸侯通过兼并小国和征服少数民族，其势力愈来愈大。到周昭王时，昭王率六师征伐南方不服王命的楚国，不幸落水身亡，全军大部覆没。这是周王室衰微的开始。西北地区的犬戎，一直是周朝的"荒服"。周穆王因其朝贡失职，率兵西征。犬戎在山区中打游击，周军无法对付，只猎得四白狼、四白鹿而归。这次西征，进一步说明周王朝的无能。同时，由于君王的专制腐化，在统治阶级内部出现了劳逸不均、分配不公、家产被夺、政治失势等状况，不少人在埋怨、愤恨。处于社会下层的平民和奴隶，更因不堪忍受统治者的贪婪剥削而逃亡他乡，或群起进行反抗斗争。周王朝出现了深重的危机。﹥在西周国都周围，居住着一批有权参加军队的平民以及工商业者，称为"国人"。到西周后期，由于统治者的贪婪剥削，国人的生活状况日趋恶

化。周厉王任用好专利的荣夷公为卿士，垄断山林川泽的一切收益，不许国人前往采樵渔猎，国人开始发出怨言。周厉王又请来卫国的巫师监视民众，凡被卫巫指控为"诽谤"的人，都遭杀戮。这样，国人再也不敢说话，厉王洋洋自得。召公劝谏厉王道："堵塞人民的嘴不让发表言论，这是很危险的。防民之口，甚于防川。堵塞河水而决溃，伤人必多；堵塞民口更会如此。"厉王不听劝告，仍一意孤行。过了三年，愤怒的国人忍无可忍，乃群起暴动，冲进王宫。周厉王狼狈出逃，渡过黄河，一直奔到彘（音志）邑，在今山西霍县。厉王被赶跑了，国人便拥立好贤行仁的诸侯共伯和代理行使天子职权。这一年历史上称为共和元年，据推算当公元前841年。从共和元年开始，中国历史有了确切可靠的纪年。＞共和十四年，公元前828年，周厉王在彘去世，太子静即位，这就是周宣王。本来，每年春天，周王总要带着群臣百姓到千亩大田中举行共耕公田的"藉田"仪式。由于公田的荒废、战争的频繁，宣王即位"不藉千亩"，把这种仪式取消了。在周朝京城混乱的情况下，边境许多少数民族认为时机已到，纷纷向中原地区侵扰。面对严峻的局势，宣王整顿军队，派出将领，北伐猃狁，南征荆楚，东服淮夷，西征西戎，取得了不少胜利，被史家誉为"宣王中兴"。其实，这些战争消耗了大量的人力物力，使周朝大伤元气。特别是后期伐姜戎遭到惨败，丧失了大量军队。为了补充兵员和财源，宣王曾"料民于太原"。"料民"即调查户口，整顿赋税，征发壮丁参军，这激起了贵族和平民的普遍反对。宣王又使鲁武公废长立少，造成鲁国内乱。此后，宣王出兵伐鲁，擅立另一个小儿子为国君，引起诸侯的强烈不满。宣王时周朝的危机进一步加深了。＞宣王在位四十六年去世，子宫涅继位，他就是西周的末代天子周幽王。幽王初立时，社会动荡不安，王畿周围的三川发生强烈地震，于是有人就预言："周将亡矣！"幽王与厉王一样，任用"善谀好利"的虢石父为卿士，大肆搜刮民财，引起国人极大怨愤。他又宠爱后得的妃子褒姒，立她为王后，以褒姒子伯服为太子，而废弃前妻申后和太子宜臼，遭到诸侯的反对和舆论的谴责。申后的父亲申侯以替女儿和外孙伸冤为名，联合犬戎部落和缯、吕等诸侯国，发兵进攻周都镐京。＞原来在西周从都城到边境的大道上，每隔一定距离都设有烽火台，以报告军情。当边境有敌人来犯，烽火台点燃烟火，很快就传到都城及附近各地。附近的诸侯看到烽火，知道有敌寇入侵，都派军队前来保卫周王，这样可以保障都城和周王的安全。幽王为了博取宠妃褒姒开口一笑，竟把烽火当儿戏。一次，幽王命令京城周围点起烽火，各地诸侯以为王室有了危难，都赶快出动军队前来救急。当诸侯们知道幽王是为宠妃点烽火，拿诸侯的军队寻开心时，个个怒不可遏，表示今后见烽火再也不来了。申侯及犬戎来攻镐京，幽王命点烽火无人来救。幽王遂被犬戎杀于骊山下，褒姒作了犬戎的俘虏。犬戎又在镐京烧杀抢掠，城内一片狼藉，遭到极大破坏。西周政权在犬戎及部分诸侯的联合攻击下，宣告灭亡。＞西周王朝从公元前1046年武王克商开始建立，到公元前771年幽王被杀而灭亡，共传11代，有12个王相继登位，前后约经历275年。幽王死后，申侯等拥立太子宜臼为天子，他就是周平王。由于镐京残破不堪，又处在西边戎狄的控制下，平王乃将都城东迁洛邑，于是开始了长达五百多年的东周列国诸侯混战时期。

公元前1046年至公元前771年
从奋发有为到昏庸腐败的兴衰历程
西周

有待解开的谜团：南宫乎钟（局部图）

公 元 前 1046 年　西周　公 元 前 771 年

西周封国图

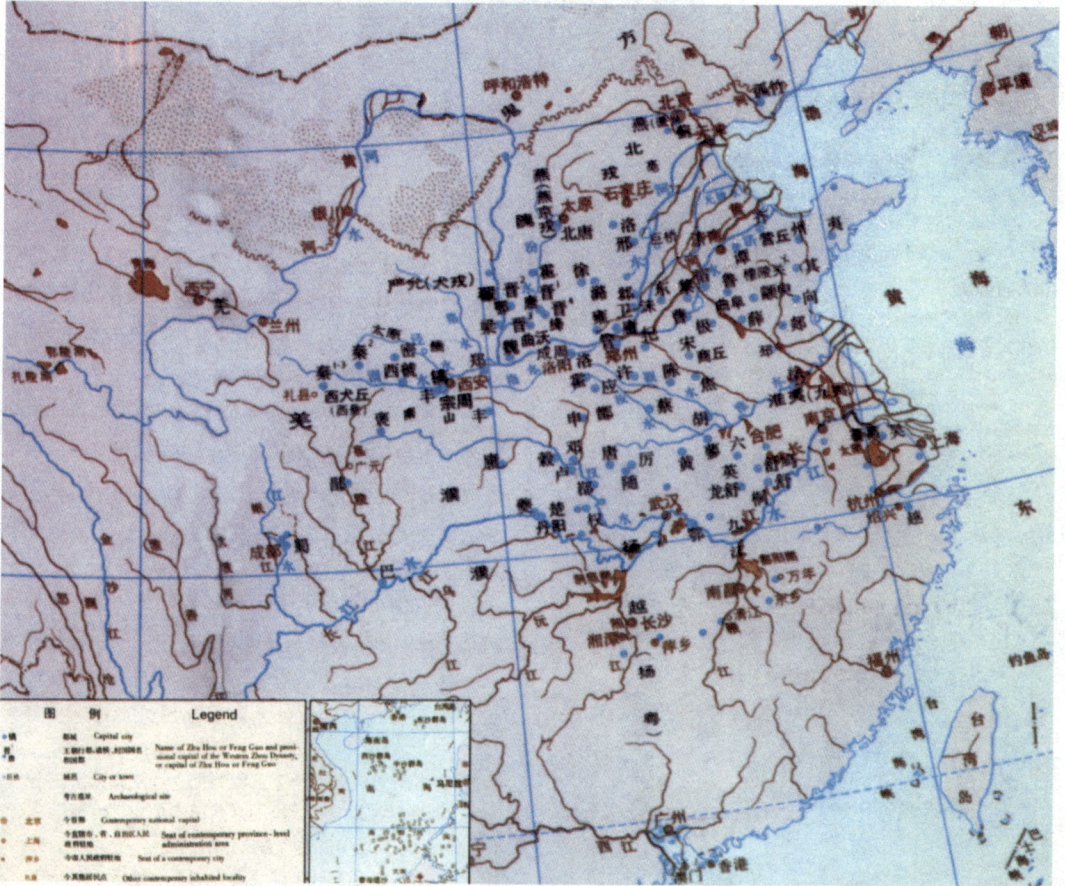

选自谭其骧主编《中国历史地图集》第一册：原始社会、夏、商、西周、春秋、战国时期

西周世系表

弃（后稷）……不窋→鞠→公刘→庆节→皇仆→差弗→毁榆→公非→高圉→亚圉→公叔祖类→公亶父（太王）→季历（公季、王季）→文王昌→武王发
（以上周先公世系）

武王发　2 成王诵　3 康王钊　4 昭王瑕　5 穆王满　6 恭王繄扈　7 懿王囏　9 夷王燮　10 厉王胡　11 宣王静　12 幽王宫涅

8 孝王辟方

继夏、商统一天下政权的是周朝，周朝政权的主体是周族人。周族的祖先早在尧舜时期已有活动的足迹，经过夏、商两代一千多年的变迁，周族人在艰难曲折的过程中发展壮大，终于推翻商朝成为天下的统治者。讲述周朝历史，首先要讲的是关于周族始祖诞生的离奇故事。

巨人足迹

周族祖先弃的母亲姜原，因踩了一个巨人足迹而怦然心动，怀孕生子。这说明当时还处在母系氏族社会，谁是孩子的父亲是不知道的。

姜原野外游玩而怀孕

传说古代有一个叫"有邰氏"的部落，它的活动地域在今山西西南部的稷山、闻喜一带。有邰氏有个女人叫姜原，有一天，她和同伴到野外游玩，看见一个巨人的足迹。姜原正当十八九岁青春萌动期，她想这样巨大的足迹，其人一定高大英俊，心中萌生爱慕之情。出于好奇，她把自己的脚踩到这巨人足迹上面，想看看这足迹究竟比她自己的脚大多少。不料这一踩，姜原身上仿佛受到一股魔力冲击，腹中产生了怀孕的感觉。这奇异的感觉竟然是真的。经过十月怀胎，生下了一个男孩。

姜原踩巨人的足迹而怀孕，这纯粹是偶然的巧合。原始社会末期的氏族部落，男女关系比较随便。有邰氏部落的女人，可以和外部落的男人发生关系。在姜原踩巨人足迹之前，肯定已经怀有身孕，只是还没有发觉。踩巨人足迹时，由于心中激动，这怀孕的感觉便突然显现出来，因此误认怀孕是由于踩巨人足迹而引起的。

不祥的孩子如有神在保护

姜原生下的孩子不知道父亲是谁，如果是那个留下足迹的巨人，他又在哪里呢？事情发生得如此蹊

伟大的母亲

姜原，帝喾之妃，生子弃。《诗·鲁颂·閟宫》称姜原光明又伟大，品德纯正无瑕疵。

后稷圖

姜嫄

后稷

> 历史文化百科 <

〔周夏二族同源〕

中国历史上第一个王朝的创立者夏族和第三个王朝的建立者周族，他们是同源的部族，关系十分密切。这是近年一些学者所作的论证。

周人和夏人早年都活动于同一个地区，即今山西西南部。许多历史记载都说，周人的祖先后稷继承了夏禹的事业。《尚书·周书》中有多篇，周人自称"我有夏"。这些都表明，周人和夏人原是同一部族的两个分支。

前1120年
公元前 1120 年

世界大事记
阿拉伯半岛南部约于此时出现马因王国。

《诗经·大雅·生民》
《古列女传·卷一》

灵感
猜疑

姜原
弃

人物　关键词　故事来源

跷,部落里的人都认为这是一个不祥的孩子,应该把他抛弃掉。起初,姜原把孩子抛弃在街道里巷之中。当时街道里巷来往的大牲畜很多,姜原本想这个孩子会被牲口踩死。谁知成群而过的马、牛见了这个襁褓中的孩子,都绕道而行,避而不踩。过了好长时间,那孩子还是安静地在那里睡觉。姜原又把孩子放到山林中,想让野兽来把他咬死或吃掉。然而,山林中有很多人来砍柴,他们看到这孩子十分可爱,有的来引逗他,有的怕他冷,还给他盖了衣服。过了一段时间,孩子仍然安全无恙。后来,姜原又想出了一个办法:何不把孩子抛弃到河渠中的冰上?当时正是寒冬腊月,北风呼啸,把孩子放到冰上,很快就会冻死。不料,孩子出现在冰上后,天空中许多大鸟一起飞下来用翅膀覆盖着孩子,使他不致受冻。孩子仍然没有受到丝毫损害。

做母亲的毕竟疼爱自己的孩子,在这三番五次的折腾中,孩子如有神在保护。姜原就抱回孩子,决定抚养他长大。因为最初要抛弃掉,就给他取名叫"弃"。他就是周族的始祖。周族从弃开始,代代相传,不断发展壮大。

西周早期玉人
浅黄色的圆雕站立人,头戴歧角高帽,长扁脸,阔鼻,身着袍服。下半部为尖锥形,不露足,颈下有一个小孔。1972年甘肃白草坡2号墓出土。

周始祖弃
上古神话中弃的诞生带有悲苦色彩,据《史记·周本纪》载,帝喾的妃子姜原在郊外路上巨人脚印而怀孕,生下一子,以为不祥,便弃之隘巷、山林和冰上,可是这孩子却受到鸟兽的呵护。姜原觉得太神奇了,就把他抚养成人,因为有抛弃而未成的经历,故取名为"弃"。弃就是以农业起家的周民族的始祖,其功绩主要是教会天下百姓种五谷。此图出自明嘉靖年间王圻父子合编的《三才图会》。

母系氏族向父系氏族的转变

姜原踩巨人足迹而怀孕生子,孩子只知其母而不知其父;要把孩子抛弃掉也没有孩子的父亲或别的男人出来干涉;从这些情形看来,当时姜原所在的部落还处于母系氏族社会的阶段。在这个部落里,女人有最大的权力,部落的酋长也由母女世代相传。从弃以后,姜原所在的部落开始转变为以男性为中心,即由母系氏族社会变为父系氏族社会。由母系氏族公社转变为父系氏族公社,是世界原始社会发展的共同规律。弃就是因为在部落中确立了父系世袭制,所以成为周族的始祖。

○○二

天才农艺师

传说弃有高超的栽培各种农作物的本领，尧、舜时期在部落联盟中担任农官，使天下庄稼丰收，百姓丰衣足食。

从小就有高超的农作物栽培技术

在姜原的悉心教育培养下，弃在小时候就有大人的志向，他喜欢栽培各种农作物，如麻、大豆、麦子等。他能够研究这些农作物的生长规律，所以他种的大豆一荚荚地挺出，种的麦子穗头又大又饱满，种的麻秆子粗壮而且长得快，种的瓜结得个多头大。弃长大后，更加爱好农业耕作。他根据土地不同的特性，种上不同的作物，有的种谷子，有的种麦子，有的种豆类和蔬菜，有的种瓜果，田野里一片郁郁葱葱。弃在种植的过程中，还注意选种、耕地、除草、施肥等许多工序，因而他种的庄稼，收成总比别人高出一筹。附近的人看到弃的耕种技术这么高超，都来向他学习、请教。

担任农官使百姓丰衣足食

当时是帝尧担任部落联盟的首领，他听说有邰氏部落有个名叫弃的庄稼好手，就请弃出来担任"农师"的官职。那时的农民还不大会种庄稼，故田地里长满了野草，种的谷子、麦子，穗头很小，稀稀落落，歪歪倒倒，大豆的荚子稀少，豆粒萎缩。农民因农田收成不好，都吃不饱肚子。弃来担任农师官后，他教农民开垦荒地，种植五谷，除去野草，增加粪便肥料，慢慢地农民都学会了精耕细作。从此，庄稼普遍看好，当年就获得丰收。百姓们丰衣足食了，纷纷夸奖农师的功劳。

尧去世后，舜继续担任部落联盟的首领。当时天下又发生饥荒。舜命弃担任"后稷"的官，教育和督促人民进行农业生产。舜对弃说："弃，现在黎民百姓又闹饥荒了，衣食不足。你当后稷，要教育人民按时播种百谷。"弃像在尧时一样，经常到各地田间视察农业生产情况，指导耕种的各种技术，督促农民按时播种、收获，因地制宜，选种各类农作物。由于弃的辛勤工作，农业状况迅速好转，人民又变得丰衣足食起来。

因功受封，民众祭祀而为神

为了奖励弃在农业发展上的贡献和功劳，舜把邰地，就是弃所在部落有邰氏活动的地域，作为弃的封国，把"后稷"的官名作为弃的称号。弃自以为是黄帝的后代，黄帝原来因居于姬水之旁而姓姬，弃的部落和封国沿袭黄帝之姓，也姓姬。

弃一生为研究耕种技术、农作物的生长规律、寻找良种、视察各地庄稼生长情况、督促农民按时播种和耕耘、学习和交流各地的耕作经验等农业上的事务忙碌奔波，最后死在西部的"黑水之山"，并安葬在那里。弃的死地和葬地在今日的何处，已很难考定。据说后稷的葬地有山水环绕，风景优美。那里有丰盛的大豆、稻子、玉米、谷子，各种农作物自然生长。那里有鸾鸟歌唱，凤凰舞蹈，还有灵寿树和灵芝草。那里有各种野兽，和平地相处在一起。这当然是后人为景仰弃而编的神话。

由于弃在农业上做出了卓有成效的贡献，为人民造福，故自夏、商以来，人民都祭祀他，奉他为稷神。

西周神秘幻化夔纹铜方鼎（右页图）
夔是传说中近似蛇与龙的动物。古书记载夔的头上有角，只有一只足，又称夔龙。这种纹饰盛行于商代和西周早期，设计者往往将两只夔两头相对，中间呈现出饕餮的形状，或许这种夔龙与饕餮的结合更能体现神的幻化。

世界大事记

操希腊语的多利安人约于此时侵入伯罗奔尼撒，征服并驱逐阿卡亚人。

弃
尧
舜

勤奋
善思

《史记·周本纪》
《国语·鲁语上》

人物　关键词　故事来源

幻化之龙：西周夔纹铜方鼎

○○三

公刘好货

又一个勤劳智慧的周族首领公刘，带领族众迁移到环境安全、自然条件优越的地方。周族进入到发展兴旺的新阶段。

社会动乱，周族人屡次迁徙

周族的首领从舜到夏朝的前期，一直担任后稷的官，帮助国家管理农业。到夏太康时，社会发生了动乱。太康整天打猎，不问国事，夏都被东夷的后羿占领。由于太康失国，四周的少数民族都发生叛乱。周族在山西西南部的邰地受到动乱的侵扰，无法再呆下去。周族首领就带领族众，沿着黄河、渭河逆流而上，到达今陕西中部的武功。周族人在这块地方定居下来，仍把这块地方称为"邰"。少康中兴后，周族祖先继续担任后稷之官。夏王以新迁居的地方作为后稷的封邑。

夏朝末期，桀暴虐无道，诸侯纷纷叛离。东部商族的势力迅速兴起，取代夏朝政权之后，步步向西进逼。与夏朝有着密切关系的周族，当时受到蛮夷和商朝两股势力的夹击，无法再在原地生活下去。于是，在夏朝当最后一任后稷官的首领，又带领族众从邰地出发，朝西北方向转移。经过长途跋涉，来到今甘肃庆阳一带。这里虽然四周都是戎狄少数民族，但土地肥沃，气候湿润，是比较理想的农业耕作区。周族来到这里，便垦殖播种，经营农业。

因为自夏朝灭亡后，周族首领不再担任后稷之官，不可再称后稷，就改用自己的名字来称呼，其首领改称"不窋"。所以周族人在叙述自己的历史时说："及夏之衰也，弃稷不务，我先王不窋用失其官，而自窜于戎狄之间。"这是周族人的第二次大迁徙。

公刘带领大家勤劳致富

不窋去世后，其子鞠继续为首领。鞠死，首领由其子公刘继任。此时所居之地受到戎狄的侵扰，同时感到那里的自然条件还不够理想，于是公刘决定南迁至豳（音宾），其地在今陕西彬县东北，旬邑县西南。这次迁徙是在商朝早期。

来到豳地以后，周族人开垦播种，搭建房屋。没过多久，那里便田亩整齐，房屋成行，呈现出欣欣向荣的景象。周族的头面人物择定一个良辰吉日，聚集一起，祭祀天神和祖先，祈祷他们的在天之灵保佑

西周兵器：铜钺
西周兵器形制多样，这是作战时用于进攻的西周铜钺。

前1100年　公元前1100年 ▷

世界大事记　希腊族系多利安人约于此时攻灭迈锡尼诸王国。

《诗经·大雅·公刘》
《孟子·梁惠王下》

不宙　勤奋
公刘　敏捷

公刘

人物　关键词　故事来源

周族繁荣昌盛；然后坐下饮酒畅叙，互相祝贺。他们共同拥戴勤劳忠厚的公刘做他们的宗主和国君。

为了发展生产，改善居住环境，公刘带领周族人顺着漆水、沮水向南，渡过渭水，取来锻砺生产工具和为房屋建筑打基础的大石块。他们整理田地，为的是多收粮食；他们营造大的宫室，为的是有一个公共活动的场所；他们测量日影的长短，为的是制定历法，把握生产的时节。为了保卫他们的劳动成果，周族还在豳地建立了军队。这支军队由三个支队组成，每个支队各有自己的武器装备、旗帜标志和保卫任务。经过一个时期的艰苦奋斗，他们的农业生产有了长足发展，家家户户都蓄积了足够的粮食和资财。附近百姓看到周族人民安居乐业的富足生活，都纷纷前来归附。周族自后稷以来到公刘时期，又进入到一个发展兴旺的新阶段。

人民编诗，
颂扬创业功绩

周族人民安居乐业的生活与公刘的辛勤经营分不开，所以孟子称"公刘好货"，就是说他喜欢积聚财物。公刘为

周族的富裕繁荣，尽了最大的努力。人民永远怀念他，编了诗歌来颂扬他的功德。诗中称他为"笃公刘"，意思是勤劳忠厚的公刘。公刘之后，周族又经过庆节、皇仆、差弗、毁隃、公非、高圉、亚圉、公叔祖类、公亶父九代领导人的努力，各业又有了新的发展，实力也进一步增强。

商周时期的采桑活动

这是《耕织图》中的采桑图。据《尚书》记载，西周时期，栽桑养蚕已普及到了黄河中下游地区。《诗经·魏风·十亩之间》有"十亩之间，桑者闲闲兮……"的采桑描写。

○○四

太王好色

周族到公亶父时开始壮大，后来被尊为"太王"。他非常爱他的妃子美女，不搞三妻四妾，受到人们的赞颂。

避让戎狄，人民跟随公亶父长途跋涉

周族传到公亶父当首领时，受到西北戎狄部落的侵扰。公亶父，有的古书上称他为"古公"，因为《诗经》中有"古公亶父"的诗句。其实，诗中的"古"是指以前，认为亶父号"古公"，是误解了诗的意思。当时豳地十分富裕，戎狄部落看了眼红，就来掠夺。起初来时只要些皮帛、珠玉和粮食，周族人为避免冲突，给了他们。戎狄贪得无厌，得寸进尺，他们竟提出要豳这块土

凤雏村周初宫室遗址

陕西岐山一带是公亶父以来周人都邑所在地。图为周初宫室前堂南边三台阶。凤雏村的遗址，反映了太王、王季时代周人大型建筑的情形。

> 历史文化百科

〔西周时代的大型建筑〕

1976年在陕西岐山县凤雏村发现一组大型的西周建筑基址。这座大型建筑坐落在一个夯土台上，台基南北长45.2米，东西宽32.5米，面积约1500平方米。建筑基址中发现两处排水管道，房屋堆积中还发现少量瓦片。

经测定，这组建筑的年代为公元前1095年左右，相当于历史上的周朝初期。它的发现对当时的建筑技术、社会生活的研究提供了实物证明。

地和豳地的人民。周族人听了很气愤，决心捍卫家园，与戎狄作战。公亶父是一个主张积德行义的人，他对百姓说："人民立君主，是要对人民有利。戎狄进攻我们，是为了要这块地方。人民在我的管理下与在他们的管理下，有什么两样？因为我的缘故与戎狄开战，杀掉人家的父子而做君主，我不忍做那样的事。"于是，公亶父就与家人，还有他手下的少数仆从，悄悄离开豳地，渡过漆水、沮水向南行进，又越过梁山，来到岐山南面的山脚下。

豳地的人民听说公亶父走了，都说："公亶父可是个好人啊！他仁爱百姓，从不虐待下民。跟着他，我们过上了好日子。我们不能离开他啊！"于是，一家家扶老携幼，全都跟着公亶父，长途跋涉，来到岐山下。岐山旁其他国族的人，早就听说公亶父道德高尚，为人厚道，纷纷前来归附。在公亶父修德仁爱精神的感召下，岐山之阳一年而成三千户之邑，至第三年，人口竟增加了五倍。

周族兴旺，出现崭新气象

岐山脚下原来只是一片荒原，人们称它为"周原"。自公亶父带领周族人来这里定居后，生产一天天发展，百姓丰衣足食，人丁兴旺。公亶父又下令改革戎狄之俗，消除一切原始的、落后的生活习惯；正式设置了司徒、司马、司空、司士、司寇等五官，管理民事、军事、建筑、官吏、诉讼等事务。周族至公亶父时，在政治、经济、军事各方面都出现了新的气象。周人认为，其族的强大，最后推翻商朝而统治天下，其发端是从公亶父开始的。因此后来周文王"受命称王"时，就追尊公亶父为"太王"。

前1100年

公 元 前 1100 年

世界大事记

腓尼基人约于此前后在西班牙建立加的斯殖民地。

《诗经·大雅·緜》
《孟子·梁惠王下》

公亶父　善良　姜女　德政

人物　关键词　故事来源

男女之间的高尚情操

特别值得一提的是，公亶父娶了一位姓姜的女子作妃子。在公亶父被戎狄侵扰、悄悄离豳去了周原，又在周原领导人民建设家园的那些日子里，姜女始终陪伴着他，而公亶父爱情也很专一。孟子赞扬说"太王好色"，这里所谓的好色，不是拈花惹草，而是说太王爱他的妃子，不搞三妻四妾，像夏桀、商纣那样搜罗美女，充斥后宫。正是由于"太

亚圣孟子赞扬"太王好色"
孟子以孔学嫡传自居，倾尽全力，正式创建了儒家学派。孟子极力倡导仁义治国的理想政治，后人称其为仅次于孔子的"亚圣"。据孟子阐述，由于太王专爱其妃，不取其他的妻妾，因而使"内无怨女，外无旷夫"。孟子赞扬太王道德高尚，爱情专一。

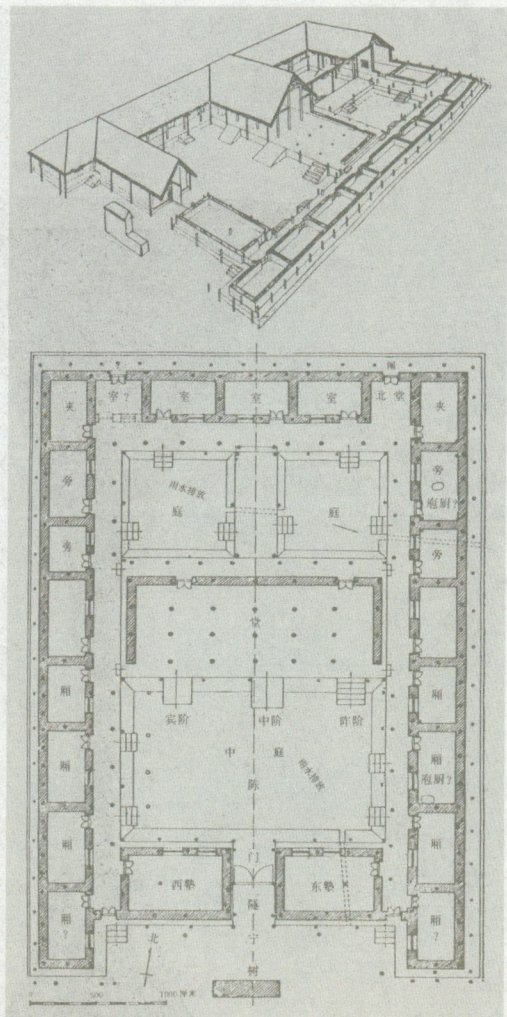

周原凤雏村周初宫殿建筑复原图及平面图
陕西岐山凤雏村西周官殿建筑遗址的时代，据专家考证，这组建筑始建年代在武王克商以前，晚到西周晚期。遗留木柱的碳14测定年代是公元前1095±90年，正是商代末季。此建筑是周人在灭商以前建设的都邑，为公亶父以来周人所都。遗址能够证实《诗经·大雅·緜》所描述公亶父统治岐下的景象。

王好色"，爱他的一个妃子，与姜女朝夕相处，他才可能把更多的精力放在领导民众发展生产、改善生活和加强政权建设方面。太王为全族人树立了榜样。大家都一夫一妻，互相恩爱，白头偕老，这样，社会风气自然良好、和谐，不会出现贵族妻妾满堂，穷人娶不到妻子的现象。据孟子阐述，由于太王专爱其妃，不娶其他的妻姜，因而使"内无怨女，外无旷夫"，后宫内没有强招来的民间女子在发出怨言，宫廷外边没有找不到妻子的丈夫独守空房。太王在男女问题上的这种高尚情操，受到百姓的衷心赞颂。

纹饰精美的西周父乙觚
周原遗址位于陕西关中地区，是周王朝的发祥地，曾先后出土西周大小青铜器近八百件。父乙觚即是其中之一，其两端各呈喇叭形，底端有细致精美的纹饰，上口部呈舒展的喇叭形，中间极细。造型精巧别致。

太伯
周章 仲雍 谦虚
周康王 周武王 仁爱

《史记·吴太伯世家》

人物　关键词　故事来源

○○五

太伯奔吴

公亶父特别喜欢小儿子季历的儿子昌，有意要把君位传给他。长子太伯、次子仲雍为避让君位，便长途跋涉，来到南方。

遂父心愿，两兄弟出奔他乡

公亶父的妃子太姜，生有三个儿子：长子名"太伯"，次子名"仲雍"，少子名"季历"。太伯和仲雍尚未成家，季历先娶了一个姓任的女子为妻，称为"太任"。太任生了一个儿子，取名"昌"，生得聪明伶俐，活泼可爱。据说昌出生时，天象出现奇兆，有圣人的祥瑞。公亶父当着众人的面说："我们周族兴盛大概就在昌的手里吧！"太伯、仲雍听出父亲话中的意思，是要把君位传给小儿子季历，然后再传给孙子昌。为了顺应父亲的心愿，不和小弟争位，两人乘公亶父生病的时候，以采药为名，出奔他乡。

顺流而下，在江南安营扎寨

太伯和仲雍商量去处。当时周族的东方是殷朝的疆域，殷朝君王暴虐无道，殷周关系也不正常，如果让殷军抓去，肯定不会有好下场。而南方气候温和，物产丰富，大多为少数民族聚居之地，有的地方还没有开辟，倒可以去闯一闯。于是，兄弟二人向南渡过渭水，越过秦岭，沿着汉水顺流而下，又沿着长江往东行进。他们经过长途跋涉，最后来到长江南岸

关中西周文化遗址分布图

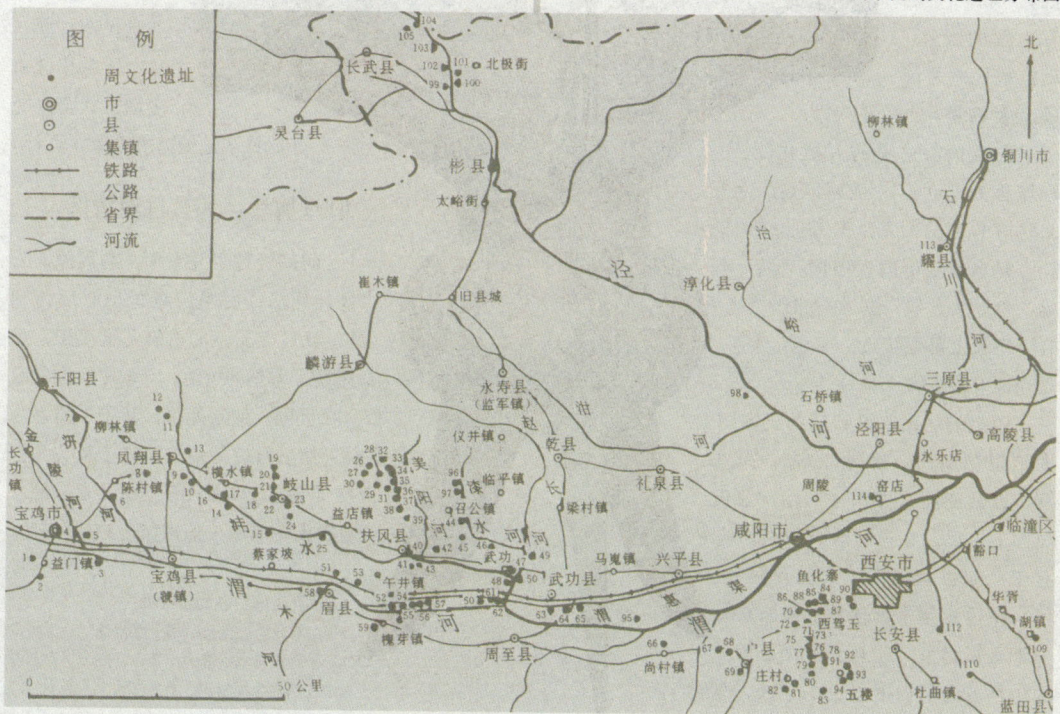

今江苏江宁县附近。看见这里土地肥沃，气候湿润，有很多没有开垦的处女地，很有发展前途，便决定在此安居下来。现今的考古发掘，在江宁县附近的宁镇山脉和秦淮河流域的台形遗址中，出土了不少殷末周初形式的青铜器。这正是太伯、仲雍从周原奔波来此的证明。

传授生产技术，土著推为首领

当地的土著听说从北方来了人，穿着宽大的礼服，带来许多新奇的东西，纷纷前来观看。太伯和仲雍对土著以礼相待，向他们传授先进的生产技术。双方感情非常融洽。土著们觉得太伯和仲雍见多识广，待人诚恳，有先进的文化和生产技术，又有管理的经验，就推举他们为首领。太伯是兄长，被立为国君。太伯听这里的人把此处地域称为"句吴"，他就以这个名字来称呼自己的国家。据考证，"句"音钩，是当地土语的发声词；"吴"本是"鱼"字，吴与鱼在字形、字音、字义上都很接近。而鱼，本是当地人的图腾。

附近的居民听说新任的吴国国君太伯道德高尚，治国有方，关心民众，就从四面八方前来归附，愿做吴国的臣民。在很短的时间内，就有千余家投奔而来。太伯领导人民，经过几年辛勤创业，家家户户都富裕起来，过上了丰衣足食的生活。为了保卫自己的家园，抵御外来势力的掠夺，太伯组织人力，在那里筑起了城墙。内城周围三里二百步，外城有三百余里，把耕种的田地都圈了进去。

断发文身，与当地人打成一片

太伯死后，没有儿子，由弟弟仲雍继为句吴国君。太伯时还蓄着长发，戴着礼帽，穿着周族人的服装，待人接物按照周族人的方式行事。仲雍即位后，就按照当地人的习惯，剪断头发，在身上刺画龙、蛇图像，以威慑其他鸟兽，防止害虫的侵袭。这叫做"断发文身"。同时，裸露身体，不穿衣服，用一些贝壳之类的水中动物作装饰。这样，仲雍为了和当地民众打成一片，装束打扮和生活方式全改变了，成了地地道道的南方吴人。

时过境迁，吴君封为诸侯

时间经过了几十年。在周原，公亶父死后，由季历继位，然后传到昌，就是文王。文王的儿子武王，最后推翻了殷朝的统治，夺取了全国的政权。在吴国，仲雍死后，其子季简继为国君，然后君位传到季简之子叔达和叔达之子周章。周武王统一天下后，怀念当年出走的两位伯祖父，当他得知太

颇具江南特色的雷纹鼎
江苏丹徒县出土。据专家考证，这只雷纹鼎是在当地铸造的，其合金成分及形制与中原铜器类物相比，颇具江南艺术特色。

二朝都城——朝歌

早在商代，朝歌就是纣王之都。周武王时，封康叔为卫侯，也建都于此。这是朝歌城遗址，在今河南淇县境内。现在，历经几千年的风雨侵蚀，除了一片荒芜，早已丝毫不见当年的繁华。

伯、仲雍长途跋涉到南方建立了吴国，吴君周章就是他们的后代后，就立刻封周章为诸侯。同时，把周章的弟弟封到今山西西南部建立虞国，当虞国的国君，称为虞仲，也列为诸侯。

到周康王时，为了加强东南的防御力量，再一次对吴君作了"授民授疆土"式的分封。1954年在江苏丹徒县烟墩山出土了一件青铜器"宜侯夨簋"，上面的铭文详细记录了这件事。首先记康王命吴侯徙封，"侯于宜"，亦即由今江苏江宁县一带迁至今丹徒县，向东移动了百余里。接着记康王赐给宜侯即吴侯的礼物、弓矢、土地、人员等，开列了一大堆数字清单。从康王赐给宜侯的人员看，当时吴国已经有"王人"、"氓"和"庶人"的区分。"在宜王人"有几十里，约数千户，宜已是一个较大的城市。以后，吴国的疆域不断扩大，都城经过多次迁徙，最后定都于今苏州市。

北南交往的千古传奇

太伯和仲雍，为把君位让给小弟季历，长途跋涉数千里，来到东南方建立了吴国。这个故事本身带有很大的传奇色彩，然而它却是真实的，有许多文献和考古发掘的实物为证。东南地区的吴人和西北地区的周人三千年前的这段交往，成为历史上千古传颂的佳话。

▷历史文化百科◁

〔农村公社〕

原始社会末期，随着生产力的发展，剩余物品的增多，以血缘关系为基础的氏族公社逐渐向以地域划分的农村公社过渡。这时土地名义上公有，但分配给各家使用；牲畜、农具、住宅、生产物归各家所有，公有制逐渐变为私有制。

农村公社是原始社会末期产生的社会经济组织，在奴隶社会和封建社会中它往往继续存在，成为奴隶主和封建主进行剥削的工具。

前1150年
前1100年

公元前1150—前1100年

中国大事记

公亶父的长子太伯、次子仲雍长途跋涉，来到江南，建立吴国。

○○六

季历困死

季历继任周国国君后，在向戎狄部落的进攻中取得大胜，但这引起商王文丁的猜忌，竟对他加以迫害。

自太伯、仲雍出奔他乡后，公亶父心中十分不安。他后悔自己说了氏族要在昌的手中兴起的话，引起大儿子和二儿子避让季历，离家出走。公亶父因挂念两个儿子，健康状况逐渐恶化。临终前，他想召回太伯，传以君位，但太伯毫无音讯。公亶父死后，因长子、次子都不知去向，就由小儿子季历即位，当时称为"公季"。后来，公亶父被追尊为"太王"，公季被追尊为"王季"。

商周"天作之合"

文丁害怕季历越来越富强，会威胁到商朝政权，便把季历囚禁起来。季历被殷困辱而死，使殷周交恶。季历之子姬昌继立后，积极蓄聚兵力，准备复仇。文丁之子帝乙继位，为缓和殷周矛盾，将胞妹嫁给姬昌，希望彼此亲善相处。姬昌审时度势，为了稳住殷王，争取时间，便亲自到渭水边迎妻，极其郑重，一时传为美谈，周人称之为"天作之合"。

帝乙

在打击戎狄、兼并弱小中不断取胜

季历即位，果然不负父亲的期望，开始训练军队，保卫家园，打击常来侵扰的戎狄部落，兼并周围弱小腐败的国族。周原东面有一个程国，其地在今陕西咸阳市东。这个国族，政治腐败，君臣矛盾尖锐，国内局势混乱。公季即位后的第三年就发兵攻程，一举把程国攻灭。周军初战告捷，在西北地区声威大振。

过了六年，即公季即位后的第九年，周国北方，今甘肃庆阳、泾川一带，有一个戎狄部落建立的义渠国，其君病危，两个异母儿子争夺君位，大臣也分为两党互相争斗，国内局势大乱。公季看出这是进攻义渠的好机会，便派遣一支军队向义渠进发。义渠在混乱之中，无力抵抗。公季发动的第二次战争又取得大胜，疆土也向北大大地扩展了。

> **历史文化百科**

〔西周分封制的实证：宜侯矢簋〕

1954年江苏丹徒县农民在烟墩山发现一古青铜器，高15.7厘米，口径22.5厘米，铭文有126字。该铭文记载西周康王时封虞侯矢（音zè）于江南宜地，赐给他大量礼器弓矢、山川土田，还有"在宜王人"、"奠七伯"及"庶人"等各类人口。

宜侯矢簋是西周初期封邦建国的实物证明，它对于了解当时的分封制度和社会状况提供了极其珍贵的资料。

向商王武乙进贡物品，解除后顾之忧

公季虽然屡战屡胜，但是比起东边强大的殷王朝来，还是不敢望其项背。为了巴结殷王朝，公季于即位后的第十三年，准备了许多进贡物品，到殷都朝见商王武乙，表示臣服于殷，愿当殷王的马前卒。武乙非常高兴，下令给季历赐地三十里，以及珍贵玉器十件，马八匹，作为回报。这样，公季既在周原的周围扩大了疆土，又与殷王朝搞好了关系，可说是双喜临门，左右逢源。

由于取得殷王朝的支持，公季解除了后顾之忧，可以更放心大胆地向周围的戎狄部落发动进攻了。就在朝见殷王武乙的第二年，公季又向西北方的西落鬼戎发动进攻。这一次，取得的成果更大。周军乘鬼戎不备，发动突然袭击，俘获了戎狄部落大大小小二十个头目，俘虏到的百姓、夺得的财物不计其数。

文丁妒嫉周国强大，将季历迫害致死

不久，殷王武乙在打猎时被暴雷击死，其子文丁即位。文丁二年，居住在今山西静乐县北的燕京之戎发生叛乱。季历为向殷王表示自己的忠心，便出兵为

殷王朝讨伐燕京之戎。因为周族所在地离燕京之戎路途较远，长途跋涉，体力消耗甚大，加之地形不熟，敌人早有准备，结果，周师大败而归。过了两年，季历又率师征伐余无之戎，这次取得了胜利。季历派人向殷王文丁报捷，文丁为嘉奖季历，任命他为殷"牧师"，即诸侯的长官，掌管西部地区的征伐事宜。

季历被任命为殷牧师后，征伐邻近戎狄部落的劲头更大了。过了三年，他率军征伐始呼之戎，占领了大片土地，夺得了大量财物。周国在攻击戎狄部落的过程中愈战愈强，土地扩展，财物充盈，还有大量俘虏充当奴隶，使殷王文丁看了都有些眼红。又过四年，季历再次率军攻伐翳徒之戎，把这个戎狄部落打得狼狈逃窜，抓获了三个戎人头目，俘虏的百姓、夺得的财物比上次还多。季历亲自押了一

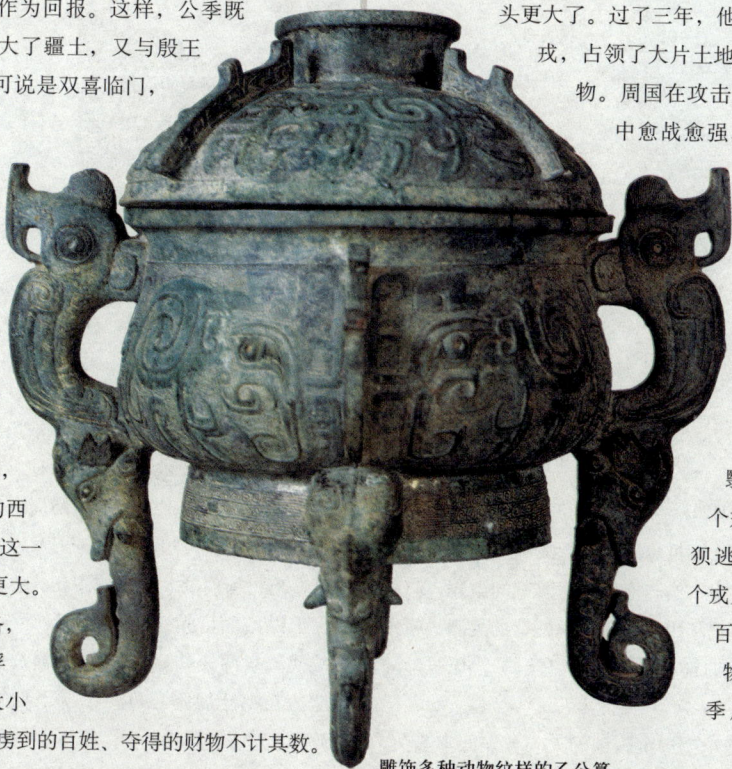

雕饰多种动物纹样的乙公簋
西周初期青铜器，1974年北京房山琉璃河出土。簋为圆腹，有盖，四足，腹和盖均雕刻有象纹两组。双耳为钩喙的鸷鸟，鸟下有卷鼻的象首为足。在两耳之间的腹下又有两卷鼻象头，构成四足簋。底部圈足饰雷纹，耳为蝉纹。器和盖对铭文为"白（伯）作乙公尊簋"6字。此簋以多种动物纹样装饰，实属较为少见。

清人绘《豳风·七月图》

些俘虏来向殷王文丁报捷，并献上战利品。文丁为嘉奖季历的功劳，赐给他一把用美玉雕刻的酒壶，叫做"圭瓒"；壶中盛满了用黑黍和香草酿造的美酒，叫做"秬鬯"。文丁同时还任命季历为"侯伯"，比牧师的职位又高了一级。

然而文丁是一个口蜜腹剑的人，他表面上嘉奖，内心里却极度地妒嫉和恐慌。他生怕周季历越来越富强，会威胁到商朝政权的巩固，甚至会进攻商王朝，取代自己。文丁想到这里，便突然下令把季历囚禁起来，关押在一个叫"塞库"的监狱内。季历一心巴结殷王，每取得一次胜利，就来献捷，不料文丁如此

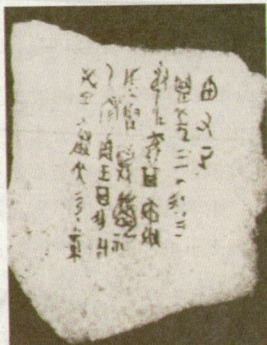

内容颇为丰富的周原卜骨刻辞

凤雏村出土了17000多片卜甲卜骨，刻辞可分卜祭祀、卜告及卜年、卜出入、卜田猎、卜征伐、人名官名地名、月相及记时、杂卜等类，足见内容之广泛。西周卜辞，一向罕见，这批卜骨刻辞反映了商周制度的差异，也透露了周人与商之间的关系。

不仁不义，阴险毒辣。季历一气之下，心病突发，竟因困辱而死在狱中。

周君昌消除幻想，决心为父报仇

消息传到周国，季历之子昌万分悲痛。他继任君位，决心为父报仇。他先把父亲的遗体运回周国，安葬在附近的楚山脚下。不料才过几天，一股泉水忽然冲坏了公季的墓，棺材前面的木头都露了出来。昌见此情景，就对大家说："啊！先君一定是想最后一次见见群臣百姓，故使流泉冲坏其墓。"于是，昌命令揭棺，把公季的遗体在朝廷展露三日，让群臣百姓都来瞻仰，然后改葬。

公季被殷朝困辱而死，是一个极大的教训。它教育继位的周君，对殷朝必须提高警惕，以实力与之抗争，不能存有幻想。周君昌后来自命为王，力克殷朝西边的许多属国。到其子武王时，终于推翻殷朝，完成了取代殷朝、统一天下的大业。

〇〇七

文王生于猪圈

季历去世后，其子昌即位，他就是后来的周文王。文王的母亲道德高尚，善于教育，使丈夫和儿子都成为一代贤君。

大凡一个国家的开创者，或一个使民族兴盛起来的人，后世都会编出许多故事来加以宣传，创作出许多诗歌来进行颂扬。周文王是周朝的缔造者，周族在周文王时期，政治、经济、军事都有极大的发展。是他制定了称王灭商的宏伟计划，积聚了推翻商朝、取而代之的充足条件。文王在位时，周国敬老爱幼，百姓安居乐业，大部分诸侯都来归顺，可以说三分天下已有其二。这样一位在周族发展史上有突出贡献的人物，对他生平故事的传颂，自然是多而且奇了。

太任守胎教，怀孕冶情操

文王的母亲，是挚国国君的第二个女儿。挚国国君姓任，所以叫作"太任"。挚国是殷王朝东方的一个诸侯。太任嫁到西方的周国，路途遥远，很不容易，故迎娶的礼节十分隆重。她从小接受良好的教育，性情端庄，德行高尚。在怀孕期间，目不视恶色，耳不听淫声，口不食邪味，说话不出傲言；晚上睡眠不侧身子，白天坐凳子不坐边上，站立不用一脚支撑。这叫做"守胎教"。太任深知母亲怀孕时的所思所感，对孩子一生十分重要：感于善则孩子性善，感于恶则孩子性恶。因此，太任白天听人讲道德高尚的人的故事，晚上请盲人乐师来诵读诗歌，陶冶情操。由于太任恪守胎教，腹中的孩子也很安详，一点不给母亲带来痛苦。当时，为了积累肥料，发展农业生产，大小便都在猪圈里，即使国君和夫人也不

青铜器里的双胞胎：令簋
是西周昭王时期的青铜器，同时出土两件，可以说是双胞胎了。它们的模样、大小相同，都是直口鼓腹，耳朵上都铸有威武的兽形。可惜的是盖均不见，也许是入土时就摘掉了帽子。由于条件所致，通体斑驳，身上的凤鸟纹、目雷纹等均已模糊，这样一来，就愈见沧桑之感。内底有铭文百余字，记载了一场轰轰烈烈的战争。

例外。一天晚上，太任梦见有一个高个子的男人对自己十分友善，第二天去猪圈小便时，就顺利地生下了一个儿子。这个儿子就是取名昌的周文王。

身有四乳，慈惠有谋

文王长成一表人才。据说他有龙的容颜，虎的腰背，身高近两米。最特别的是，他身上长有四个乳房。有人解释，这是因为他生性仁爱的缘故：他在母亲腹中，母亲没有忧虑；保傅管理他的饮食起居，用不到操心；教师对他进行教育，用不到反复叮咛；他

困境中图自强的西伯
周文王姬昌是西周王朝的奠基者，商纣王时代被封为西伯，以德行与才智渐渐征服了周边诸侯。在位五十年间，招贤纳士，吕尚、鬻熊、闳夭、散宜生等贤士纷纷归附，为西周王朝的建立奠定了坚实的基础。因谗被囚，期间深入研究古代的八卦，今存最早的《周易》据说就是他创作的。此图出自明弘治年间辑刻的《历代古人像赞》，这是我国最早的一部肖像版画集。

虞芮质成诸侯归国
易演後天语槿至德
文王

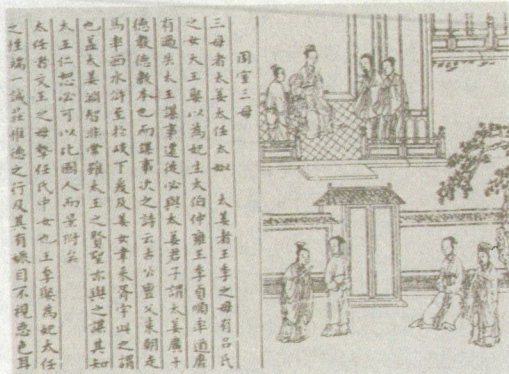

西周开国三贤母
西周开国之际，有三位贤惠的女子，史称"周室三母"。一位是文王的祖母、太王的妃子太姜，一位是文王的母亲、季历的妃子太任，一位是文王的妃子、武王的母亲太姒。她们协助丈夫，开创家业，又养育子女，使之成为一代贤君。《古列女传》颂曰："周室三母，大姜任姒，文武之兴，盖由斯起。太姒最贤，号曰文母，三姑之德，亦甚大矣。"

服侍父王，从不使父王发怒。在家中，他对弟弟虢仲、虢叔也特别友爱，对两个儿子管叔和蔡叔更是慈惠。待到即位以后，文王任用四方的贤良，又与"二虢"即其弟虢仲、虢叔共商大计；他与贤士闳夭分析天下形势，又与贤士南宫设定谋略；他与太史蔡公、原公畅谈古今，又到辛甲、尹佚处登门拜访。还有周公、召公、毕公、荣公等有才德的亲戚和大臣。因此，文王在位之时，百神安宁，万民顺和。

诗歌颂扬高尚的美德

文王道德高尚，能任用四方贤士，颂扬他的诗歌大量出现。有一首题为"思齐"的诗歌这样咏唱文王："这庄重的太任，是文王的母亲；这可爱的周姜，也是王室的妇人。太姒继承了她们的美名，生下众多优秀的男儿。他孝顺于尊贵的先公，神灵就没有怨恨，也没有惊恐。他做了妻子的模范，直至于他的兄

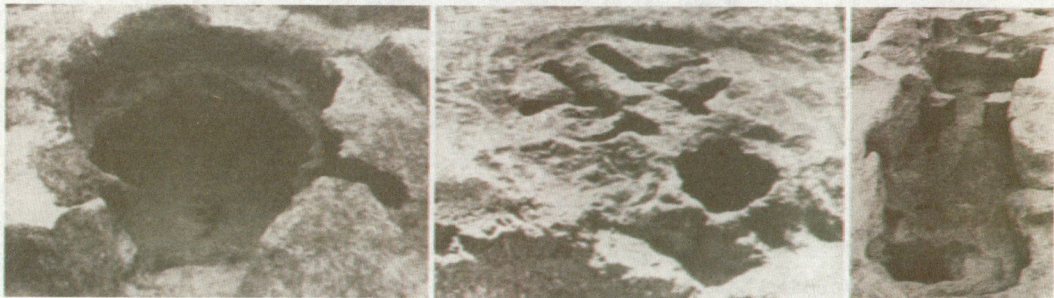

弟，并治理到全家和国中。"又有一首题为"棫朴"的诗歌这样咏唱文王："繁密茂盛的棫树和朴树，为了祭祀而堆积起来点火燃烧；庄严肃穆的君王，左右的大臣趋附围绕。庄严肃穆的君王，左右群臣朝见时捧着玉璋；捧着玉璋仪表堂堂，英俊之士应该这样。那泾水中的船向前行进，许多役夫打桨划着它；周王前往出征，六军威武地跟着他。雕琢是他的修饰，金玉是他的本质。勤勉努力的我王，正治理着天下四方！"诗人的歌颂，道出了人民的心声。

"周室三母"的功绩

　　传说在西周开国的年代，有三位贤惠的妇女，被称为"周室三母"。一位是文王的祖母、太王的妃子太姜，一位是文王的母亲、王季的妃子太任，一位是

> ### 〉历史文化百科 〈
>
> #### 〔周朝名称的由来〕
> 　　周原是周族早期首领公亶父的迁居之处，在今陕西西部岐山的南麓。《诗经·大雅·緜》"周原朊朊"，即指此处。因为是周人借以兴起的根据地，周、召二公所封采邑也在这里，故有着特殊的意义。有说法认为，周族因居周原而得名；但也有人考证，殷墟卜辞中早就有"周"之名。
> 　　由于周原出土过大量青铜器，发现过大型宫殿基址和许多刻字甲骨，因而为世人瞩目。

"凿地为穴"的周居室

《诗经·大雅·緜》记载公亶父到达周原时的情形，是"陶复陶穴，未有家室。"郑玄笺，所谓"陶穴"是"凿地曰穴，皆如陶然。"自新石器时代以来，中国古代的居住遗址，处处有半地下式窟穴，即郑玄所云"凿地为穴"的居室。陕西客省庄二期的居室即是例证。学者认为陕西龙山文化（客省庄二期）是早期西周文化的祖先。

文王的妃子、武王的母亲太姒。她们都能协助丈夫，开创家业，使国族发展；又能养育子女，使其道德高尚，才能出众，成为一代贤君。其中，在猪圈里生下文王的太任，更是功高德重，默默无闻地为辅助丈夫和养育儿子作出贡献。

恩泽及死人

对于一具尚未腐烂的无主尸体，文王吩咐小吏准备一口棺材下葬。附近的诸侯闻讯都赞叹文王的仁德。

文王消灾弭难的措施

周文王即位第八年六月里的一天，小病不适躺在床上休息，休息到第五天，忽然发生"地动"，就是地震。这次地震虽然没有造成人员伤亡和经济损失，但震感强烈，只听见"轰隆"一声，土地和房屋都摇撼起来，地震中心似乎就在都城附近。地震过后，人心惶惶，群臣百吏都来向文王请示。有一个大臣进言道："臣听说地的震动，是为君主而发的。现在君王有病躺了五日而发生地动，震动的位置就在都城内。群臣都感到恐慌，要求君王采取措施移走地动的根源。"文王问："如何移走地动的灾祸呢？"这位大臣说："赶快征发民众，大兴土木，增高国城，加固防御工事。这样就可以把地动移走了。"文王回答说："不可。天地出现妖异的现象，是为了惩罚有罪的人。我一定有什么罪过，所以天用地动来惩罚我。再兴师动众，劳民伤财，岂不加重我的罪过！万万做不得的。"过了一会，文王又说："我想改进各种善政措施，善待诸侯、群臣和百姓，使各项工作秩序井然，这样总可以移走地动根源，免除灾祸了吧！"

于是，文王谨慎地遵守礼节，接待来访的使者；用皮革、珍宝等高尚礼品，去结交四方诸侯；用美好的言词和财币、丝帛，去奖励贤士，发挥他们的才能；颁布爵位等级，把田地赏赐给有功人员，去激励他们的工作热情。文王与群臣相约，互相督促勉励。这样做了之后，没有多少时间，文王的身体恢复了健康，疾病再没有复发，地动也再没有出现过。文王消灾弭难的措施，就是为国家和百姓办好事。

对无主死人的仁德引来四周国族的归顺

有一次，周文王要人挖地，准备盖些新房。挖地时掘出了一具尚未腐烂的人的尸体。负责小吏来向文王报告此事。文王说："给尸体准备一口棺材，把他下葬到别处去。"那小吏说："这具尸体是无主的，不知是谁家的人死后埋在这里的。"文王说："有天下的，就是天下的主人；有一国的，就是一国的主人啊！现在，我不是他的主人吗？"于是，下令给尸体穿好衣服，放入棺材，安葬到附近的一个墓地中。天下的人听说文王的做法，无不赞叹文王的贤德。他们说："文王的恩泽，及于死人的骸骨，更何况对于活着的人呢！"据说文王这样做了之后，附近的诸侯都对文王的仁德十分向往，四周的少数民族都纷纷表示愿意归附周国。

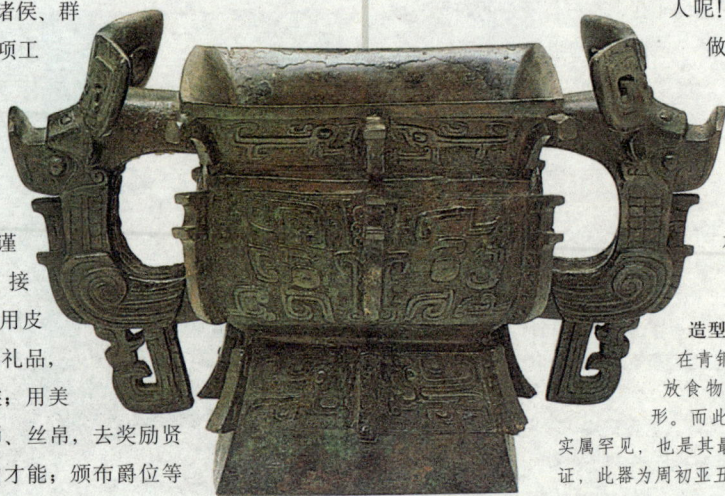

造型怪异的方形铜簋

在青铜器中，簋是用来盛放食物的，通常器形为圆形。而此方簋在同类器皿中实属罕见，也是其最显著的特征。据考证，此器为周初亚丑族所有。

文王 大臣 小吏 · 德政 仁爱 《韩诗外传卷三》《吕氏春秋·异用》

人物 关键词 故事来源

西周中期的大型宫室建筑

陕西扶风县法门、黄堆一带是一个面积广大内涵丰富的西周遗址，北以岐山为界，东至扶风的黄堆，西至岐阳堡，南至扶风法门，东西宽约3公里，南北长约5公里。近年考古发掘，除了凤雏西周初官室遗址外，还在召陈发现西周中期的大型官室遗址。图为太室房基。

西周古今地名对照表	
西周古地名	**今地理方位**
有邰氏	山西稷山县、闻喜县一带
邰	陕西武功县
豳	陕西彬县东北
周原	陕西岐山县南
程	陕西咸阳市东
义渠	甘肃庆阳县、泾川县一带
吕（东吕）	山东莒县东
棘津	河南延津县东北
孟津（盟津）	河南孟津县东北
朝歌	河南淇县
良	江苏邳州市北
羑里	河南汤阴县北
散	大散关，陕西宝鸡市南
长子	山西长子县
丹阳	①河南西南部丹江、淅水会合处②湖北秭归县③湖北枝江市
虞	山西平陆县
芮	①山西芮城县②陕西大荔县东
密（密须）	甘肃灵台县西
阮、共	甘肃泾川县
黎	山西黎城县东北
邢	河南沁阳市
崇	河南嵩县、嵩山一带
丰	陕西长安县西南
镐（宗周）	陕西长安县东南
怀	河南武陟县西南
共头山	河南辉县市东南
牧野	河南淇县南
庸	湖北竹山县
蜀	四川成都市附近
髳	重庆市巴南区
微	陕西眉县附近
卢	湖北宜城市西南
彭	湖北房县东
孤竹	河北卢龙县南
首阳山	陕西岐山县西北
郏鄏（王城）	河南洛阳市西北
肃慎（少数民族）	黑龙江省大部和吉林省北部
洛邑（成周）	河南洛阳市
奄	山东曲阜市
蒲姑	山东博兴县、淄博市一带
营丘（临淄）	山东淄博市东
穆陵	穆陵关，在山东省中部
无棣	山东无棣县
陕	河南陕县
毕	陕西咸阳市东北
赵	赵城，山西洪洞县北
虎牢	河南荥阳市西北
秦	甘肃清水县
犬丘	①陕西兴平市东南②甘肃天水市西南
杨越	湖北天门市东
鄂	湖北鄂州市
彘	山西霍州市东南
徐	江苏泗洪县一带
千亩	山西介休市南
夔	湖北秭归县
曲沃	山西闻喜县东北
褒	褒城，陕西勉县东
缯	河南方城县一带
戏	陕西西安市临潼区东南
谭	山东济南市附近

灵台欢歌

文王想建造一座楼台，以观测天文，观赏风景。百姓听闻此事，许多人自动来参加劳动，工地上欢歌笑语，场面热烈

文王造园林，百姓热烈响应

因为文王经常想着民众，善于听取民众的意见，为了接待人民的来访，他甚至饭都顾不上吃，所以文王有什么号召，百姓总是热烈响应，积极参加。先前，文王想造一个园囿，让许多动物在里面自由自在地生长。这个天然的动物园，既可以观赏，又能成为一种自然资源。百姓知道文王的想法后，都自动来参加建园。不久，一个拥有许多天然动物的面积广大的园囿建成了，文王和百姓都可以到这里来观赏游乐。人们亲切地称呼这个园囿为"灵囿"，因为动物在这里灵活自如，百姓在这里逍遥自在，好像有神灵在保佑。后来，文王又想建一个池沼，让鱼儿和各种水生动物在沼中自由地生长。这个池沼，既可以观赏，又能成为水生动物的资源。百姓知道文王的这一想法后，也都积极地前来参加建池。不久，一个拥有各种鱼类和水生动物的面积广大的池沼建成了。池沼的周围也就成为文王和百姓的游乐场所，人们亲切地称呼这个池沼为"灵沼"。

建筑灵台时的欢歌笑语

建成"灵囿"和"灵沼"之后，文王又想建一座楼台：一方面可以在这里观测天文现象，作为制定历法的依据；另一方面，也可以作为登高瞭望、观赏风景的场所。文王的这个想法一传出，又有许多人自动前来参加建台的工作。人们高高兴兴地运来各种建筑材料，工地上欢声笑语此起彼伏。按照工匠的设计要求，群策群力，不多时，一座高大壮观的楼台又建成了。人们按照惯例，亲切地称呼这个楼台为"灵台"。因为这个楼台建造得既快又好，像有神灵的魔力在驱使；同时，这个楼台将用于天文观测，神灵也将寄居于此，保佑着周国繁荣富强。

对与民同乐精神的赞美

有人编了乐歌来颂唱灵台修建的动人场面和文王与民同乐的情景。歌中唱道："开始要修建灵台的消息传开了，工匠们在设计它、营造它。人民都来积极地参加、使劲地建造，没有经过多少日子就迅速地完成了。开始工作并不要求那么急迫，人民像儿子一样自动地高高兴兴来干活。文王在灵囿休息，母鹿就在旁边把身子俯伏。肥壮的母鹿在囿中漫游，有光泽的白鸟在空中翱翔。文王在灵沼游览，满池的大鱼欢快跳跃！"这歌声是对文王与民同乐精神的赞美，也是对人民自觉参加劳动、参加建设精神的歌颂。

西周早期的钩连雷纹鼎（右页图）
西周早期青铜器。鼎以钩连雷纹为装饰纹样。周人继承殷中期常用的装饰纹样，通常是作斜条状钩连递接，中间填以雷纹，构成几何图形，连续构图，图形复杂。这种纹饰一度流行于殷中期至西周早期，在春秋战国时又再度出现。

> **历史文化百科**

〔内涵丰富的青铜挽车〕

山西闻喜县上郭村近年发掘西周古墓时，发现一件奇特的青铜挽车。车长13.7厘米，宽11.3厘米，通高9.1厘米。车上镶嵌各种禽兽动物形象，车门上又镶嵌一个守门的锯掉脚的人。

据《周礼》记载："刖者守囿"，即锯掉脚的奴隶为主人看守养禽兽的苑囿。此车满载各种动物形象，正是"囿"的象征。挽车是当时情景的实证，又是一件精湛的工艺品。

《诗经·大雅·灵台》
《孟子·梁惠王上》

文王　民本
百姓　欢乐

人物　关键词　故事来源

西周早期的钩连雷纹鼎

姜太公的身世

上古时期,中国大地上曾发生过民族的大迁移。在西部今陕西、甘肃一带,原本长期居住着以牧羊为主的羌人。后来,羌人分离出一支姜姓部族,他们以炎帝为始祖,逐渐向东迁徙。周族始祖弃的母亲姜嫄,叫姜原,就出自姜姓部族在向东迁移过程中停留在今山西西南部的一支。在尧舜禹时期,姜姓部族的首领曾经当过"四岳"的官,因辅佐夏禹治水有功,被封在

天上神仙吕尚

汉代刘向《列仙传》把吕尚称作活了二百年的神仙。晋人郭元祖有赞语,大意是说吕尚隐迹垂钓,受文王礼遇而发迹,凭着谋略救世于难,又服食芝草修炼道身,成为世代被人称颂的天上仙人。

流浪汉吕尚

吕尚就是姜太公,因为他本姓姜,在遇到文王后被尊为"太公"。他在来周国之前的流浪生活,充满着传奇色彩。

吕或申,其地在今河南南阳附近。姜姓部族继续繁衍东移,到殷朝末年,他们已经在今山东、河南一带,建立起齐、许、申、吕、纪、州、莱、向等一系列姜姓国家。姜姓的吕国,除了今河南南阳市西有一个外,在今山东莒县东还有一个,称为"东吕"。在这个姜姓的吕国中,住着一位赫赫有名的人物:因为本姓姜,遇到文王后被尊为太公,所以叫"姜太公";又因其封国姓吕,取名叫尚,故也称"吕尚"。

做"赘婿"受尽欺凌

吕尚原是吕国国君的后裔,由于子孙繁衍,年代久远,吕尚这一家族逐渐衰落,成为庶民,过着穷困潦倒的生活。他们家仅有东海边上的一间破旧茅草房,没有其他家业可以维持生活,因此,吕尚从小就在外流浪。当他十几岁时,流浪到北面的齐国。为生活所迫,被一个老妇人招为夫婿,古代称为"赘婿",是最被人看不起的。吕尚当了赘婿,早起晚睡,做各种农活和家务,做得不好还要挨打受骂,最后还被赶了出来。

当小贩难以糊口

在齐国入赘遭逐,吕尚就想到中原地区殷王朝的都城附近谋生。他先是在棘津,即今河南延津县东北贩卖食品,充当小贩,又自我推荐到大户人家去做帮工,干些杂活;有时,在旅店当一名迎客的"舍人",即招待员。饥一顿,饱一顿,生活仍无着落,他又跑到黄河的另一个渡口孟津,即今河南孟津县东北去贩卖饮食。当时兵荒马乱,人民穷困,做小贩仍难以糊口。他于是决心到商朝都城朝歌去闯一闯。

在朝歌城内，吕尚开始仍然当小贩，贩卖各种货物。他走遍大街小巷，进行叫卖，但是仍像在棘津时一样，收入微薄，难以维持生计。好在他身强力壮，又学过一点手艺，经过自我介绍，便在屠宰牲口的市场当了一名杀猪宰羊的屠夫。

在朝歌市场初见西伯昌

一天，听说任殷朝三公的西伯昌要来视察朝歌市场。吕尚早就知道西伯昌是周国的国君，为人讲仁义道德，善待有才能的贤士。因此，当西伯昌前来视察、走近他的摊位时，吕尚故意磨刀霍霍，发出屠宰的喊叫声。西伯昌见这位屠夫有些奇怪，便走到吕尚跟前，问他的情况。吕尚如实回答，顺便还谈了当前的天下形势和治国的方针策略。吕尚的话虽然不多，但寓意深刻，一针见血，给西伯昌留下了深刻的印象。西伯昌觉得这位屠夫谈吐不凡，很想再深入谈谈，但市场上人多眼杂，他身为殷朝三公，不便细说，便匆匆告别。

在朝歌活动期间，吕尚开始涉足政界。他与归附文王的贤士散宜生、闳夭、南宫括等人多有来往。散宜生等人发现吕尚的贤能，与他在一起饮酒畅叙，甚至欲拜吕尚为师。吕尚推辞不肯，四人遂约为朋友。

想从政入仕，失意而归

吕尚对于殷纣的统治曾经有过幻想。他一度到殷朝宫廷中做过事，见殷纣暴虐无道，觉得这个人不会有好下场，就悄悄离去。吕尚还到过许多诸侯国家，游说其国君，以求施展自己的才能，但都没有遇到赏识他的知音。后来，吕尚又到了良国，其地在今江苏邳州市北。吕尚游说良国国君，觉得这位国君胸无大志，只知享乐。吕尚与他话不投机，拌了几句嘴便遭到斥逐。

良国离吕尚的老家不远。经过几十年的奔波、流浪，吕尚年岁已大，觉得自己再不能有所作为，便回到东海之滨的老家，收拾一下自己的茅草房，拿起农具，在附近开了一片地，准备在这里安度晚年。

中国最早的货币：贝币
这是中国最早的货币，夏代开始使用，商代已成为主要货币。贝币是产于南方的海贝，质地坚硬，便于携带。西周前期沿用这种贝币，作为货物交易的媒介。

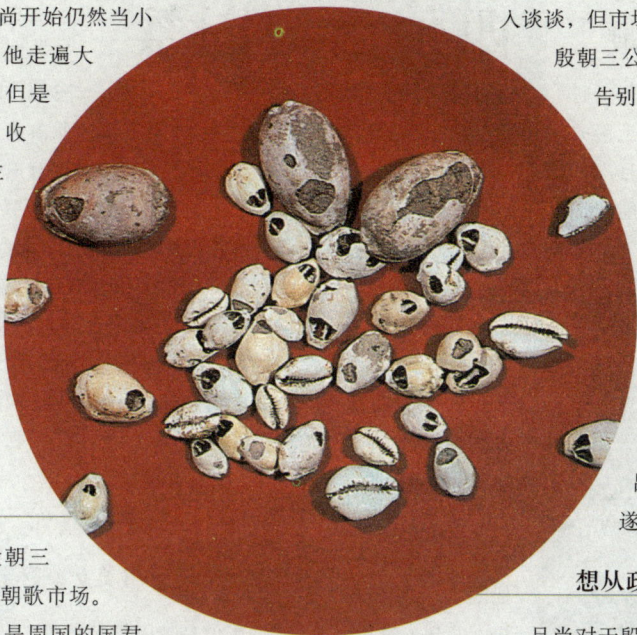

▶历史文化百科◀

〔商周的政体〕

近年有学者提出：商、周时代的政体结构表现为全体贵族共同执掌国政。中国最初不是专制主义国家，而是贵族政治、民主政治的城市国家。

但许多学者认为，中国古代不存在城邦民主制。"工商食官"，工商业没有自由发展的余地。商、周不是城市国家，其政体不是贵族共和，而只能是君主专制。

西伯昌遭囚禁

文王被商纣封为西方诸侯之长，称为"西伯"。由于商纣奸臣崇侯虎进谗言，称西伯昌终会成为祸害，因而被纣囚禁起来。

暗中叹息而被关押

西伯昌视察朝歌市场回来，一直想着屠宰摊上屠夫吕尚的言谈。他觉得吕尚是个人才，想什么时候能把他请到周国去辅佐自己。这时，殷朝宫廷中发生了纣王对鬼侯和鄂侯的血腥屠杀事件。鬼侯、鄂侯和西伯昌一起被纣任命为殷朝的"三公"，鬼侯、鄂侯的被惨害，使西伯昌非常震惊。

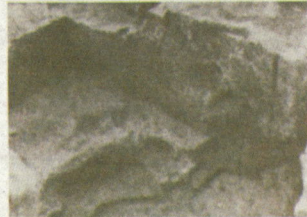

原来，鬼侯有个美丽的女儿，他为向纣献媚而把女儿送入宫中。然而，鬼侯的女儿讨厌纣的淫荡生活，不愿与他亲热。纣一怒之下，不仅把鬼侯的女儿杀了，还迁怒于鬼侯，对鬼侯处以醢刑，即剁成肉酱。鄂侯为此事进行争辩，指责纣不应该对鬼侯如此残忍。纣又迁怒于鄂侯，对他处以脯刑，即杀掉后做成肉干。西伯昌见纣如此暴虐，知道讲话没有好处，便只是暗中叹息。谁知这种表情被奸臣崇侯虎看见了，去向纣报告，挑唆说："西伯昌行仁义而善计谋，诸侯都归向于他。和这样的人在一起共事，终会遭到祸害。不如趁他还未成事早些干了他。"纣听了崇侯虎的话，觉得有道理，便命人把西伯昌囚禁起来，关押在朝歌北面的羑（音友）里，其地在今河南汤阴县北。

用美女、财宝赎身

西伯昌被囚禁起来后，与西伯昌关系密切的散宜生、闳夭等贤士来找吕尚商量对策。吕尚认为给纣献些美女、财宝、珍奇异物，纣就会释放西伯昌。于是，散宜生等便去有莘国找来美女，到犬戎国求得毛色鲜艳的文马，还有黑色的豹、黄色的罴、青色的狐狸和白色的虎，同时又准备了黄金千镒、美

张家坡居住遗迹

陕西长安沣西张家坡西周居住遗址的年代，早期一层在成康以前，相当于文王作丰的时代。所发现的15座西周早期居室，都是"凿地为穴"挖在地面下的土穴，有深浅两类。浅穴为长方形，深穴作圆形。坑壁即室墙，墙根及地面都用火烧硬。

历史文化百科

〔令人费解的周原甲骨文〕

1977年在周原清理出大批甲骨。这些甲骨上出现了"帝乙"、"成汤"、"太甲"等商先王名。有的学者认为，这是商王室的甲骨，很可能是商末卜人奔周时载其甲骨俱来。

但大多数学者认为，周原甲骨的卜法、文辞、记事，都证明是周人之物。它所以会出现商贤君名，实因其有功于民，或者是文王为迷惑商纣而设的一种计谋。

前1050年

公元前 1050 年

世界大事记 纳西尔帕一世约于此时即任亚述王（一前1031年）。

《吕氏春秋·行论》
《淮南子·道应训》

崇侯虎
西伯昌
散宜生
商纣
妲姬
谋略

人物　关键词　故事来源

非同凡响的太保矗戈

西周早期的兵器安上木柄，就可以上阵杀敌了。通过这个戈，我们似乎可以想见当年战车驰骋、杀声动地的战争场面。从现在的情况来看，戈刃十分锋利，可见制作之精良。在戈面上还有精巧的花纹，连杀敌的武器也具有装饰性，足见当时国势之盛。上面存有的文字，是持戈人的姓名，身份一定非同一般。

玉百件、大贝百朋，通过宠臣费仲送到纣的面前。纣见了这些美女、财物和珍奇怪兽，眉开眼笑地说："这里的一件物品，就足以释放西伯，何况有这么多呢！"于是，纣就命令释放西伯，并赐给西伯昌弓箭、斧钺等武器，赐以在西部地区可以自行征伐的权力。纣还悄悄地告诉西伯："是崇侯虎说了你坏话，我才这样做的。"西伯昌为使纣放心，就回答说："父亲虽然无道，做儿子的敢不服侍父亲吗？君主虽然不施恩惠，做臣下的敢不侍奉君上吗？对君王怎么可以叛变呢？"殷纣听了，满心欢喜，认为西伯昌决不会犯上作乱。

制造假象，麻痹商纣

为了进一步麻痹纣的思想，西伯昌回到周都后，他一方面到周国建立的商代祖先的庙中去祭祀，隆重地用了三头公羊和三头公猪作牺牲。他故意把这件事宣扬出去，说明自己对殷朝的忠诚。另一方面，他每隔一定时间，就到殷王那里朝贡一次，好让殷纣对他放松警惕。西伯昌表面上装作恭敬、忠诚，但内心中自有他的谋划和打算。

丰富的西周石器工具

西周早期生产工具，常以石制。从许多西周遗址中都可见到，石制生产工具有石锛、石锤、带刃石子、石凿、石铲、石斧、石棒等等。图为西周早期石器生产工具。

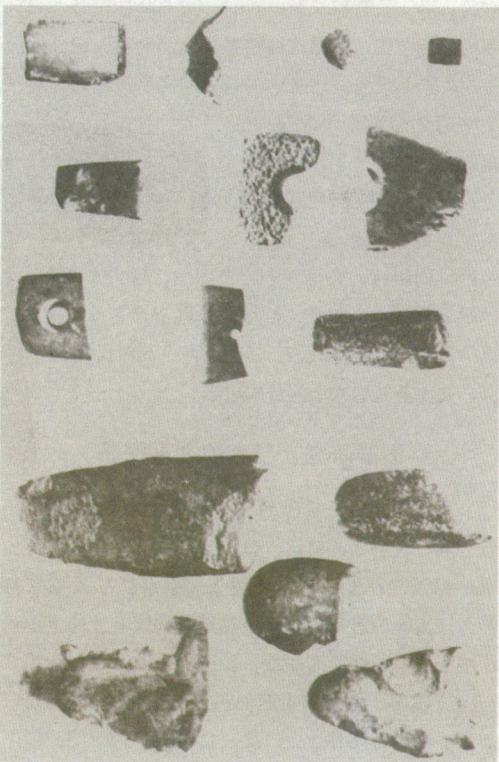

前1100年
前1060年

公元前1100—前1060年

中国大事记

文王被释放后，其长子伯邑考继续为人质，后被殷纣烹死。

○一二

演绎《周易》

西伯昌在商纣的监狱中，一关就是七年。他心中十分痛苦，就用演绎六十四卦，系以占卜吉凶、利害的辞，来排遣烦恼。

演绎六十四卦排遣烦恼

商纣二十三年囚禁西伯昌，到二十九年才释放。西伯昌在羑里的监狱里，一呆就是七年。在这七年的时间里，西伯昌面对监狱的高墙，思念家乡的亲人，心中痛苦万分。尤其使他痛苦的是，振兴周族、剪灭商朝的理想远远没有实现，却蹲在监狱里浪费时光。如何度过这漫长的岁月，而又能给后人留下些值得纪念的东西呢？西伯昌一直在考虑。

忽然，他想起了八卦。这八卦是古代伏羲氏发明的。用一长画和长画中断的二短画两种符号，三行组成一种图案，共得八种图案，分别代表天地、水火等八种自然现象。这是中国最早的文字符号，为后来文字的创造奠定了基础。可是这八卦实在太简单了，于是，西伯昌将三行组成一图案，变成六行组成一图案。经过排列组合，共得六十四个图案，这六十四个图案就称作六十四卦。给每个卦取个卦名，就代表一种意思。这就是后人所说的，伏羲氏作八卦，文王演绎为六十四卦的过程。

潜心研究，与吉凶之事联系

自西伯昌关入监狱后，与西伯关系密切的友人、贤士都在关心他的命运，想出各种办法，想营救他出狱。那天，贤士散宜生、闳夭、南宫括三人前来探监。三人一跨进大门，只见监狱里的墙上、地上画满了线条，有长线，有短线，长线和短线互相搭配组成一个个图案。贤士们见西伯昌正在聚精会神地画线，似乎在潜心研究着什么，都会心地笑了。

当时占卜的风气十分盛行，遇到什么事都要占卜问个吉凶、利害。西伯昌便把这六十四卦与干什么事吉或凶联系起来，写在每个卦的下面。这些叙述每个卦吉凶的文字，后来称为"卦辞"。每个卦有六行，每行为一长画或二短画，后来人们把这长画或短画称为"爻"（音摇），一长画为"阳爻"，二短画为"阴爻"。每卦的六爻也都分别配以干什么事吉或凶的文字，后来称为"爻辞"。其中，乾、坤两卦各有七条爻辞。这样，六十四卦的爻辞，有三百八十六条。卦辞和爻辞加在一起，总共有四百五十条，四千九百多字。这部书，因为相传是周人所作，文王之后又经过许多人

西周兵器：铜戈
铜戈是西周常用的一种作战时起钩啄作用的兵器，它由戈头和戈柲两部分构成。

居"群经"之首的《周易》

《周易》是中国古代现存最早的一部奇特的哲学专著。相传周文王被囚河南汤阴羑里城七年，在被囚禁期间曾把八卦演绎为六十四卦，是为后世《周易》，在中国古代文化中占有重要地位，居"群经"之首。

西周各式瓦

西周宫室建筑和居住遗址均出土各式瓦，种类很多，有板瓦、筒瓦，都有瓦钉或瓦环用于固定其位置，凡此均说明西周中期建筑用瓦已十分普遍。西周晚期房顶则大部分盖瓦，宫室建筑已全部用瓦，同时也出现了瓦当。

的加工；又因为书中的卦辞、爻辞，都是讲事物的吉凶变易的；所以这部书后来就称为《周易》。

文字隐晦曲折导致今人的各种附会

《周易》中的卦辞和爻辞，据说大部分是周文王写的。当时文王被关在监狱中，吉凶难知，前途未卜，他很想用占卜的形式知道自己的结果将会怎样，所以写了许多某事吉利、某事凶险的话，来表示自己的猜测。这些文字附在卦和爻上，都成了卦辞、爻辞。当时因为文王在狱中受到殷朝官吏的监视，许多事的吉凶利害都不能直说，只能隐晦曲折，含糊其词，所以《周易》中的许多文字晦涩艰深，难明其意。这部书中还记录了当时的许多史事和社会生活情况，可能出于文王的回忆或史官的补充。所以，文王演绎的《周易》，有人认为是占卜书，有人认为是历史书，有人认为是哲学书，很难得出一致的结论。

由于《周易》中有很多辞条是占卜事物的吉凶利害的，其文字又晦涩难懂，所以到二十世纪的近代，有不少人在研究它，加以穿凿附会，说现代的许多科学知识、哲学原理，在古代的《周易》中就已经有了；有关个人的前途、国家的命运，根据这本书都能进行推算。有人还把这种推算当作一种学问，叫做"《周易》预测学"，甚至出版了相当多这方面的著作。这是当年文王在演绎六十四卦时万万没有想到的。

西伯昌
伯邑考
殷纣

残忍
怨愤

《史记·管蔡世家》《帝王世纪》

人物　关键词　故事来源

前1100年
前1060年

公元前 1100—前 1060 年

中国大事记

周文王的名声越来越大，附近的贤士都来投奔。

〇—三

烹杀伯邑考

向纣献了许多美女、珍宝，西伯昌终被释放。但纣又要求昌的长子伯邑考作人质，并借故将其烹杀。

殷纣残忍卑劣，令人发指！

殷纣王在释放西伯昌回周都时，对西伯昌是否能效忠于自己还是不放心，因而提出要以西伯昌的长子伯邑考作为人质，抵押于殷。如果西伯昌要犯上作乱，或有不忠的行为，便以处死伯邑考来要挟。西伯昌不能违抗殷纣的命令，只得命自己的长子去侍候殷纣。伯邑考为人忠厚老实，来殷当了纣的车夫，为纣驾车，受着殷官吏的严格看管。一天，殷纣因为一点小事不顺心，竟把伯邑考处以烹刑，把他放在一口大锅中烧死，做成羹汤。残忍的殷纣还把羹汤拿到西伯昌那里，令他喝下，说："圣人当不吃他儿子的肉做的羹汤吧！"西伯昌强忍悲痛，咬了咬牙，把汤喝下去。纣又耻笑说："谁说西伯昌是圣者，吃他儿子的肉做的羹，还安然自得！"殷纣暴虐无道，烹死无辜的伯邑考，还要来污辱西伯昌的人格，其行为的残忍卑劣，真是令人发指！当时文王遭受如此奇耻大辱，他的心情如何悲愤是可想而知的。

文王正妃太姒的十个儿子

文王的正妃叫太姒，是夏禹后代姒姓封国杞君的女儿。这个姒姓封国也在东方，文王娶太姒时远道相迎，举行过隆重的迎娶仪式。太姒自嫁到周国后，继承太王妃子太姜、王季妃子太任的贤德传统，勤勤恳恳，辅助丈夫文王创家立业，又肩负起养育孩子的重任。太姒生有十个男孩：长子名伯邑考，送到殷朝去当人质，被纣烹死；次子名发，就是后来的周武王；三子名鲜，后来封在管地，所以叫管叔；四子名旦，就是进行东征、制定礼乐的周公；五子名度，后来封在蔡，所以叫蔡叔；六子名振铎，后来封在曹，所以叫曹叔；七子

名武，封在成，叫成叔；八子名处，封在霍，叫霍叔；九子名封，先是封在周王畿内的康地，后来又封在卫，以其始封之地称作康叔；十子名载，封在冉，因为他最小，称呼中加一"季"字，所以叫"冉季载"。太姒对十个儿子，自小严加教育，所以长大成人都能独当一面，为周族的振兴勤勉不懈。

父子两代的杀亲之仇

文王的父亲季历，是被殷王文丁关在塞库的监牢里气愤而死的，实际上是被文丁所杀；现在长子又被殷王纣用极残忍的手段烹死。文丁对于殷朝，有着父与子两代的杀亲之仇，可以想象，他的心中忍着多么大的伤痛啊！伯邑考死后不久，文王即立次子发为太子，决心报仇雪恨，世世代代与殷朝斗争下去，不达目的，誓不罢休！

记载周穆王征伐的㝬方鼎甲（右页图）
西周穆王时期的青铜器，造型规整，但又独具匠心，显得非常别致。它当耳平盖，下腹垂颈，真是富态品相。鼎盖两端有长方孔，正好套中双耳，盖中还有圆环。这样不但覆盖严实，而且使用方便，在讲究实用的前提下，又突出美观、内壁和盖内均有铭文，记载了㝬伐淮戎得胜回朝的事情。由此看来，这件青铜器又是一座奖杯。

周文王及其子图像
周文王之后太姒，生有十子，长子伯邑考，次子武王发，三子为管叔鲜，四子为周公旦。汉石像画中，为了政治宣传的需要，将周公旦画在第三的位置，而把管叔鲜排到后面。此图出自汉画像砖。

记载周穆王征伐的𢨙方鼎甲

前1100年
前1060年

公元前1100—前1060年

中国大事记

周文王在渭水边上遇见姜太公钓鱼，就将他接入周室宫廷。

〇一四

辛甲和鬻熊

西伯昌德高望重，礼贤下士，周边的许多贤人都来投奔。商朝的辛甲和楚君的祖先鬻熊，就是其中最杰出的两位。

网罗人才，图谋大事

西伯昌从即位那天起，就决心振兴周国，灭商报仇。特别是他被纣囚禁归来后，这种愿望更加强烈。他第一步就是网罗人才，礼贤下士。凡有贤士来访，他顾不上吃饭，总要接待完后再吃，所以吃饭往往很迟。远近的贤士听说西伯昌如此渴望人才，纷纷前来归附。如有位贤士散宜生来自散国，其地就在今陕西宝鸡市南的大散关，是周国的西邻。有位贤士辛甲，来自东边的殷王朝。还有位贤士鬻熊，来自南边的楚国。从东西南三面都有贤士前来投奔。西伯昌还经常出外寻访贤士。如闳夭和太颠，原来是在野外张网捕兽的猎人。文王见他们不但捕兽很有本领，而且对天下形势、治国之道也有很精明的分析，就把他们请入宫中，授以官职。文王还在鱼盐贩子中发现一位贤士，立刻举用，委以重任。上述这些贤士中，散宜生、闳夭和太颠，是最早被举用的。文王被纣囚禁期间，多亏这些贤士到处奔走，物色美女、财宝和珍禽异兽献给殷纣，才使文王得以脱险，返回周都。

西周骨制蚌制工具

西周早期生产工具除了石制外，常见的有骨制和蚌制和的工具。骨制工具最多的是以牛马下颚骨或肩胛骨制成的，如骨铲、骨锥、骨凿、骨针、角锥、角器、骨器等。蚌制工具如蚌铲、蚌刀、蚌镰等等。

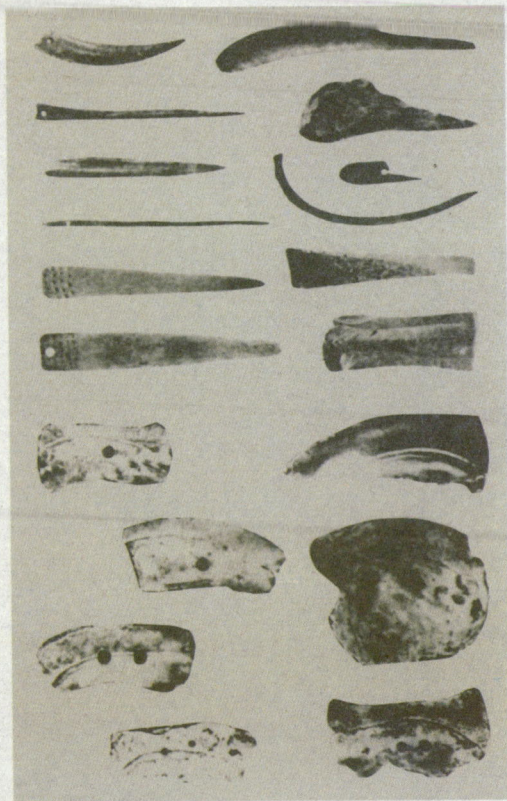

辛甲从殷朝来奔，作诗进谏

来自殷王朝的贤士辛甲，原是殷纣的一位大臣，纣暴虐无道，辛甲谏而不听，便弃暗投明。他奔周时已七十五岁，当时文王的一位同姓亲戚召公接见了他。召公与辛甲谈了一会，觉得他才识出众，就报告文王。文王亲自出来迎接，委任他做"太史"的官。辛甲担任此官后，就建议百官，要劝诫国君的过失。他看到文王经常出去打猎，兴致浓时，一连打上好几天，便作了一首劝谏的诗歌，题为"虞人之箴"。"虞人"是掌管田猎的官，"箴"（音针）是规劝告诫的意思。辛甲在这首诗歌中写道："夏禹为治洪水在茫茫大地上行走，把天下划分为九州，又开通了无数的大道。人民有房舍、寝室和宗庙，野兽有山林中的茂草，人和野兽本来各有

公元前 1060—前 1030 年

前1060年
前1030年

世界大事记

希伯来人和腓力斯丁人进行长期激烈的斗争，促进了希伯来人国家的形成。

文王　辛甲　鬻熊
识才　纳谏
《左传·襄公四年》《意林》卷一《鬻子》

人物　关键词　故事来源

所处的地方，两方面可以互不干扰。到帝太康时因为过分地爱好田猎，夏朝的江山就被夷羿侵占。夷羿也贪得无厌地在原野上捕捉鸟兽，此人又被部下寒浞杀死。田猎武事不可没有节制，夏家多遭劫难的教训应该记取。主管打猎的兽臣巡视着原野，敢把这历史的事实报告给君王的仆夫。"文王看了这首诗歌大加称赞，决心改掉好打猎的毛病。后来，辛甲因功被封在长子，就是现在的山西长子县。

鬻熊与文王谈笑风生

周国的东南方，就是现在河南省的西南边丹江和淅水的会合处，这里古称丹阳，居住着芈（音米）姓的一族人。他们是上古时代帝颛顼的后裔。其中有一个贤士叫鬻熊，他是后来楚国国君的祖先。鬻熊当时年事已高，他听说在西北面不远处有个周国，那里政治良好，人民安居乐业。为了振兴周国，剪灭商朝，正礼贤下士，网罗人才。周君昌为人厚道，讲究仁义，特别善养老者，对于在生产

寓意君子之风的展现：西周联璜组玉佩
"古之君子必佩玉"，玉在中国古代是德与礼的象征，古人以玉之色泽、品质为参照来规范人的行为。这件组玉佩由七个玉璜联组而成，长约90厘米。主人戴上这样的玉佩，其行动要受到一定的节制，走路要四平八稳，保持玉佩端正佩戴，并发出有节奏的悦耳声响，呈现出君子之风。

和治国上有经验的老人给予优厚的待遇，发挥他们的特长。鬻熊决定投奔周国，为西伯昌兴国灭商的事业做些贡献。

鬻熊从丹阳出发，沿着丹江溯水而上，越过一道山脉，渡过渭水，不几天就来到周国都城。文王闻报，亲自出来接见。文王看到鬻熊满头白发，就开玩笑地说："啊，仁兄上了年纪，已经老了。"鬻熊风趣地答道："如果使臣去捕捉老虎，追逐麋鹿，臣确实已经老了；如果使臣坐着策划国家大事，臣还是年轻有为的。"文王见鬻熊精神矍铄，谈吐不凡，并不因年老而冷淡他，仍然拜他为师，委以重任。

天下大势，人心向周

辛甲和鬻熊都是很有学问的人。《汉书·艺文志》"道家"类著录有《辛甲》二十九篇"和"《鬻子》二十二篇"，传说都是他们的著作。辛甲和鬻熊的投奔周国，代表着天下的大势所趋，人心所向。特别是鬻熊的来奔，带动了东南面的许多部族，对以后周朝平定和开发南方地区，起着十分重要的作用。

西周宫廷的乐人（上图）
西周时代是中国音乐史上的一个黄金时代，其代表作为大武之乐。大武乃周公所作，为综合音乐与歌舞的舞剧，内容为赞美文武的创业及周师的胜利，其声容的壮美，可以想见。周代宫廷的乐舞，称为八佾，即舞者分为八行，每行八人，共六十四人。除了朝廷外，民间歌舞之风亦盛。可知周朝对于音乐的重视了。图为古代宫廷乐人，为西周青铜器的一部分。

〇一五

姜太公钓鱼

西伯昌在商都市场早就认识流浪汉吕尚，认为他是大智大勇的贤才。恰逢吕尚投奔周国，在渭水边钓鱼，两人一见如故。

吕尚从东海老家奔周国而来

吕尚到中原地区兜了一转，做生意挣不到多少钱，到殷王朝或一些诸侯国去做事，都是些暴虐无道或贪图享乐的君王，没有什么作为，所以他又回到老家，过着日出而作、日入而息的生活。但他对天下的局势，仍不能忘记，

"愿者上钩"的姜太公

西周开国元勋姜尚，字子牙，他习得一身治国用兵的本领，来到周国，在文王姬昌经常打猎的地方垂钓，等候姬昌。两人相谒之后，极为投机，遂被封为国师。后人有"姜太公钓鱼，愿者上钩"之说。姜子牙负责全国军事，相继辅佐文王、武王。后被封至齐，"因其俗，简其礼，通工商之业，便鱼盐之利"，使齐国很快强盛起来。

总是在来往的人中打听。有一天，他听说西伯昌的国家政治清明，人民安居乐业，特别是对老人给予优厚的待遇。又听说西伯昌的父亲和长子都是被殷王逼死或杀死的，他自己也在殷朝监狱中蹲了七年，决心要报仇雪耻，如今特别需要辅佐的人。吕尚经过反复思考，兴叹道："何不归去乎！西伯昌善养老者，又礼待贤者。"于是，年近七十的他，又背起行囊，经过几十天的长途跋涉，来到周国都城郊外的渭水边上。

在渭水边钓鱼察看动静

吕尚觉得，直接去找西伯昌有些不便，他想在周都郊外先呆一段时间，了解一下周国的情况，再作进一步的打算。吕尚先在渭水边的一间石室中住下，然后到一个泉水潭边去钓鱼。渭水南边有一条磻溪水注入，这条磻溪水源自南山兹谷，山上有一股泉水从高处流而下，叫做兹泉。泉水积成一个深潭，潭水清澈，水中有鱼在游动。潭旁有高大的石壁，石壁后面是茂密的树林。在水潭边上有一块大的平石，吕尚就双膝跪在这平台上投竿钓鱼。据说姜太公在渭水边兹泉潭的钓鱼之处，到南北朝时遗址犹存，那块大平石上还有他双膝跪过的痕迹。

西伯昌日思夜想朝歌的屠夫

再说西伯昌被释放归国后，一心要灭商复仇，太颠、闳夭、散宜生、南宫括等贤士都为他出谋划策。但西伯昌总觉得，这些贤士目光还不够远，气魄还不够大，脑子还不够活，策略也不够精，他多么需要一位智谋高超、能够独当一面、辅佐他迅速崛起的人啊！西伯昌日思夜想，忽然想起在朝歌屠

前1031年　公元前1031年　>

世界大事记　尔马纳塞尔二世约于此时即任亚述王（一前1020年）。

《史记·齐太公世家》　《水经注·渭水》

吕尚　西伯昌

机遇　识才

人物　关键词　故事来源

宰市场上遇见过的那位屠夫吕尚，他身强体壮，看上去武艺高强，谈吐不凡，对天下形势分析精明。如果能把他请到周国来该有多好！可惜不知道他如今在哪里。

西伯昌有个习惯，每隔一定时间，就要到外面去打猎。这一方面是为了活动活动身子，调剂调剂生活，一方面也是为了了解民情，搜求贤才。这一天，西伯出外打猎前想预测一下收获如何，就进行占卜。占卜的结果显示说：这次打猎所获"非龙非螭，非虎非罴"，而是"霸王之辅"。真有这样的事？西伯将信将疑。

一见如故，称为"太公"

西伯的打猎队伍兴致勃勃地出发了。当队伍行进到郊外的渭水边上时，看见兹泉潭边有一老翁正在垂钓。西伯昌走近一看，不禁大吃一惊：这不是当年在朝歌市场上遇见的屠夫吕尚吗？他怎么会在这里钓鱼？吕尚听见背后熙熙攘攘，回过身去一看，也不禁一愣：来到面前的不就是西伯昌吗？两人一见如故，心情激动。他们畅谈分别后的经历以及当今的天下形势，谈得十分投机，围观的人也愈来愈多。最后西伯昌说："我先君太公曾经预言：'当有圣人来到周国，

周国因而会兴盛起来。'你真是太公预言的那个人吗？我太公望你来，已经等得太久了。"西伯昌说过这话之后，就称吕尚为"太公"，号"望"。西伯昌请太公乘上马车，一起回到宫廷中去，立刻拜吕尚为"太师"，这是国中文武兼管的最高官职。

因为吕尚本姓姜，西伯称他为"太公"，所以吕尚从此以"姜太公"的称号闻名天下。姜太公钓鱼遇周文王，拜为太师，最终辅助文王、武王推翻商朝，取得天下。这段传奇的故事，成为流传千古、脍炙人口的历史佳话。

形象生动的家畜土制塑像
在河南辉县发现各类家畜的土制塑像，观其表情生动而自然。高冠长尾的鸡、吠叫的狗、酣睡的猪、温顺的羊等，各种姿态颇具轻松风趣的意味。

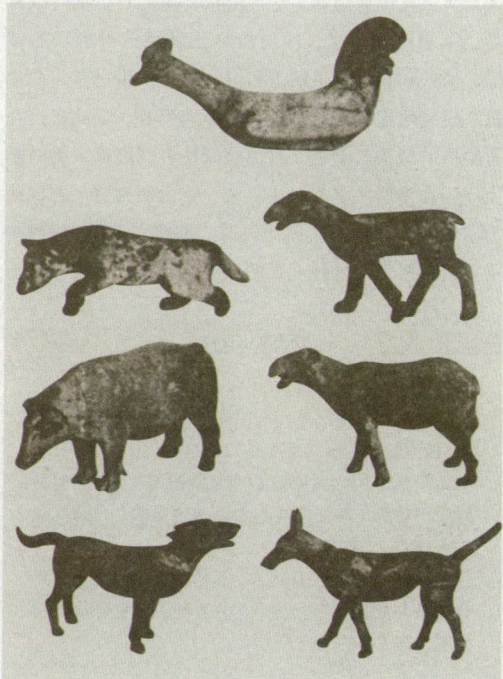

>历史文化百科<

〔西周最高长官〕

西周初期的最高长官有太师、太保。这些官职名称起源于原始氏族社会中的长老，他们以知识经验对嗣位的首领尽引导、监护之责。西周初年太公、周公曾为太师，召公曾为太保。太师、太保同是王室辅佐，出征时都可作为军队统帅，但一般说来，太师偏重武事，太保更重文教。

太师、太保和掌管册命、记事、历法的太史，同是西周公一级的高官，或称"三公"。

中国大事记

周文王以虞、芮两个小国的农民来诉讼作为"受命"之年，正式称"王"。

文王自从长子伯邑考被殷纣烹死后，他为了报仇雪耻，一直考虑如何结交众多的诸侯盟国，争取天下民心的拥护，以壮大自己的力量；同时，又要使殷王朝内部矛盾尖锐，分崩离析。

献地送玉版

西伯昌向纣献出一块土地，要求废除残酷的"炮烙之刑"，以树立自己的声誉；又向纣的奸臣费仲送了一块珍贵的玉版，让他呈上以取得纣的欢心，使敌人加深矛盾，日趋腐败。

要求废除"炮烙之刑"而大得民心

当时的殷纣王，迷恋宠妃妲己。为博得妲己的欢心，纣想出了一种惩治罪人的刑罚，名"炮烙之刑"。这种刑罚，把一根铜柱放在一大盆炭火上面，铜柱外面涂上滑溜的膏液，令有罪者在铜柱上行走。因为铜柱上面很滑，又烧得很烫，罪人走不了几步，就会跌入大炭火盆中被烧死。这种惨状，妲己看了觉得很有趣，常常大笑不止。西伯昌早就听说这种刑罚的残酷，诸侯和百姓无不切齿痛恨。经过一番思考，西伯昌决定利用这个刑罚来进一步争取民心，提高自己在百姓中的威望。于是，西伯昌派使者到殷都，给纣献上周国在洛河西岸的一块土地，并说明来意，愿以此要求纣答应一件事，就是废除"炮烙之刑"。殷纣本来就听说外面对这种刑罚的反应十分强烈，现在又得到一块土地，就同意了西伯昌的请求。西伯昌把这件事到处宣传，诸侯和百姓都拍手称赞西伯昌功德无量。文王虽然损失了一块土地，但他得到的是广大诸侯和人民的拥护。这将为他兴周灭商的大业造成极有利的条件。

用价值连城的玉版离间殷朝君臣

周国当时还有一块珍贵的玉版，花纹奇特，光怪陆离，体积甚大，价值连城，殷纣很想得到它。

用美女奇宝贿赂纣王

纣王在位时，文王（当时被封为西伯侯）因苦谏纣王而被囚禁。文王的贤臣散宜生等通过纣王的下属费仲，进献美女奇宝贿赂纣王，文王这才保住了性命，得以生还归国。

私生宜散

尤费通

造型生动的玉鹰

这是一件西周早期的青玉制品，体势扁平，以自然的阴文线条琢成。从外形上看，是一只雄鹰，呈伫立状姿态，足微微翘起，长长的脖颈向前方延伸，目光炯炯，再加上钩状的喙，显得凶狠威武，如同正要去捕捉猎物。颈部有一圆孔，可供穿绳佩戴。文物工作者称此玉鹰造型奇特，世不多见。

起初，纣令胶鬲来索取，文王不给。因为胶鬲是纣的贤臣，常能出一些发展生产、爱护人民、训练军队的好主意，如果让胶鬲得到纣的信任、重用，商朝就会巩固和强盛起来，这对周国是不利的。胶鬲取不到玉版，说明他没有能力，纣就会轻视他、鄙弃他，胶鬲在殷王朝就没有用武之地了。后来，纣又派费仲来求取玉版，文王经过一番思考和研究，最后给了他。因为费仲是一个奸臣：他经常教纣寻欢作乐的办法，使纣穷奢极欲，沉醉在花天酒地之中；他又经常拨弄是非，说诸侯和大臣的坏话，造成外部的孤立和内部的不和；同时还尽量搜刮诸侯和人民的财物给纣享用，造成君民之间尖锐的矛盾。如费仲得到纣的信任和重用，必将大大削弱殷王朝的力量。价值连城的宝物玉版，殷纣派胶鬲来索求之不得，派费仲来求却马到成功，这正是文王的一着绝妙高棋。

〇一七

虞芮人诉讼

两家农民到周国评理，羞惭而归

虞、芮两个小国的农民因争地而到周国来诉讼。西伯昌认为时机已经成熟，乃公开称王，举起灭商的旗帜。

西伯昌治理的周国，人民安居，秩序良好，因而诸侯百姓间有什么争执，都来请西伯判断曲直。当时，周国东面有虞、芮两个小国。虞国在今山西平陆，芮国在今山西芮城。虞的西部和芮的东部两国交界处有一片无主荒地，虞国一家农民和芮国一家农民都对这块荒地进行了开垦。两家不肯相让，为了这块土地，甚至要动武。有人劝解，说西边不远处的周国，有位西伯昌，为人仁爱厚道，办事公正，有什么纠纷难以处理，到他那里去诉讼，一定能得到圆满解决。于是，虞、芮两家都同意到周国去，让西伯昌来判决这块田地应该归谁。

两家人各派代表渡过黄河，沿着渭水逆流而上，来到周国地界。两家代表看见周国人耕地，田界很宽，互相谦让，从来不为一小块田地而争吵。而且，治理人民的官吏士大夫都很勤劳，亲自下地垦种，与百姓打成一片。待到进入周国都城，又见到士大夫都谦虚地互相推荐，让其他人去当管理事务的众官，从来没有为想当官而争得脸红脖子粗的。两家农民见到周国的百姓和士大夫如此谦让成风，猜想其君西伯昌也一定是个十分谦让的人，他们不禁为自己因一小块田地而大吵大闹的行为感到惭愧。两家代表说："我们所争的，是人家周人引以为耻的。还去干什么？只能给人家看笑话。"两家农民不再诉讼，回去了。从此，他们也互相谦让，再不要那块土地，结果那块土地变成了闲田。

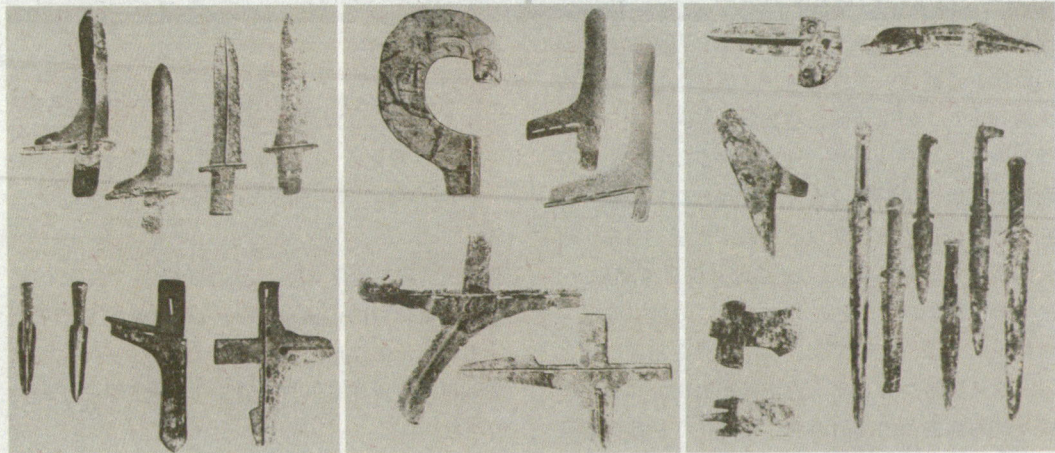

配套齐全的西周铜兵器

周人的武器装备，基本上与商人的装备相同。在兵器方面，周人有戈、矛、戟、剑及弓矢。商人的标准配备是弓、矢、戈和矛，周人则有比较复杂的戟，基本是戈与矛的联装。周人新添的兵器是剑。铜剑在西周早期已普遍出现，剑为短兵，用于车战，只有在下车搏斗时发挥作用。陕西长安张家坡、岐山贺家村，甘肃灵台白草坡，北京琉璃河各处西周早期墓中都出土了一种柳叶状的铜剑。图为西周墓葬出土的铜戈、铜矛、铜戟；铜戈、铜钺、铜戟；铜戈、铜斧、铜钺、铜匕首、青铜短剑。

前1020年 公元前1020年 >

世界大事记

以色列人和犹太人共同的民众会选举产生第一位希伯来人国王扫罗。

《史记·周本纪》《说苑·君道》

谦虚 德政 灵感

西伯昌 虞芮农民

人物 关键词 故事来源

西周玉蚕

西周初期，关中民间已有栽桑养蚕的活动。《诗经》中多处出现描述农耕蚕织的诗句。这件玉蚕也许是周王朝礼蚕时的祭祀器物，它是西周时期养蚕活动和丝织业发展的明证。

西伯昌行仁政，三分天下有其二

由于西伯昌在周国实行仁政，百姓家家分有田地，又种桑养蚕、养家禽、家畜，因而都丰衣足食。对于老而无妻的鳏夫，老而无夫的寡妇，老而无子的独身，幼而无父的孤儿，西伯昌特别予以关照，不使他们挨饿受冻。同时，西伯昌又开放山泽，让人民采集和捕鱼；鼓励商业发展，关市免征税收；犯罪者只惩罚本人，不牵连家属子女。世人都把周国当成人间的天堂，来归者络绎不绝，使周国人丁兴旺，实力大增，与殷王纣的暴虐无道、众叛亲离形成鲜明对比。据分析，当时天下九州，已有六州归向文王，而纣所统治的地区只有三州。西伯昌已是"三分天下有其二"。

> 历史文化百科 <

〔中国古代无奴隶社会〕

在关于中国古代社会发展的讨论中，有一种意见越来越受到人们的重视，那就是：中国古代没有奴隶社会。他们的论据很多。

首先，中国古代的奴隶始终未能在社会上占多数。其次，《孟子》书中说：夏代每户农民授地50亩，殷代70亩，周代100亩，都收十分之一的租税。可知三代农民都不是奴隶。再次，马克思曾经论证，历史上也有实例，原始公社可直接发展成封建社会。

公开称王，举起灭商义旗

听了虞、芮两国人来诉讼而自惭归去的故事以及诸侯和贤士的评论，再看看天下诸侯的纷纷来归，西伯昌觉得公开举起义旗的时机已经成熟，便在他即位后的第四十二年开始称王。他把这一年改为文王"受命"的元年。同时，废弃殷朝的法制而改订自己国家的法制；废弃殷朝的"正朔"，即关于一年开始和一月开始的规定，改订自己国家的历法。为纪念自己的祖先，周王昌追尊其祖公亶父为"太王"，其父公季为"王季"。在周王昌看来，振兴周国的意向、周有王瑞的迹象是从太王开始的。

虞、芮两国的两家农民一定不会想到，他们的诉讼居然成了一件具有重大历史意义的事，他们去周国诉讼的这一年成了周国立志灭商、振兴发展的新起点。

纹饰多样的中国最早彩织毛布

先秦时期的纺织物上有各样的纹饰，并出现了以提取有色素的植物染料或从矿物质中提取颜料为织物着色，增加纺织品的美感。这件彩格毛布经纬线均加右捻，斜纹组织，先染后织，是中国目前发现最早的彩织毛布，代表了先秦时期毛纺织和染色的技术水平。

〇一八

造舆论，证明天要兴周亡殷

宣称自己已经"受命"而称王的西伯昌，立志推翻殷朝，取而代之。他深知要达到这个目的，首先的一项工作，就是要造舆论。当时造舆论的一个重要方法，是利用人们对天帝、神灵的迷信，造出各种各样的新闻，证明天帝要兴盛周国，神灵要灭亡殷朝。这样，便会在人们的心目中造成一种观念，周兴殷亡是上天的意志，是不可抗拒的潮流和趋势。

宣传王妃怪梦，占卜获吉

据说当时周王昌的正妃太姒，晚上做了一个梦，梦见商朝的宫廷中一片荒凉，荆棘丛生；又梦见自己的儿子、太子发在周国宫廷院子中取了一棵梓树，种植在宫廷的大堂上，这棵梓树立刻迅速地长起来，化为松柏械柞等大树。太姒醒来向文王报告做梦的经过。文王召来太子发在庙堂中进行占卜，结果得到大好的吉兆。文王及太姒、太子一起在庙堂中参拜上天，因为这个吉梦明白地显示，皇天上帝已经把商的大命授给了周。文王嘱咐太姒和太子发："谨慎地不要声张！冬日

太姒之梦

据说周王昌的王妃太姒做了一个梦，梦见商朝宫廷中荆棘丛生，而周国宫廷中长出松柏大树。这是周人发动的舆论攻势。

之阳，夏日之阴，不召而万物自来。天已经不保佑殷朝而心向周国了。"然而，过了几天，周都的大街小巷和附近的诸侯国内，都传开了周王妃太姒梦见商廷生棘和周廷生松，以及周王占卜获吉兆的消息。

麻雀衔丹书，赤鸟讲人话

有一年深秋，又有一件奇异的新闻在各地传开。据说在甲子日那天，有一只赤色的麻雀衔了一张"丹书"，即红色的喜报飞到周都，将这张丹书放在周王昌的窗户上。周王叩首跪拜，接受了丹书。丹书上显赫地写着十个大字："姬昌苍帝子，亡殷纣王者。"周王昌本姓姬，故称"姬昌"，丹书上说他是天帝的儿子，必将取代亡殷纣王的位置。这当然和太姒之梦一样，是预谋策划的又一个舆论。

烘托神灵的威慑力的西周云雷纹铜壶

这件器物周身饰满了云雷纹，呈"之"字形装饰的粗细相间的纹饰呈闪电之势，使器物富于动感。云雷纹是商周时期常见的青铜纹饰，奴隶主用流云的变幻无常与雷电的闪烁恐怖来烘托神灵的威慑。这种纹饰通常是作为主题纹饰的底纹出现，则而这件器物直接以云雷纹作为主题纹饰较为少见。

太姒　周王昌　太子发

《逸周书·程寤》

《墨子·非攻下》

谋略　灵感

人物　关键词　故事来源

西周国君的玉项链

虢季墓出土的这件玉项饰，由6个马蹄形的玉饰和相间串缀的红玛瑙珠组合而成。以各种玉材和石料制成珠和管进行串缀，是西周佩玉的特征。

还有的传闻说，当时有一只赤色的鸟衔了一块宝玉，降到周国的岐山之阳，在祭土地神的社坛上开口讲话宣布："天命周王，伐殷有国。河出绿图，地出乘黄。"所谓"绿图"，是天命帝王的符瑞；所谓"乘黄"，是因帝王德高而生出的一种能远走高飞的吉祥之兽。还有的传闻说，当时有"鸑鷟"鸟也就是凤凰在岐山上鸣叫，并且作了一首乐曲，叫做《武象》。这预示着周族即将兴起，许多神鸟代表天意来传达指令，报告消息，欢庆喜讯。

散布奇闻带来的助力

上述这些传闻，当然不可能是真的，而是周文王及大臣们精心编造而散布出去的。在当时科学知识比较贫乏，人们为迷信思想所左右的年代，这些奇闻首先在人们的思想上形成周将兴、殷将亡的观念，这必然为周国伐商带来很大的助力。

清人绘《豳风·七月图》

〇一九

伐崇大捷

周王昌连续出兵，攻伐周围常来侵扰的犬戎和殷的属国。特别在攻伐东边崇国的战争中取得大胜，扫清了推翻殷朝道路上的障碍。

积极练兵，提高军队战斗力

西伯昌一方面制造各种奇闻，使人们相信周王昌接受了天帝的大命，周兴殷亡乃是天定的不可抗拒的趋势；另一方面，在姜太公的辅助下积极练兵，不仅训练周军具有兴周灭商的坚定意志、服从指挥的良好纪律，而且使士兵掌握野战、攻城的各种本领。

西周胄甲
商人的胄甲用整片皮甲制成，可以防护前面，但裹甲的士兵不能自由活动。山东胶州西庵出土西周的青铜胸甲，前胸由三片组成，全形呈兽面状，后背是两个圆形甲泡，胸背甲边缘均有小穿孔，以钉缀在皮革的甲衣上。内蒙古宁城县南山根、北京昌平白浮出土有西周的铜盔。由此组合来看，西周的胄甲比商代的整皮甲有用。西周的胄甲比较合身坚固，增强了士兵战斗时的保护能力。

攻伐犬戎、密须，进展神速

就在西伯昌受命称王的第二年，周国开始出兵了，其攻伐的第一个目标是犬戎。犬戎在周国北边，常来骚扰。周国要征商，首先要消除后顾之忧。这一年，周军把犬戎击溃，抓到大批俘虏，夺得许多财物，获取大胜。

次年，周军又攻伐犬戎边上的密须国，或称密国，其地在今甘肃灵台县西。密须国君姓姞，向来不服从周的命令。这时，看到周军把犬戎击败了，估计自己必然也要遭到攻伐，因而来了个先发制人。密须军不向东南进攻周国本土，而是向北侵袭周的属国阮，攻到了阮国的共地，在今甘肃泾川县境。文王见密须国如此猖獗，赫然大怒，亲自率兵进击密须。密须人民向来听说周文王的仁德，不愿与周为敌，经过商议策划后一致行动，把自己的国君捆绑起来，押到文王跟前，表示投降，愿做文王的臣民。

进军黎国、邢城，势如破竹

西伯昌称王的第四年，开始向东攻伐。在攻伐的过程中，周军受到各地人民的热烈欢迎，势如破竹，

> **历史文化百科**
>
> **〔世界上最早的盖屋瓦片〕**
> 陕西长安县古镐京城近年发现一座西周大宫室基址。宫室平面呈"工"字形；其主体建筑居中，南北长59米、东西宽23米；南北两端并有附属建筑，左右两翼对称。
> 同时在基址上出土数以千计的瓦片，有板瓦、筒瓦和槽瓦三种类型；附在瓦上的瓦钉也有柱钉、乳钉、菌钉、环钉、榫钉等形式。这是迄今世界上发现的最早的瓦。

《诗经·大雅·皇矣》
《说苑·指武》

文王 崇侯虎

果断 谋略

人物　关键词　故事来源

走向标准实用的西周铜戈兵器

西周的铜戈形制较商代复杂，也更实用，是钩啄兵器，由戈头和戈身两部分构成。此处的戈尖有圆形、三角形、不规则形，戈后部加宽，柄也统一为长方形。

一直攻到殷的属国黎，也称耆，其地在今山西黎城县东北。这里已是殷王畿的外围，离殷都朝歌只有二百余里。殷臣祖伊十分惊恐地向纣报告。纣却回答说："我有命在天，周人能把我怎么样？"

第五年，周军又向东攻伐邘城，其地在今河南沁阳市。周军利用宣传攻势，邘城不攻自破。邘城地处殷都朝歌的西南面，离朝歌也很近。这样，周人从西北和西南两个方面，对殷都形成了钳形攻势。

大举攻崇，遇到顽固抵抗

殷王畿的南面，今河南嵩县、嵩山一带有个崇国。其国君崇侯虎阴险毒辣，曾经在殷纣面前说文王的坏话，使文王在羑里的监狱中关了七年之久。文王对崇侯虎恨之入骨，很早就想攻伐，但崇国地方较大，实力又强，且山川纵横，形势险要，进攻诸多不便。在西伯昌称王后的第六年，周国的军事实力有了进一步的增强，崇国附近各地也已先后被周军攻占，于是，文王决定联合友好的邻邦，组成联军，大举攻崇，拔掉殷王畿周边的最后一颗钉子。

文王首先发动政治攻势，向崇国人民宣传说："崇侯虎侮辱父兄，不敬长老，政治腐败，贪婪成性，百姓精疲力竭，不得温饱。我来征讨，完全为了人民。我令周军不杀人，不毁坏房屋，不填塞水井，不砍伐树木，不惊动六畜。有不听从命令者，罪死不赦。"崇国人民听到文王来攻的消息，都非常高兴，愿意出城迎接周军。但是，崇侯虎指挥的军队死守城楼，顽固抵抗。文王不得不下令发动猛攻。

激战破城，扫清最后障碍

因为崇国有高大的城墙，文王准备了钩、援之类的爬城工具和临车、冲车等攻城武器。当文王来到凤凰墟察看地形时，系袜带松开，袜子掉了下来，文王便弯下身子去结带。太公在一旁问："为什么不叫人来结？"文王答道："与君主相处的有三种人：上等的是君主之师，中等的是君主之友，下等的才可随便使唤。现在我旁边的都是师友，怎可使唤？"文王谦逊的品质使大臣们很受感动，决心跟着文王，为攻城贡献一切。

这次攻城战打得十分激烈。崇国军队中的死硬派，顽固坚守三旬而不投降，双方相持了一个多月。最后，以周国为首的伐崇联军终于攻破崇城，崇侯虎在破城后被联军杀死。崇国灭亡了，文王在四方诸侯国家中的威望更高。同时扫清了伐纣道路上的障碍，为最后推翻殷王朝的统治奠定了基础。

○二○

太公兵计

姜太公满腹韬略，妙计横生，成为周王昌攻伐商朝的最得力的助手。

姜太公自从在渭水边上被文王请入宫中任太师后，一直辅佐文王，谋划伐商之事。史书上说，太公辅佐周王"多兵权与奇计"。西伯昌连年攻伐，能取得节节胜利，与太公的精心策划是分不开的。

阴谋修德，以倾商政

太公辅佐文王灭商，一条重要的策略是教文王修德，实行仁政，使天下诸侯愿意归附，百姓都想投奔。如此，兴周亡殷就成了大势所趋，人心所向，这叫做"阴谋修德，以倾商政"。有一次，文王召太公商量计策，询问道："唉！商王暴虐至极，随意杀害无辜的人。你既然愿意帮助我拯救天下的百姓，请问用什么办法好呢？"太公思索了一下回答说："王除了要先修好自己的德行外，还要随时观察天道和人事的变化。天道没有降下祸殃的迹象，不可首先倡议征伐；人道没有出现灾难的征兆，不可首先谋划兴师。一定要看到既出现天灾，又发生人祸，才可以谋划出征。对商纣，一方面要看到他外面的倒行逆施，内部的分崩离析；一方面要观察他疏远的人是否还怀忠诚之心，亲近的人是否已有叛离之意，这样方能知道他统治基础是否已经动摇。"

联合难友，抓住时机

停了一会，太公又说："如果你长期修德，诸侯和人民都心向于你，那么，兵不血刃也能取得胜利。这种高明的战术，有出神入化之妙啊！征伐出兵要联合有共同患难、共同感情、共同仇敌的国家一起出击；同患难的人能互相救助，同感情的人能互相促进，同仇敌的人能互相支持，这样士气必然旺盛。在向敌人出击之前，还要不露声色。鸷鸟将要袭击目标时，飞得很低采取收敛双翼的姿势；猛兽将要进行搏斗时，会双耳下垂采取俯伏在地的姿势；圣贤将要采取军事行动时，也会先装成愚昧的样子。"

太公满腹韬略，讲得头头是道。最后他指出："现在的商纣，奸佞当道，奢侈无度，好色昏迷，不问朝政，社会混乱，矛盾尖锐，这是将亡的征兆。商的田野里，野草比五谷茂盛；商的大臣，邪恶胜过公正；商的官吏，暴虐残忍，违法乱纪，然而上下左右的人毫不觉悟，昏昏沉沉，这是已到亡国的时候！圣人发出的'大明'将使天下都得到照耀，圣人发出的'大义'将使万物都得到利益，圣人发出的正义之师将使天下国族都前来归服。"太公的一番话，说得文王心明眼亮。

国都迁移，形势更为有利

在太公的辅佐下，文王的攻伐战争节节胜利，一直攻到离商都朝歌只有二三百里。为了配合伐商战争，周国的都城也不断东移。征伐密须国胜利后，国都从周原的岐山之阳迁到了程，其地在今陕西咸阳市东。攻灭崇国后，国都从程迁到丰，即今陕西长安西南，沣河西岸。文王又命太子在沣河东岸的镐邑营建新都。这样，周的国都从僻远的西部迁到了东面，

> 历史文化百科

〔西周时代的成套青铜乐器〕

陕西眉县的一处窖藏中，近年出土大小有序的铜钟15件，铜镈3件。铜钟高30～80厘米，重5～50公斤，有4件刻有铭文。铜镈高37厘米至63厘米，重21公斤至32.5公斤。其钮为两只大鸟，镈身有精美纹饰。

经考证，这是西周中后期夷王、厉王时遗物。它的出土说明在当时已有成套青铜乐器应用于礼仪奏乐。

并渡过渭水到达南岸。新建的国都交通方便，地势平坦，有大道直通东方，为最后攻灭商朝创造了有利条件。

出兵遇风雨，谈笑增信心

伐崇取得大胜后，下一步的攻击目标就是商王朝了。文王急着要出兵，命散宜生占卜，然后问："伐殷吉利吗？"散宜生回答说："不吉。钻龟甲烧灼，龟甲上的裂纹看不出吉祥的兆头；用蓍草占卜，蓍草非但不交叉，而且还折断了。"将要出发那天，风雨大作，辎重车后面的横木掉落下来，旗帜也被风吹折断。散宜生大惊失色说："四个不吉祥的兆头同时出现，不可行事。"太公觉得气宜鼓，不宜泄，便在一旁说："临行发生这样的事该怎么看待，你不知道。出发之时天空刮风，是要吹掉我们身上和车上的灰尘；天上下雨，是要洗涤我们的盔甲和兵器。"说得大家开怀大笑，信心陡增。

在攻伐商朝的过程中，太公从谋略思想到具体计策，一言一行，对文王都有很大的辅助和启迪。

周人习用甲骨卜吉凶
周人每有重要事情，如征战、田猎等，皆以甲骨或蓍草卜测吉凶，根据所卜结果，决定行事与否。周人这种卜吉凶的习俗，是由商朝沿袭下来的。右图为周人用于卜吉凶的龟甲。

○二一

文王临终嘱太子

周王昌临终嘱咐太子发，告以做人的道理和经验，特别是要完成推翻商朝的大业。人们给周王昌一个谥号"文"。中国古代的谥法制度，可能就从此开始。

文王攻伐崇国得胜归来后，年事已高，身体渐感不适，精力明显衰退。他回忆坎坷一生，历尽艰辛。父亲王季被殷王文丁关在塞库监狱中，忧愤而死。自己也被纣关在羑里的监狱中达七年之久。如今，周国一天天兴旺壮大，殷朝已日暮途穷，只要再给以致命一击，就可把它推翻，可惜身体状况已不允许他再作长途征伐，直接去摧毁腐朽的商朝，除掉万恶的殷纣。

建立"明堂"，兴亡教训永志不忘

想起往事，文王有许多经验教训需要留给后人。周观天下得失，尧舜为什么能昌盛起来，桀纣为什么会趋于灭亡，自己是经历了怎样的千辛万苦，运用了怎样的智慧策略，依靠大臣怎样的鼎力辅佐，才使周国得以有今天的大好形势。为了让后人永远牢记历史经验，使新兴的周朝长盛不衰，文王决定在都城建造一所大型的房屋，称为"明堂"。在明堂中，他把历史上兴亡得失的教训画成壁画，加上文字说明，使后人永志不忘。自明堂建立后，周朝初年继位的成王、康王都恪守明堂之制，在明堂举行即位仪式，并经常到明堂观察历史上的存亡经验、成败教训，不符合正道的话不说，不符合礼义的事不做，言谈谨慎，择善而从。因此，周朝建立之后很长一段时间内，一直保持着良好的政治局面和道德作风。以后的历朝帝王，都把明堂作为宣布政教的地方。这个制度，就是由文王开创的。

西周青铜胄：用于防卫的武器和装备
夏商周时期军事武器得到极大发展，与一些攻击性兵器相配套，商周时期出现了用于护体防卫的皮甲铜胄。这件西周早期的青铜胄，通高23厘米，素面，胄顶有一脊，脊长18厘米，作镂空网状纹，北京昌平出土。

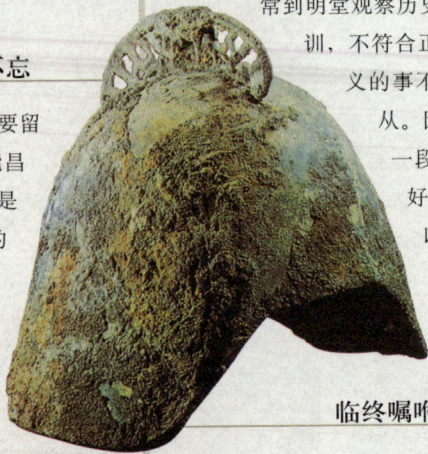

临终嘱咐，语重心长

文王的健康状况日渐恶化。他知道自己的生命危在旦夕，就叫来太子发，对他进行临终嘱咐。文王说："唉，我的日子已经不多了，我要告诉你我所保持和恪守的原则，把它传之子孙。我的一生，厚德而广惠，忠信而志爱。作为君主，不要骄傲，不要奢侈，不要沉湎于女色。住简陋朴素的房子，为的是不浪费百姓的钱财。山林草木生长之时不要去砍伐，川泽鱼鳖生长之时不要去捕捉。工匠以时做其器，农民以时耕其田，商贾以时通其货，这叫做'和德'。天有不测风云，不积聚粮食，怎能防范？不经常考虑，就会

▷历史文化百科

〔商代和西周的战车〕

古代作战以车战为主，但是战车上人员的排列位置，拉战车的马有几匹，每乘战车周围跟从的步卒有多少，历来说法纷纭。

近来有学者根据历史记载和地下发掘材料，对先秦战车作了细致考察。战车上3人，驾车者在前，持弓的车左和持矛的车右在后，形成"品"字形。拉车的马，商代用2匹，西周用4匹。车下步卒，西周时为22人，包括下士7人，徒兵15人。

前1004年　公元前1004年 >

世界大事记

海国第二王朝灭亡。

文王　谨慎
太子发　壮志

《淮南子·主术训》
《逸周书·文传解训》

人物　关键词　故事来源

有危险。"文王讲了许多做君王应该遵守的道德品质和必须注意的国家事务，太子发表示一定把这些教训铭记在心，不辜负父王的重托。

　　停了一会，文王又嘱咐太子发，在他死后应该如何去做。文王语重心长地说："我去世后，你要多听太公的话，凡事和太公商量。他是我最知心的朋友，最得力的助手。你要搞好兄弟之间的团结，对于有才能的兄弟你要依靠他们，对于兄弟中的缺点，你要进行教育。互相劝勉，共同振兴我们的国家。我去世后，你们不要举行隆重的丧礼，不要花太多的时间守丧。要用主要精力剪灭商朝，完成我未竟的大业。推翻商朝的统治，是我的祖父太王、父亲王季和我三代人为之奋斗的目标，如今将在你的手里实现。完成了推翻商朝的大业，再到我的墓上来祭我吧。"文王吃力地

说完最后一番话，没有多久，就与世长辞了。

文王的享寿和谥号

　　文王享寿传说有九十七岁。按照这种说法，他九十六岁时还亲自出征崇国。这显然是不大可能的。因此，文王的享寿传说，可能有夸大之处。文王活着的时候，人们只称他为"王"或"周王"，去世后，人们根据他慈惠爱民、德高望重的一生行事，给了他一个谥号"文"，从此，后世便称他为"文王"。中国古代帝王或贵族死后，人们往往要给他评定，加一个称号。这种制度，叫做"谥（音市）法"。它的开始，可能就在周文王时代。

西周车马坑
西安附近张家坡出土的西周车马坑。

○二二

加强辅佐力量，加紧伐殷准备

周文王去世后，由太子发即王位，他就是周武王。武王即位，首先加强辅佐力量。他对姜太公十分尊重，仍任以太师的官，他的名字叫尚，与父亲有深交，年龄也差不

周朝的建立者武王

周武王姬发继承其父周文王灭商的遗志，与各个诸侯国在孟津会盟，兴师讨伐昏庸无道的商纣王。牧野之战以后，商朝彻底灭亡，周武王建立了西周王朝，推行封建制度，分封宗族功臣，西周的统治格局基本形成。

盟津观兵

为加强军事实力，周王发率军在黄河孟津渡口进行军事演习。当时有许多诸侯前来订立盟约，大家把此地称为"盟津"。

多，因此武王特别给太公加了一个尊号，叫"师尚父"。除了师尚父继续辅佐外，武王还起用亲弟周公、同姓亲属召公、毕公等，委以重要的职务，经常在武王身边出谋划策。

为了继承父亲的遗志，把推翻殷朝的大业进行到底，武王即位后不改元，仍用文王受命的纪年。于是，武王即位后的第一年，即为八年。武王又把国都从沣水西岸的丰邑迁到沣水东岸的镐邑，称为"镐京"。这样，从周都出发攻伐殷朝的交通更加方便了。

在黄河渡口进行军事演习

经过一年多的准备，武王觉得周国的军事实力有了进一步的增强。他与大臣们商议后，决定举行一次"观兵"，就是军事演习。观兵以前，武王举行隆重的祭祀仪式，祈求天神和祖先保佑这次观兵的成功。接着，就率领大臣和军队，沿着渭水和黄河南岸的大道向东进发，不久到达黄河的一个渡口孟津，就在现今的河南孟津县东北。

这次观兵，武王特地做了一个木制的文王灵牌，称为"木主"，载在军队中间的一辆战车上。这样，就仿佛是文王在率军出征。武王自称"太子发"，他在军中宣告："这次是奉文王之命而出师征伐，我小子不敢自己专断独行。"仗着文王的威信，武王的胆子好像壮实了许多。他向司马、司徒、司空，还有许多受符节的有司发布命令说："全体肃静，听我宣布军中的纪律。我不明事理，全靠先祖的有德之臣，我小子才得以受先王的功德而继承其位。现在举行军事演习，大家要认真对待，就像真的上战场和敌人拼杀一样。特订立赏罚制度，勇往直前者有赏，畏缩不前者

受罚，以保证这次演习的成功。"说完，命令军队发起进攻。

指挥鼓动，个个奋勇

师尚父站在黄河渡口，左手拿一把大斧钺，右手拿着一面用牦牛尾做装饰的大旗，向众军士高呼："有九个头的怪水兽苍兕在指挥着你们大家，与你们一起乘船划桨。哪一个不努力向前，掉在后面的要被斩首！"众军士奋力划桨，一艘艘船向对岸飞快驶去，在河中掀起了大浪。武王也乘着船，与众军士一起渡河。船到河中间，突然有一条白鱼跳进王的船舱中。武王俯身拾起白鱼，对大家说："殷人崇尚白色。这条白鱼跳入船中被我们捉住，这是殷家快要灭亡的征兆！"众军士听后劲头更足，个个奋勇划桨。不一会，渡船全部抵达北岸。

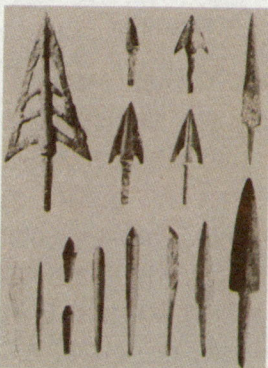

西周铜镞和骨角镞
周人兵器箭上的箭镞常用骨角和铜制成。陕西张家坡西周居住遗址出土了一批铜镞和骨角镞，十分精细。

▶历史文化百科◀

〔西周中央政府机构的运作机制〕

西周中央政府机构的设置是怎样的？近年有学者根据金文，认为西周中央政府有卿事寮和太史寮两大官署。卿事寮的长官是太保和太师，他们执掌朝廷军政大权，并成为年少国君的监护者。太史寮的长官是太史，他既是文职官，又是神职官员的领袖。

但有的学者否认两大官署的说法，指出西周中央由天子亲掌最高权力，而以"三公"作为辅佐。

渡河刚结束，忽然有一颗火星从天上掉下来，落到武王所住的屋上，仿佛祝贺这次演习的胜利。这颗火星又很快变为一只赤色的乌鸦，在天空盘旋几圈，鸣叫而去。据说，乌鸦是一种孝鸟，而周国崇尚赤色。因为武王孝顺父亲，载着文王的木主举行军事演习，故有赤乌的出现。当然，这些奇异的传说，都是好事者编造出来的。

忽然人声鼎沸，众诸侯前来会师

正当周军渡河完毕、庆祝演习成功的时候，忽然从孟津渡口的四面八方传来鼎沸的人声。原来，各诸侯国闻讯周武王来孟津举行军事演习，作伐纣的准备，大家都兴高采烈，纷纷响应，组织了军队前来助威。不约而同来孟津的诸侯竟有八百之多。武王见有这么多诸侯前来支援伐纣，情绪激动。他和诸侯们订立盟约，立誓在伐纣的战争中互相合作，集体行动。众诸侯群情振奋，欢声雷动。由于八百诸侯的联盟是在孟津形成的，大家便提议把孟津这个地名改成"盟津"。

在气氛热烈的盟会上，众诸侯都说："现在就可以伐纣了。"武王认为，殷朝毕竟是一个大国，还有强大的实力，而且内部还有箕子、微子、王子比干等贤臣，未可轻举妄动。况且，这次军事行动出发前只定为演习，没有作好直攻殷都朝歌的准备，所以对众诸侯说："现在大规模伐纣的时机尚未成熟，大家暂且回去，分头积聚力量。时机一到，就可以一举把纣歼灭了。"经过武王说服，众诸侯才罢师还归。

周武王盟津观兵，虽然没有直接攻入商都，但它是一次成功的军事演习，它使周军熟悉了地形、试验了进攻能力、训练了作战本领，又起到了宣传动员、联合各地诸侯的作用。它是武王伐纣的一个序幕。

○二三

《泰誓》鼓动

在伐纣进军的黄河渡口，诸侯军士纷纷会合。周王发在誓师大会上发表鼓动人心的长篇讲话。

间谍传来信息

盟津观兵后，武王一面加紧练兵，一面密切注意商纣的动向。武王派出间谍去殷都探听消息，间谍回来报告："殷朝开始乱了。"武王问："乱得怎样？"间谍说："谗恶进用，忠良远黜。"武王说："还不够乱。"间谍再去探听，第二次回来报告："殷朝乱情加剧。"武王问："乱得如何？"间谍说："贤者看到殷朝无望，纷纷出走。"武王说："还不够乱。"间谍又往殷都探察，第三次回来报告："殷朝乱得更加厉害。"武王问："乱到何种程度？"间谍说："百姓都不敢口出怨言了。"武王听到此言，脸上才露出笑容。

在这之前，武王已不断听到殷朝方面有王子比干被剖胸挖心，箕子装疯，微子启失踪了，太师疵、少师强两乐官带着祭器、乐器来投等消息，现在又听到间谍如此报告，觉得伐纣的时机已经成熟，便询问太公，太公说："谗恶胜忠良叫做'暴'，贤者出走叫做'崩'，百姓不敢出言怨恨叫做'刑胜'。殷朝已乱到极点。"

消除顾虑，大军整装出发

武王思想上还有些顾虑，又去问贤弟周公："天下人都以为殷是天子，周是诸侯。诸侯攻天子，符合道义吗？"周公回答："你相信殷是天子，周是诸侯，诸侯怎么可以进攻天子呢？当然不合道义。"武王感到茫然，又问："你话中有话。依你之见，应如何看待这个问题？"周公答道："臣听说：损害礼的称为'贼'，损害义的称为'残'，失去人民的称为'匹夫'。我们攻的是残、贼、匹夫，哪里是攻天子呢？"武王听了，心里豁然开朗。

守卫周王室的车马：三门峡虢国车马坑

虢国是周初分封的姬姓诸侯国。《左传·僖公五年》云："虢仲、虢叔，王季之穆也，为文王卿士。"虢仲、虢季是文王的同母兄弟，周初封虢仲于雍，封虢叔于制，目的是以二虢作为周王的护卫，"以番屏周"，保卫周朝的安定。从文献与青铜铭文记载来看，虢国也确实多次出师与外夷作战，屡建战功。三门峡虢国墓地出土的车马坑是虢国征战历史的实物再现。

> ### ▷历史文化百科◁
>
> **〔西周常备军知多少？〕**
>
> 西周金文中有"西六师"、"殷八师"、"成周八师"等记载。有些学者认为：西六师用以守卫西土，成周八师用以镇抚南夷，殷八师用以镇抚东夷。这样，西周常备军共有二十二个师。
>
> 但许多学者指出：西周金文中没有将殷八师与成周八师并提者，故殷八师即成周八师。它由殷遗民编成，驻守在成周，故有二名。然则周常备军共有十四个师，约十四万余人。

武王　壮志　《尚书·
周公　果断　泰誓》指武

人物　关键词　故事来源

珍贵的艺术品：西周太保卣

西周成王的太保鸟形卣出土于河南浚县。卣上绿锈斑斑，鸟有长长的嘴，两只脚化为卣四只脚中的两只，使前部显得敦厚稳健，显出了西周时期威严庄重的艺术特色。

又经过一年多的训练军队和探测时机，到十一年的冬天，武王的伐纣大军终于整装出发了。武王派使者遍告诸侯："殷有重罪，不可不征伐。希望诸侯们互相配合，共成大事。"这次伐纣，周国出动战车三百辆，虎贲勇士三千人，穿戴盔甲的战士四万五千人。军中仍载着文王的木主神牌，象征文王依旧是这次战争的指挥者。十二月戊午日，大军渡过黄河。黄河北岸，人山人海，各路诸侯纷纷前来会合。大家见面后不约而同地说着一句话"孳孳无怠"，就是说，伐纣必须就就业业，不要有丝毫的疏忽和懈怠。

数落纣的罪行，鼓舞将士斗志

武王见有这么多诸侯军士会合，正是宣传鼓动的好机会，便召开群众大会，发表宣言。武王说："啊！我的友邦诸侯国君及我治理下的众军士们，明听我的告誓。天地是万物的父母，而人是万物之灵。其聪明者作君王，君王为众民的父母。今殷王纣不敬上天，降灾于下民，沉湎酒色，敢行暴虐。他剖孕妇之腹，斩涉水人之胫，剖贤人之心，崇信奸邪，放黜忠良，摒弃常法，囚奴正士。他滥用民力，广建宫室、台榭、陂池，鱼肉百姓。他宗庙不修，祖神不祭，自绝于天。他更遗弃其先祖的雅乐，变乱正声，作淫荡之音，玩酒池肉林，以悦妇人。过去有夏桀，不能顺天，流毒下国，天乃佑命成汤降黜夏命。现在，纣的罪恶超过了桀，还说什么自己有天命，祭无益而暴无伤。他的结果岂能逃脱彼夏桀的下场！"

一口气数落了殷纣的大量罪行，说得大家怒气冲天。接着，武王把话题转到伐纣上面。他说："由于殷纣罪行滔天，使皇天震怒，乃命我父文王执行天罚，可惜大功未成而崩。现在我小子发与友邦诸侯观察殷的政治，见纣毫无悔改之心，确已恶贯满盈。天命诛杀他。我不顺天，就要与他同罪。纣虽有亿万臣民，但离心离德；我有大臣三千，治臣十人，数目虽少，但同心同德。现在我一定要去取彼凶残的殷纣。你们都要勤勉地跟从我，恭敬地执行上天的惩罚。独夫纣大作威福，杀戮无辜，是众人的世仇。我小子与众士一起，殄歼共同的仇敌。勉励啊，将士们！一鼓作气，奋勇向前，功成在此一举，不可以再来，更不可三番！"

武王的这篇誓师讲话，后来由人整理，题名《泰誓》，意思是重大的誓言，收集在《尚书》中。它极大地鼓舞了众诸侯和将士们的斗志，成为一篇伐纣的宣言书。

〇二四

险象环生

周王发率领的伐纣大军，一路上遇到占卜呈凶、冲犯太岁、狂风暴雨、山体滑坡等险情，都被英勇的将士一一克服。

武王伐纣，虽然得到各方诸侯的响应，但遇到的艰难险阻还是不少，可说是险象环生。武王依靠坚强的毅力和大臣的帮助，渡过了一道道难关，谱写了一曲曲凯歌。

太公横扫朽骨枯草

武王出兵前，照例叫太史进行占卜，看这次伐纣是吉是凶。占卜显示的兆象都是大凶。有些人犹豫起来，甚至主张暂停伐纣。正当庙堂中乱哄哄的时候，姜太公突然从人群中站出来说："殷纣剖比干心，囚禁箕子，以飞廉、费仲当政，伐他有什么不可？这些枯草、朽骨，怎么知道吉凶？"说罢挽起袖子一扫，将神案上的龟壳和蓍草全部摔落在地，并用脚把龟壳踩得粉碎。武王一见太公这种勇气和精神，正合自己心意，马上传令三军，发兵启程。

史官疑冲太岁不利

大军沿着渭水南的大道向东行进，行不多时，随军的史官又提出质疑，说今年的太岁神在寅，向东行进是迎太岁而上，冲犯太岁神会带来不利。原来古代用干支纪年，传说有太岁神监督。该年地支轮到什么，就说太岁神在什么位置。

兵器的进一步发展：西周长柄矛
西周兵器的形制趋于完善，杀伤、防护功效明显提高。这件铜矛不事修饰，但矛柄较过去加长，柄两侧各有一半圆形环，矛本身朴实无华，但杀伤力极强。

武王伐纣那年地支为寅，而寅正是东方的位置，故向东迎太岁行大事是触犯禁忌的。消息传开，在军士中又引起一阵骚乱。太公、周公等便向将士们宣传，征伐殷纣是上天的意志，太岁也要服从天帝的命令，只会帮助我们而不会损害我们。经过说服教育，将士们心中的疑团消散了，才继续东征。

狂风暴雨，山体滑坡

大军来到盟津，准备渡河时，天空忽然乌云密

形象多变的雷神（上图及右页图）
雷神是古老的自然神，最初的雷神形象是半人半兽的神灵。至汉代，雷神形象已发展为驾雷车击连鼓推雷椎的力士形象。王充《论衡·雷虚》称："图画之工，图雷之状，累累如连鼓之形。又图一人，若力士之容，谓之雷公，使之左手引连鼓，右手推椎，若击之状……"。汉画像石雷公打鼓即是其中之一。后世雷神形象基本如王充所云，不同的是后世雷神有鸟形之嘴。自东汉以后，雷神形象经历了猴形、猪形、鸡形、鸟形的演变。明清时鸟喙形雷神十分流行，雷神状若力士，背插两翅，脸如赤猴，一副鸟喙长而锐，足则如鹰爪，左手执楔，右手持槌，作欲击状，自顶至傍，环悬连鼓五个。

布，狂风大作，陆地飞沙走石，河上掀起滔天巨浪，无法渡河。武王左手拿着青铜大斧钺，右手拿着用牦牛尾装饰的大旗，怒目而视，厉声大喝道："我在这里指挥，天下有谁敢危害我的意志！"说来也怪，武王这么一喝，天上乌云渐散，风势减弱下来，河上的波涛也慢慢平息。于是，军队从容不迫地渡过黄河，与各路诸侯会合。

大队人马到达今河南温县境内时，又遇上了大水。这里有一条黄河的支流，由于上游下大雨，河水猛涨，泛滥上岸。大军只好涉水而过，艰难行进。涉过大水后，大军折向东北行到达怀城，其地在今河南武陟西南。大军经过怀城时，城墙因年久失修，忽

075

然倒塌，差一点把军队压在城下。武王命令绕道而行，急速前进，避开了这次灾难。大军继续向前，刚走到地处今河南辉县市东南的共头山下，偏偏又碰上山体滑坡，山上大量土方和泥石向下滚滑。幸亏躲避及时，军队才逃过灾难，大家的心中不免又是一阵震颤。

电闪雷鸣，骖马击死

真是一波未平，一波又起。快到殷都朝歌的时候，忽然又风雨交加，电闪雷鸣，大风把武王车上的旗杆折断，车盖掀翻，为武王驾车的一匹骖马也被震死。这时，军中又产生了一阵混乱。太公把折断的旗杆截短，重新加固；把掀翻的车盖改装成弧形，重新安上；另换一匹骖马。然后，笑着对将士们说："天公知道我们是奉天之命来讨伐罪大恶极的殷纣的，所以派遣风神、雨神、雷神来迎接我们。风神给我们吹掉灰尘，雨神给我们洗涤甲兵，雷神给我们照光和击鼓，表示热烈欢迎。"几席话，又把大家逗乐了。这时，周公在旁擂起战鼓，将士们又迅速前进。

兴云行雨的雨师

雨神是专管下雨的神灵，俗称雨师，因为自然界常是风雨相连，所以民间便将风神雨神联系在一起，合称风伯雨师。这位雨神亦有人格神的典型形象，《集说诠真》描绘为乌髯壮汉，左手执盂，内盛一龙，右手若洒水状，常与电母、风伯一起兴风作雨。

掌管刮风的天神
中国民间传说中刮风由风神掌管。在上古神话中有一个总管刮风的天神叫飞廉，又称风伯。蚩尤兴兵攻打黄帝时，请来在西泰山大会鬼神时结交的朋友风伯、雨师助战，纵起一场狂风暴雨，吹打得黄帝的军队站不住脚。风神信仰是建立在原始人自然崇拜的基础上，并逐渐演变为人格神，具有了自己的典型形象。清人黄斐然《集说诠真》描绘风伯形象为白须老翁，左手持轮，右手拿扇，好像在用扇子扇风轮刮风。

坚强的乐观主义精神的凯歌

经过半个多月的行军，武王的伐纣部队终于在十二年的殷历正月甲子这一天凌晨，抵达商都南郊。殷历的正月是周历的二月，所以有的书上记为"二月甲子"。这次武王伐纣从周都到殷都，行军千余里，中间遇到许多自然灾害和迷信思想的干扰，都被武王和太公以坚强的乐观主义精神排除和战胜。武王伐纣部队在行军路上，可以说接受了种种挑战和考验。

牧野决战

周军与各路伐纣的诸侯军，会师于商都南郊的牧野。决战一开始，纣军就前徒倒戈，一败涂地。

各路诸侯军纷纷会合

武王的伐纣大军在十二年二月甲子日的凌晨到达商都南郊的牧野，其他参加伐纣的诸侯军也都纷纷来到。这些诸侯军有庸（今湖北竹山县西）、蜀（今四川成都附近）、羌、髳（今重庆市巴南区）、微（今陕西眉县附近）、卢（今湖北宜城市西南）、彭（今湖北房县东）、濮（分布于今湖北中南部）等国族。牧野广场上，人声鼎沸，群情振奋。看着这样热烈的场面，武王不禁思绪万千。推翻商纣的统治是父王临终时一再的嘱托。现在，周兴殷亡的时刻马上就要到来，他怎能不激动万分！

太公设计惑敌

太公一路上十分辛苦，既要教育将士破除迷信，奋勇向前，又要设计惑敌，做好伐纣的一切准备工作。他到达殷都附近后，就设计给小孩吃一种丹药，使小孩浑身发红，并教他说"殷亡"二字。殷民见全身红色的小孩，以为天神下凡，听小孩口口声声说"殷亡"，就认定殷亡在即，这是天意。消息传开，殷民及军士惶恐不安，毫无斗志。

武王大军在行进的路上，曾遇到纣臣胶鬲。胶鬲是一位贤士，问及武王这次出征的目的和到达的日期。武王为了不使胶鬲在殷纣面前受到惩罚，告以实情。胶鬲迅速回到殷都，向纣汇报。殷纣匆忙调集亲军卫队，以及服劳役的奴隶，还通知附近与纣臭味相投的一些诸侯前来勤王，共征得军队七十万人，有的书上说是十七万人。纣的军队也于甲子日的清晨在牧野的北面摆开长阵，准备与武王大军决一死战。

扭转乾坤的牧野之战
周武王在吕望等人辅佐下，率领周军及诸侯联军进攻商都朝歌（今河南淇县），在牧野（今淇县以南卫河以北地区）大破商军。这是灭亡商朝的一次战略决战。这幅绘画展现了这更换乾坤的一战。

利簋

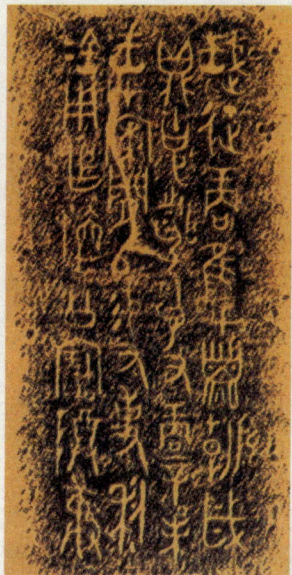

利簋及铭文（左图及左页图）

西周最早的青铜器，1976年陕西临潼出土。簋是盛食器，当时和鼎一样，也是作为贵族等级标志的器物。此簋腹圆而深，双耳为兽耳垂珥，圈足下有方座。腹与方座上以雷纹为底，上饰卷角兽面纹、圈足饰夔纹，方座四角饰蝉纹。器内底有铭文32字，记载武王伐纣灭商一事，是历史上最早记载这件大事的珍贵史料，与古籍记载相印证。"铜"证如山，为目前唯一能证实武王克商的日期和研究周初历史的重要实物。

广场上的誓师大会

黎明时刻，牧野南面的伐纣联军在武王主持下举行誓师大会。武王首先对各路来会的军队进行慰问。他亲切地高喊一声："辛苦了，从西方远道而来的将士们！"接着就开始了他的誓师讲话。武王说："啊，我尊敬的友邦国君，诸位官员、将士，以及从西南、西北来会的各国勇士们，举起你们的戈，排好你们的盾，立好你们的矛，听我发布誓师命令。"全场肃静。武王高亢有力的声音，划破长空，在山谷中回荡。

武王接着说："古人有言：'母鸡不应晨啼叫；早晨母鸡啼叫，家业就要败落。'现在商王纣只听信妇人的话，对祖宗的祭祀不闻不问；对同宗长辈和兄弟，不加进用；却对四方逃亡的罪人崇敬、提拔、信任、使用，让他们做大夫卿士，残暴地对待百姓，为非作歹。现在我姬发，恭敬地执行天的惩罚。今天的战斗，行进要注意步调一致，刺杀中要注意动作协调。战士们！要像虎豹熊罴一样勇猛，战斗中也要注意不要杀掉敌军投降的人，可以要这些人为我们服役。勇敢地战斗吧！你们不努力作战，你们就会被杀戮！"

商纣军队土崩瓦解

天渐渐亮了。双方的阵势看得越来越清楚。武王先派师尚父带领一支小分队到商军队前挑战。师尚父勇冠三军，像老鹰般捕捉纣军中的散卒，纣众军士大惊失色。接着，武王再以虎贲勇士和战车猛烈冲杀。纣的军队虽然众多，但士气低落，无心战斗，武王的军队冲杀过来，充当纣军前锋的奴隶兵便调转方向，与武王军队一起向纣的后卫部队进击。形势急转直下，不多时，纣的部队叛变的叛变，投降的投降。武王的战士勇猛异常，势如破竹，在一两个小时内，商纣的几十万大军已经全部土崩瓦解。

商纣眼看大势已去，就撒手不管，驾车逃回朝歌宫廷，走进鹿台的宣室，抱着一堆珍珠财宝，放火自焚而死。商周之间的牧野决战，以周武王率领的伐纣联军摧枯拉朽式的全面胜利和商纣王临时拼凑的抵御大军迅速崩溃，以及纣王本人的可耻自焚而告终。

> ▷历史文化百科◁

〔内容丰富的铜器利簋铭文〕

1976年在陕西临潼零口镇西段村，出土了一件高28厘米、口径22厘米、重约8公斤的青铜器，在腹内底部有铭文32字。铭文一开头就说："武（王）征商，唯甲子朝。"经过战斗，"夙又（有）商。"过了七天，到"辛未"日，王在某地"赐有司利金"，因而作成此宝器。

该青铜器的作者名利，器形属簋，因而名"利簋"。利簋所记武王克商的日子与许多古籍史料相合，这件宝器是牧野之战、伐纣取胜的实物明证。

武王入城，斩除群凶

武王在牧野大胜商军，诸侯向武王礼拜，对征伐的迅速取胜表示祝贺，武王也向诸侯拱手作揖，对诸侯的大力相助表示感谢。接着，率领诸侯、大臣向朝歌而去。朝歌的百姓早已在一位叫"商容"的大臣指挥下，列队城门外大道的两旁，欢迎周军入城。武王让群臣告诉商朝百姓说："上天降福于民！"殷民在道路两旁再拜磕头，武王也向群众挥手致意。

武王入城，来到宫廷和纣自杀的场所，见了纣的尸体，亲自射了三箭，并用轻剑触击，表示对商纣的深仇大恨。然后用斧钺斩下纣的头，挂在一面大白旗上。武王又到妲己和两个嬖妾上吊的地方，同样发射三箭，用轻剑触击，斩下她们的头颅，挂在一面小白旗上，与悬挂纣头的大白旗一齐放到宫廷外示众。商纣的两个奸臣费仲、恶来，已经在战场上被周军擒杀。群凶斩除，人心大快！

宣布周革殷命

第二天，武王命人洒扫朝歌的道路，修缮祭祀天地神灵的宗庙、社坛以及宫廷。到了祭祀的时刻，先由一队人举着九旒的旗作先导。由武王弟叔振铎推常车作威仪，周公拿着大斧、毕公拿着小斧夹辅武王随后行进，散宜生、太颠、闳夭诸大臣都执剑在旁保卫。进入社坛以后，毛叔郑捧着洁净的明水，康叔封

商容辞三公

周王发进入商都，访问纣的贤臣商容，请他出来担任周朝的三公。商容为人忠厚，再三推辞不受。

撒布公明草，召公奉上币帛，师尚父牵着祭祀的牲口。大家在社坛前立定，太史尹佚就读策书祝文道："殷的末孙纣，废弃先王明德，侮蔑神祇不祀，昏暴商邑百姓。他的罪行昭著，已经显闻于天皇上帝。"读罢祭文，武王再拜磕头，当众宣布："周革了殷的命，商朝灭亡。我受天命来治理天下。"武王的这句话，标志着周朝的建立，开始了包括西周、东周八百年的历史。

归还美女，赈济平民

武王来到大厅，见有美玉，便问："这是谁的玉？"在旁的人回答："是诸侯的玉。"武王即命归还给诸侯。天下的人听说此事，都赞叹说："周王不贪财物，真是个廉洁的好君王啊！"武王又来到后宫，见有那么多妇女，便问："这是谁家的妇女？"在旁的人回答："都是商纣强迫诸侯进献的。"武王即下令把这些妇女归还给各诸侯。天下的人听说此事，又赞叹道："周王不贪女色，真是个廉洁的好君王啊！"

归还美玉、美女后，武王继续做善后工作。他命召公去释放被纣囚禁的百姓；命南宫括散发鹿台的财宝、巨桥的粮食，赈济贫困的平民、奴隶；命闳夭加高比干墓上的土，叫做"封墓"，以示悼念。武王还做了一件特别的事，就是在商容住过的地方树起旌旗，表彰商容的闾里。

原来，商容是掌管朝廷祭祀、宴会等奏乐的乐官，有贤名，深受人民的崇敬。但纣嫌商容凡事都

前1000年 公元前1000年左右 >

世界大事记

伊达拉里亚人到达意大利，出现原始的维兰诺瓦文化。

《韩诗外传卷三》《帝王世纪》

武王 商容

谦虚 仁爱

人物 关键词 故事来源

要按礼仪制度办，经常劝谏他的胡作非为，有碍他荒淫无耻的生活，就将商容罢官，逐出朝廷。商容被逐后，常跟一些下层人民在一起，想要组织力量伐纣，但又觉势单力薄，难以成事，就离开商都，潜伏于太行山一带。武王早就听说商容的遭遇，敬佩商容的义举，但不知他在哪里，就采取旌表商容闾里的做法，以寄托自己的思念之情。殷民见武王如此，都欣喜地互相告慰说："周武王真是个仁人啊！对于贤惠善良的人，死的还要封其墓，何况活着的呢！逃亡不在的还要旌表其闾里，何况仍在的呢！周王对于财物，已经聚敛的还要散发，怎么会再征收呢！对于女色，眼前的还要归还其父母，怎么会再强取呢！"

邀请商容出任周朝"三公"

武王对于商纣的贤臣，都欢迎他们到周朝来任职。藏匿在民间的商纣长兄微子，得到武王伐纣胜利的消息，连夜赶来拜见武王，向武王请罪。武王欢迎他的到来，让他做一些对周朝政权有利的工作。原来是纣臣的胶鬲，他贤惠正直，没有做过压榨人民、残害忠良的事，武王也让他来继续任职。

旌表商容闾里后，有人来告诉武王说："商容得悉周王伐纣的消息，早就从太行山回到商都。那天在

狞厉美的典型

商周是中国古代青铜器高度发达的时期，饕餮是我国远古氏族部落的图腾（生命神灵）。它是勇武精神的象征，在它狞厉的形象上可以看到人类天真无邪的童年和勇猛威严的精神气概。

城门外迎接你的殷民中，就有商容。"武王知道商容在朝歌，喜出望外，急忙叫人备车马，向商容的住处赶去。武王素来仰慕商容的品德和才能，想请他出来当周朝的三公。武王见到商容说明来意后，商容却推辞说："我常与下层穷苦的人在一起，想要伐纣而又没有能力，这是愚蠢的表现；我对纣的行为不去劝谏而隐藏起来，这是没有勇气的表现。愚且无勇，不足以任三公之职。"武王再三劝说，商容固辞不受命。当时人听说此事，都赞扬道："商容真是个能内省其德而不夸其才的人，是个君子啊！"武王也感叹说："商容为人忠厚，不贪高官厚禄，真是个贤人！"

〇二七

武王感谢殷俘

扫平残余顽固势力

留在殷都的日子里，周王发常到民间访问，与殷军俘虏谈话。当他得到教益，便拱手行礼，表示感谢。

武王率领的伐纣联军在牧野大捷后，为巩固胜利成果，武王继续留在商都，扫平残余的商朝顽固势力。首先，武王命太公去追剿遁逃的商纣死党方来，过了三日，太公便来报告，方来已被杀死，献上方来的首级和抓获的俘虏。接着，武王命将领吕他攻伐叛乱的商邑越戏方。过了四日，吕他来报告，越戏方已平定，也献上首级和俘虏。武王又命将领侯来攻伐商的靡、陈二邑，也很快取得胜利。

平定了附近几个邑的叛乱势力后，武王把俘虏放在殷王鼎上进行祭祀，并陈列各种玉器，向天帝和烈祖报告殷纣的罪恶和伐殷的胜利。烈祖的神位依次有太王、太伯、王季、虞公、文王，还有武王的兄长伯邑考。"虞公"是太伯之弟仲雍，因为他的后代封在虞，故称虞公。祭祀完毕后，又有一些地方发生骚乱，武王再命将领陈本伐磨，百韦伐宣方，新荒伐蜀。过了不久，三将来报叛乱都告平定。这以后，武王又征灭国家九十九个，斩杀的首级有十万多，抓获的俘虏有三十多万，还有六百五十多个国家主动表示顺服。这样，武王在殷朝的土地上站稳了脚跟。

造型雄伟的伯矩鬲

西周初期著名青铜器，1975年北京房山琉璃河出土。三足为圆浑袋足，饰半突起状的兽面纹，二直耳，有盖，盖上铸两个相背的高浮雕牛头。整体造型浑厚雄伟，遍体雕满纹饰，构思新颖别致，为融圆雕、浮雕及线刻于一体的艺术珍品。铭文19字，记燕侯赐给伯矩钱贝事，是西周燕国历史研究的宝贵史料。

用诗总结经验教训

武王还是位诗人，好用诗来总结经验教训。他曾作诗说："天所支持，不可毁坏；天所毁坏，不可支撑。"这诗十分简单，武王命令把它作为举行宴会时必唱的歌。武王作这诗，是为了要后人永远不忘殷纣灭亡的教训。武王的意思很明显，像周族自太王以来，一直行仁义，修道德，使远近的诸侯、百姓都来归附，国家的实力日益强大，这就是"天所支持，不可毁坏"；相反的，如殷纣，荒淫无耻，暴虐无道，使百姓怨恨，诸侯反对，众叛亲离，最终落得国破身亡的下场。这就是"天所毁坏，不可支撑"。武王还写过其他不少通俗易懂的诗，可惜没有传下来。

到民间访问，受益匪浅

留在殷都的日子里，武王常到民

栩栩如生的西周玉人
玉人通身只有7.62厘米高，是玩偶式的小件雕刻。中国人物雕刻不发达，神及帝王、贵族皆不雕像。这件右衽衣的雕像，应该是小臣之属。此像为研究周朝的服饰提供了珍贵的资料。

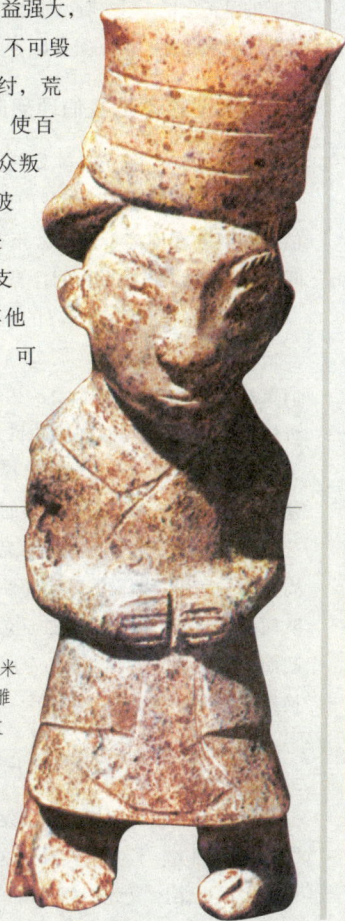

间访问，了解人民的思想动态，便于制定接替殷纣政权后的政策。一次，他听说某闾里住着一位德高望重的长者，就想去访问他，询问他殷亡的原因和周朝应该如何施政的问题。武王来到这位长者面前说明来意后，那长者却说："王要知道这些道理，请在明天中午到此地来，我会详细地讲给你听。"次日，武王与周公早早地在相约地点等候，可是等到下午还不见长者踪影。武王十分奇怪，周公说："我已知道其中的缘由了。这是一位君子，因为不愿讲其君主的罪恶，所以不肯来。至于相约而又言而无信，这正是殷朝所以灭亡的原因，他已经告诉王了。"武王听后微笑，觉得周公分析得有理，也不再去追究那位长者。

还有一次，武王和殷军的两个俘虏在一起，就随便问道："你们国家有妖怪吗？"一个俘虏回答说："我国有妖怪，白天见星星而天上下血雨，这就是我国的妖怪。"另一个俘虏接着说："这虽然是妖怪，但不是大的。我国妖怪中，子不听父，弟不听兄，君令不行，这才是大妖怪。"武王听了第二个俘虏的话，觉得他极有见识，妖怪有自然现象和社会现象两种，社会现象中的妖怪才是大者，它能使家庭分离，国家崩溃。武王从俘虏的谈话中得到教益，不禁从座位上站起来，向俘虏拱手行礼，表示对这位俘虏的感谢和敬意。

> ### 历史文化百科
>
> **〔西周的祭祖礼〕**
>
> 西周的祭祖礼仪有哪些规定？它形成于何时？近年有学者就此进行了探索。
>
> 西周金文中的祭祖礼有20种，其中17种同于殷代，说明西周前期大量袭用殷礼。穆王以后，逐步形成自己的礼仪系统，如嫡庶、尊卑、亲尽毁庙、所祭对象不超出三代、用牲尚赤、祭典用尸祝等祭祖礼仪，均为周人独创。

○二八

伯夷之风

伯夷、叔齐兄弟俩骂武王伐纣为"不仁""不义"，甚至不食周粟而饿死。应该如何评价"伯夷之风"？

兄弟俩从小受到严格教诲

殷朝末年有个诸侯国名孤竹，在今河北省卢龙县南。孤竹国君名初，生有几个儿子。大儿子叫伯夷，小儿子叫叔齐。父亲喜欢小儿子，欲把君位传给叔齐。父亲去世后，叔齐认为小儿子登君位不妥，还是让大哥伯夷做国君。伯夷对其小弟说："你做国君，这是父亲之命。"他不肯违背父命，就逃出宫廷。叔齐不愿夺兄之位当国君，也逃出宫廷。结果，只好立伯夷、叔齐中间的一个儿子当了国君。

伯夷、叔齐从小受到严格的教诲。他们眼睛不看恶色，耳朵不听恶声；君主暴虐无道，不出来做事；百姓

没有德行的，不与其相处；天下治便进而论道，天下乱便退而隐居。政治暴乱的地方，尔虞我诈的场所，他们不忍呆在那里。他们认为，与横行霸道、为非作歹的人相处在一起，好像穿着上朝的衣服、戴着上朝的帽子而去坐在泥地、炭灰上一样。因此，伯夷与叔齐逃出宫廷后，就来到北海即今渤海边上隐居起来，等待天下有英明的君王出世。后来听说西边的文王实行仁政，善养老者，就从北海之滨长途跋涉，投奔周国的文王而来。

"这不是我们理想的世道！"

他们来到周国，不料文王已死，由儿子武王即位。武王命周公接待这两位由北海远道而来的贤士。伯夷和叔齐在周都看到周公正在与一个准备入商的间谍订立盟约："如果当间谍有功，加富三等，就官一列。"他们写了三份同样的盟书，涂以牲口的血，一份埋在盟室的地下，周公与间谍各执一份而归。伯夷和叔齐目睹这种活动，相视一笑评论道："嗨，奇怪啊，这不是我们理想的世道！从前神农氏治理天下，按时祭祀，不求非分之福。他对于人，忠信厚爱，互相帮助，不以毁坏别人而自谋成功，不以踩人一脚而自己向上爬，不因遭时混乱而自己取利。现在周见殷之乱而立即设法，崇尚计谋而行货贿，训练军队而保其威风，割牲口的血而立盟约，表面上施行惠政而笼络百姓，进行攻杀而夺取利益，这是用暴乱来换暴乱，天下会愈来愈乱啊！"

跪在武王马前阻止大军出发

不久，武王的伐纣大军出发了，军中还载了文王"木主"。伯夷、叔齐二人看到这种情景，跪在武王的马前大声进谏："父死不葬，在守丧期间动用干戈，可

誓死不食周粟的叔齐

李唐，宋代河阳（今河南孟县）人。徽宗时曾入画院，南渡后为画院待诏。李唐擅长山水、人物画。《采薇图》描写殷朝遗民伯夷、叔齐不愿降周而逃至首阳山，以野菜充饥终至饿死的故事。此图为画中人物之一叔齐，作者对叔齐表情的刻画细致入微，表现出特定环境中的人物形态。

公元前1050—前1000年

前1050年
前1000年

世界大事记　整个希腊氏族制度逐渐解体。

伯夷　叔齐　武王　周公　愚蠢　浅薄　《史记·伯夷列传》《孟子·万章下》

人物　关键词　故事来源

以称为'孝'吗？以臣下的身份想要诛杀君主，可以称为'仁'吗？"一旁的兵士见他们口出狂言，侮辱王上，想把他们拉出去斩首。太公立即制止道："这是两个讲仁义的人。"就命令把他们搀扶到一边。伯夷、叔齐被士兵拉离行军的大道，嘴里还不停地骂武王的伐纣之举是"不忠"、"不孝"、"不仁"、"不义"，感叹世道混乱、人情淡薄！

以饿死来抗争

武王伐纣成功，殷纣自杀，商朝灭亡，天下都归周朝统治。伯夷、叔齐认为，周姬发以臣下攻伐君主，靠武力夺取政权，是不仁不义的可耻行为，因此他们以不吃周的粮食来表示自己的高尚贞操，与周朝

标志国力与身份的车马坑
西周虢国贵族墓地的大型车马殉葬坑群，标志着这位贵族在当时高贵的身份。车马的多寡在当时是决定战争胜负的重要因素，也是国力与身份地位的重要标志。

伯夷叔齐不食周粟
商末孤竹国君有两个儿子，长子伯夷，少子叔齐，跑到周国劝谏武王不要伐纣，他们拦在武王马前，指责武王不孝不仁。武王既没听他们的劝谏，也没杀这两位"名人"。于是，伯夷、叔齐跑到首阳山（今陕西岐山西北，一说今山西永济）当了隐士，发誓不做周臣。武王得天下之后，派人送粮食给他们吃，他们认为这是以不正当的手段得到天下的周人的食物，坚决不吃，最后饿死。

决裂。他们来到周原西北的首阳山，山上有一种植物叫做"薇"，可以吃。伯夷和叔齐就采薇做成菜羹维持生命。时间久了，两人因饥饿瘦得皮包骨头，疲软得不能站立行走。在他们将要饿死的时候，还挣扎着作歌唱道："登上西山啊，采摘薇菜来充饥。用暴乱来代替暴乱啊，世人却不知道它的不义。神农、虞夏互相禅让的时代已经一去不复返了，我将归向哪里？哎哟，我要到天国去了，这是世道命运的衰微！"他们在首阳山上长嘘短叹地唱着，直到用尽力气，停止呼吸。

违反历史潮流的"骨气"

伯夷、叔齐的骨气是感动人的。过了几百年到战国时代，孟子对此事发表议论说："闻伯夷之风者，顽夫廉，懦夫有立志。"孟子认为，伯夷的作风能使顽固的人、懦弱的人都改变态度，坚强起来。可惜伯夷和叔齐的思想感情是有问题的。武王伐纣是对腐朽势力的革命行动，它能促进生产力的发展，改善人民的生活，应该欢呼庆祝，而不应抱着对立的态度。

○二九

武庚与三监

周朝政权建立后，如何治理殷民是一个十分头痛的问题。请看周武王是如何安排的，采取了怎样严密的措施？

武王伐纣取得胜利后，如何治理殷民是一个十分头痛的问题。周国本土远在西部，周族人数较殷民少，而且周军在征伐成功后都想回去，不愿长期在殷驻守。周殷两族是世仇，长期以来不断发生摩擦。如今周以征服者自居，殷人可能会反抗而使矛盾激化。为了保持稳定的局势，武王想出了分封诸侯的办法。

造型奇美的夷曰方匜（下图及右页图）

匜是从盉演变过来的一种洗手洁具。夷曰方匜是同名"夷曰"系列铜器中的一种，其造型以兽头盖与钮最具特色，生动的形象让人过目难忘。

> ▷ 历史文化百科 ◁
>
> 〔周朝政权的监国制度〕
>
> 武王克商后封纣子武庚于殷，同时又派自己的弟弟管叔、蔡叔、霍叔三人去监督，称为三监。周公平定武庚及三监的叛乱后，这种监国制度并没有废除。在许多文献和西周铜器铭文中，有诸侯、诸监并存的记载。监国者由周王派遣，帮助诸侯国君加强对封国的管理和统治。
>
> 西周监国制度是为防止分封制造成分裂割据而采取的措施，是为巩固周王朝政权服务的。

纣子为诸侯，并有三个弟弟监视

商纣既然已经自杀，武王便封纣子武庚为诸侯，统治原殷都附近的地区。武庚，字"禄父"，因此有时把武庚写作禄父，有时索性把"武庚禄父"连在一起。武王对禄父不放心，就把自己的三个弟弟也封为诸侯，封地在禄父的旁边。大弟叔鲜封在管，当时人称他为管叔，其封地在今河南郑州一带；另一个弟弟叔度封在蔡，当时人称他为蔡叔，封地在今河南上蔡周围；还有一个弟弟叔处封在霍，称为霍叔，封地在今山西霍州附近。同时，武王还命管叔鲜和蔡叔度担任禄父殷国的"相"，这是诸侯国内的最高官职。管叔、蔡叔、霍叔利用封地的位置和担任的官职，密切监视武庚的行动，所以他们三人被称为"三监"。还有一种传说：武王在封禄父为诸侯时，就把殷地分为三块：中部殷都附近地区称"卫"，由管叔监视；南部今卫辉、新乡一带称"鄘"，由蔡叔监视；北部今汤阴、安阳一带称"邶"，由霍叔监视。武王以为，由武庚继承其父当殷国国君，又有三个弟弟互相分工、密切配合，进行严格监视，对殷民的统治就牢固和稳当了。

先圣后代和吴君的分封

除了分封纣的儿子外，武王又分封了不少先前圣王的后代。如把神农氏的后代分封于焦，建立焦国，其地在今河南陕县。又封大禹的后代东楼公于杞，建立杞国，在今河南杞县。武王伐纣时，有个叫虞阏父的，当周的陶正官，负责陶器的制作。他监制的陶器，质量上乘，经久耐用。伐纣胜利后，武王知道他是虞舜的后代，就把自己的长女大姬许

武王　《史记·周本纪》
武庚　谨慎
管叔　猜疑　《史记·陈杞世家》
蔡叔

人物　关键词　故事来源

配给阏父的儿子妫满，后来称为胡公，把他分封于陈，建立陈国，在今河南淮阳县。同时，武王又封黄帝的后代于蓟（音计），在今北京市大兴区西南；封尧的后代于祝，在今山东长清县东北。黄帝、尧和舜的后代，合称为"三恪"，意即三个值得敬重的人。武王把这些先圣的后代分封在殷国的周围，这对于加强对殷国的监督，无疑也会起到十分有益的作用。

古战车用具：铜马衔

战车即古代用于作战的车辆，适于在平原上冲击追逐，行军时可运载粮饷、军需，扎营时可用于防卫，是我国古代一种重要的军事兵器。使用战车作战始于商代，鼎盛于西周春秋。这是西周古战车用具之一——铜马衔。

在分封先圣的后代和自己的兄弟时，武王又想起了先祖太王的两个出逃的儿子太伯和仲雍，不知他们的后代是否还在世。经查实，太伯、仲雍逃到东南方建立了吴国，现在的吴国国君周章就是他们的后代。

于是，武王封吴君周章为诸侯。为纪念太伯、仲雍辛苦出逃，把君位让给王季、文王的高尚品德，武王又把周章之弟封于北方的虞，称为虞仲，列为诸侯，其地在今山西运城市南。这个虞国，到春秋时被晋国所灭。

为稳固天下局势而呕心沥血

为使殷民顺服，稳固天下的局势，武王对于诸侯分封的安排，真是呕心沥血！但是，由于纣子武庚与周有世仇，武王的兄弟之间又不和，因此，武王的这种安排不久又造成了天下大乱。

○三○

箕子走朝鲜

武王伐纣后，纣的庶兄箕子被释放出狱。他不忍看到亡国的耻辱，乃长途跋涉，出奔到朝鲜。武王就此封他为朝鲜国君主。

不忍奇耻大辱而向东北方流浪

武王伐纣后，释放了被纣囚禁的箕子。箕子不忍自己的国家被周占领，君王被枭首示众，认为这是他的奇耻大辱。于是就一个人毅然出走，离开殷都，朝东北方向流浪。经过长途跋涉，箕子来到朝鲜，今平壤一带。武王素闻箕子的贤惠，听

箕子佯狂为奴

箕子是殷纣王的亲属和大臣。纣王荒淫，不理国事，箕子进谏，不被接受，于是佯狂为奴。周克商的前一年，纣王杀王子比干，囚禁箕子。

说他出奔到了朝鲜，就下令封他为朝鲜国君主，并给予他一定的军事上和物资上的帮助。过了一年多时间，到十三年的春天，箕子为感谢武王释囚和分封的恩德，从朝鲜长途奔波，到周都镐京来朝见武王。

想念故国，寻访旧址

箕子想念故国，因朝周时顺便路过，就来到殷都旧址进行寻访。他看到宫室已经毁坏，附近都种上了麦子、玉黍等庄稼，故地重游，不禁感慨万端。他想起自己的庶弟纣，因荒淫无度，不听劝谏，才落得国破身亡的下场。他自己也只好远奔他乡，跑到了朝鲜。箕子想起往事，心中悲伤，欲哭有失自己的身份，低声抽泣会被人说像个妇女。于是，他作了一首诗歌，题为"麦秀"，独自吟咏起来："昔日的王宫啊，已毁坏得不成样子。宫殿的院子啊，今日种起了庄稼。田中的麦子渐渐长高啊，禾黍一片绿油油。那个狡猾的顽童啊，不听我的忠告。"箕子诗中提到的那个"狡童"，聪明人一听就知道是指纣。箕子一遍又一遍地吟咏，声音越来越悲怆，越来越激昂。殷民

▷历史文化百科◁

〔西周对待殷民实行怎样的政策？〕

有一种流行的说法，认为周人克殷之后就把殷民降为"种族奴隶"，西周建立的是"种族奴隶制国家"。近年有学者根据大量资料，对上述说法提出异议，证明西周政权对殷民采取了区别对待的政策。

首先，吸收殷贵族中的贤顺者进周政权机构任职；其次，授予广大殷民生活份地，并给贫困者以赈济；再次，迁徙教化殷贵族中的敌对分子。正因如此，才形成西周初年安定兴旺的局面。

听说昔日纣王的亲属箕子回来了，从四面八方赶来看他。殷民见到箕子满面愁容，凄楚地吟咏着哀愁的诗句，都情不自禁地伤心落泪。

满腔哀思倾注于开发朝鲜

在殷墟只作了短暂停留，箕子又匆匆上路西行，去朝见武王。武王深深仰慕箕子的道德和学识，很想把箕子留下来，任以高官，但箕子不愿到攻伐自己祖国的周国来做事，武王也不能勉强。箕子仍要回到朝鲜去，武王祝他多加保重，一路平安。箕子回到朝鲜，把满腔的哀思倾注于对朝鲜的开发上。自西周以后的几百年时间里，箕子及其子孙一直担任朝鲜国的国君，为朝鲜的繁荣发展作出了积极的贡献。

西周兵器：铜镞
西周兵器较前代更加标准化，形制趋于完善，杀伤和防护的功效明显提高。这是其中的一种攻击型武器——西周铜镞。

西周盛行的人兽复合玉佩
这块青绿色的玉佩上琢有三条龙、一只凤凰和大小二人。其中大人腿前曲，足为凤鸟头形，臀后部蟠曲着一条龙。大人发际处有一个穿孔，可系绳佩带，为西周贵族的主要装饰物。1984年陕西长安张家坡157号墓出土。

○三一

请教治国安民的九种大法

治国《洪范》

箕子在朝鲜思念故国，又感激帮他建国的武王，便从朝鲜来到周都。他向武王陈述了治国安民的九种大法。

箕子在朝鲜工作和生活了一年多，他思念故国，感激始终对他友好相待并帮助他建国的武王，便从朝鲜来到周都镐京。武王得知箕子来朝，十分高兴，对他待如上宾，并准备向他请教治国的大计。

一天，武王来到箕子下榻的住所，在一番寒暄之后，武王就问起殷朝所以灭亡的原因。箕子不忍说殷纣的罪恶，便避开这个话题，告诉武王应该保存被灭亡的国家。武王知道箕子的心思，就换了一个说法，道："唉！箕子，是上帝繁衍了下界的臣民，要他们协调地居住在一起。我不知道下界臣民要安居，其常理究竟有哪些？"箕子觉得这个话题好谈，便滔滔不绝地谈论开了。箕子答道："我听说过去鲧采取堵塞的办法治理洪水，结果扰乱了上帝创造的'五行'规律。上帝大怒，就没有把九种'洪范'，即治国安民的大法传授给他。后来鲧在流放中死去，禹继承父业。由于禹治水遵循水的规律取得卓著成效，上帝便把这九种大法赐给了它。"

一听治国安民有九种大法，武王的兴趣上来了，便追问这九种大法究竟是哪些？箕子说："这九种洪范，一是五行，即用好五种物质；二是五事，即恭敬地做好五方面的事；三是八政，即努力做好八方面的政务；四是五纪，即正确地使用五种记时方法；五是皇极，即建立最高的原则；六是三德，即推行三种治理臣民的办法；七是稽疑，即明确考查疑问的方法；八是庶征，即用心考查各种征兆；九是五福与六极，即用五种幸福劝人为善，用六种惩罚戒人作恶。"

世界大事记

印度吠陀文学产生作品《耶柔吠陀本集》和《娑摩吠陀本集》。

谨慎　博学　善思

箕子　武王

《史记·周本纪》《尚书·洪范》

人物　关键词　故事来源

雕刻精美的夔凤纹匽侯盂

西周初期青铜器，1955年辽宁凌源马厂沟出土。盂侈口、深腹，有绳纹双耳，圈足，腹部前后和圈足上布满雕刻精美的夔凤纹饰。匽侯即燕侯，燕是周初北方的重要诸侯国之一，领有广大疆域，都城在今北京房山琉璃河。

五行、五事、八政、五纪、皇极

武王听得出了神，也不插话，且让箕子慢慢细说。箕子接着一一解释道："第一，五行，就是水、火、木、金、土五种物质。水可以向下面润湿，火可以向上面燃烧，木可以弯曲或伸直，金可以根据人的要求变成各种形状，土可以生长庄稼。要治理天下，就要掌握这五种物质的特性。"

"第二，五事，就是态度、言语、观察、听闻、思考。态度要恭敬，言语要合乎道理，观察要清楚明白，听闻要聪明善辨，思考要智慧敏捷。态度恭敬，天下的人就会严肃；言语合乎道理，天下就会大治；观察清楚明白，就能作出判断；听闻聪明善辨，就能计划有谋；思考智慧敏捷，就可以成为圣人。"

"第三，八政，就是农业生产、商业贸易、祭祀神灵、管理居住、管理教育、管理司法、接待宾客、管理军事。"

"第四，五纪，就是纪年、纪月、纪日、纪星辰运行、纪历数节气。"

"第五，皇极，就是天子应当建立起最高的原则。要把五种幸福普遍地赏赐给臣民，这样，臣民就会拥护你，保卫你。凡是臣民，都不允许结党营私，人民不结私党，就会拥护天子建立的原则。凡是臣民为天子谋虑、办事、看守的，你

箕子陈洪范九畴

武王克商后，命召公释放箕子，又亲自访问箕子，问上天安定下民的常道，箕子便告以洪范九畴，也就是九类治国大法。史官记录箕子的这番话，写成《洪范》，成为研究中国古代政治史和思想史的重要文献。《钦定书经图说》为《尚书·洪范》全文配绘了插图11幅，特采选5幅。

都应当关心他。虽然他们的作为有时不合于最高原则，但只要还没有达到犯罪的程度，天子就应当宽容他。人们中有能力、有作为的，便应当让他们继续发展其才能，这样，国家就会繁荣昌盛。凡是臣民都应当把天子所宣布的准则当作最高准则，牢记在心而切实执行。天子应当像做人民的父母一般，来做天下的君主。"

三德、稽疑、庶征、五福与六极

"第六，三德，即三种治理臣民的方法，一是端正人的品德，二是以刚取胜，三是以柔取胜。要想使国家太平无事，必须端正人的品德。对那些强硬而不能亲近的人，必须用强硬的办法镇压他们；对那些可以亲近的人，就用柔和的办法感化他们。"

西周流行的玉鸟
图中是只由玉制成的鸟，暗绿色。鸟为单眼圈，嘴巴状如弯勾，角向后仰，翅膀上扬，尾巴后垂分叉，胸前还钻了小孔，可穿绳佩带。上海博物馆藏。

> 历史文化百科 <

〔西周铜器何尊铭文纪事〕

　　1963年在陕西宝鸡县贾村出土一件西周铜器何尊，有铭文122字。该铭文记载周成王五年四月的一天，在京室对宗族小子的一次诰命说：武王在克商之后，向上天宣告："我要建都于天下的中心，在那里统治人民。"

　　何尊铭文的内容是关于西周初年的记事，它表明武王为了便于统治天下，早就有向东迁都的计划。因此何尊对于西周建国史的研究具有重要意义。

"第七，稽疑，即考查疑问的方法，要选择善于卜筮的人，分别让他们用龟甲卜卦或用蓍草占卦。对征兆的意义，要认真研究，弄清其变化。任用这些人从事卜筮，遇到疑难时，三人占卜，信从二人相同的判断。"

"第八，庶征，即众多的征兆，有雨、晴、暖、寒、风等。如果这五种现象，能按一定的规律发生，那么草木就会茂盛地生长，庄稼也会丰收。如果其中一种现象过多，就会成为凶年；一种现象过少，也会成为凶年。年、月、日都不发生异常的变化，百谷就能成熟，政治就会清明；贤能的人得到任用，国家也就平安无事。如果日、月、年发生了异常的变化，百谷就长不好，政治就昏暗不明；贤能的人得不到任用，国家就会不安宁。"

"第九，五福，一是长寿，二是富贵，三是康健安宁，四是德高望重，五是年老善终。六极，即六种惩罚，一是早死夭折，二是多疾病，三是多忧患，四是贫穷，五是丑陋的面容，六是虚弱的身体。劝人为善可得五种幸福，唆人作恶会受六种惩罚。"

高深的学问，生动的一课

　　武王听了箕子讲述的九种治国大法，受益匪浅，仿佛上了一堂生动的政治课。想不到箕子有这么高深的学问，如此精通的道理，真是一位贤人。后来，有人把箕子对武王的这一番谈话整理成文，题名为"洪范"，收入古代文献的汇编《尚书》中。

国之瑰宝：神奇的四鸟扁足方鼎（右页图）
这是西周晚期的一件青铜器，虽然小巧，但玲珑别致，方体平底。特别值得一提的是四缘口各有一只小鸟，翘首直立，相互顾盼，给庄严的鼎器平添了几分掩抑不住的活力。最令人不可理解的是小鸟还可以自由转动，真是奇妙无比。此鼎的四条腿是四条龙，中多凹口，结构灵巧，我们聪明的祖先把他们的智慧发挥到了极点。此鼎堪称国之瑰宝，虽经磨历劫，仍不失熠熠光彩。

国之瑰宝四鸟扁足方鼎

○三二

周公献策

周公是文王的第四个儿子，武王的弟弟。他在完成推翻商朝大业的过程中屡献良策，其品德、智谋在兄弟中最为杰出。

文王第四子的品德和谋略

周公名旦，是文王的第四个儿子。因为他有一块封地名"周"，在今陕西岐山的东北，所以大家便称他为周公。他在帮助父亲文王、辅佐兄长武王完成伐纣的大业中，起了十分重要的作用。伐纣成功后，他还帮助武王出谋划策，成为周朝初年政权中的顶梁柱。崇侯虎曾在殷纣面前特别提到文王的"中子旦恭俭而知时"，说明周公旦品德高尚而善于权谋，是一个难能可贵的人物。

如何安定广大殷民？

伐纣取得胜利后，如何安定广大的殷民，武王心中无数，就征询太公、召公、周公的意见。武王在他的临时宫室首先召见太公，武王问："对殷的军士、众民，应如何处置？"太公回答："臣听说，如果爱其人则兼爱其屋上的乌鸦，憎恶其人则兼恶其身边的仆人。殷的士众是我们的敌人，应当把他们统统杀掉，不要留下祸根。"武王听后说："唉，如此做法，天下不能安定了！"太公的意见不合武王的心思，就退了出来，然后召公进去，武王同样提出这个问题。召公回答："有罪者杀掉他，无罪者让他活下来。"武王听后说："唉，这个办法还是不能使天下安定啊！"召公的回答不合武王之意也退了出来。

接着，周公走了进去。在武王发问后，周公答道："殷士和民众首先要有房住、有田耕、有饭吃。应该规定：他们的房屋都归还原主，家家都能分到一块田地，使他们各安其宅，各耕其田。殷民现在最大的思想顾虑，就是认为我们会仇视、蔑视他们，因此心中有恐惧，这样就会导致暴乱行动。现在要宣布一个政策：在我们这里，各族人民一视同仁，不分归服的早与晚，交往的新与旧，只要仁爱厚道，都是亲兄弟。你看如何？"武王听后，心中觉得好舒服，好像天下已经治理得井井有条。

打消奇怪的念头

武王有时会想入非非。他想到殷纣当天子，天下有那么多诸侯去攻他；如果也有那么多诸侯来攻自己，那怎么办？因此，他想把都城和宫廷，建到形势险要的"五行山"即现在的太行山上去。那里，"一夫当关，万夫莫敌"，只要守住上山的几个口子，再多的军队也攻不上来，岂不保险！周公听了武王的这个想法，觉得十分可笑，连忙制止道："不可以这样做！五行山地形险阻，如我周德覆盖天下，天下朝贡的人都要走迂回曲折的路了。如有暴乱，天下伐我固然困难，但山上物资匮乏，也难以生存啊！"周公对情况细致中肯的分析，使武王打消了这奇怪的念头。

公元前1000年—前900年

前1000年
前900年

世界大事记

印度雅利安人开始使用铁器，牧业和农业同时发展。

《诗经·大雅·文王》
《说苑·贵德》
周公
武王
谋略
仁爱

人物　关键词　故事来源

卓越的政治家周公

周公即姬旦，周文王的第四子，因其封地名周（今陕西岐山东北），故人称周公。他在帮助父亲文王、辅佐兄长武王完成伐纣大业中，起了十分巨大的作用。武王克商后，周公又献计献策，成为周初政权中的顶梁柱。在正统历史典籍中，周公是个典型的贤相形象。

顿开茅塞，恍然大悟

一天，武王在处理政务中又产生了疑问，便问周公："啊！殷政乱哄哄像风吹草，有的地方积聚，有的地方空虚，要使他们平和下来，该怎么办？"周公说："首先应该观察土地之宜，营造人民居住的村落；开辟道路，使商人都来做生意。五户为一伍，十户为一什，以德高望重者为长。耕田在一起，男女便有婚；坟墓相连，民便有亲。乡立巫医，具备百药，以治疾病。我听说禹有禁令：春天三个月山林不准用斧头去砍伐，以使草木生长；夏天三个月川泽不准用网打捕，以使鱼鳖生长。在这期间，男耕田女养蚕，人不失其事，万物不失其性，天不失其时以成万财。欲使人民归服，一定要让他们有利可得：泉深而鱼鳖来归，草木茂盛而鸟兽来归，任贤使能而有识之士来归，关市税平而商人来归，分给田地而轻其租赋则农民来归。水性归下而人民归利，王若欲求天下之民，则先设其利而人民自至，譬如冬天的阳光、夏天的阴凉，不召而民自来。"周公讲了这一番治民的方法和道理，武王听了恍然大悟，顿开茅塞，忙叫史官记录下来，备在案头，时时翻检。

精彩诗篇，鼓励人们奋发前进

为歌颂武王伐纣的胜利，把文王开创的事业继续发展下去，周公以"文王"为题，作了一首诗，叙述创业的艰辛，鼓励后人效法文王，不断前进。这首诗写道："文王在上，光辉显现于天上。周家虽是旧邦，她的国运却是新气象。勤奋进取的文王，他的美名四处传扬。他用多施恩惠的办法开创了周代，传福于子孙。文王的子孙，嫡系和旁系都要传到百世。累世的显贵，他们的谋略仍小心翼翼。皇天生下众多的贤士，成为国家的骨干之臣。有了这众多的贤士，文王的国家因而得到安宁。美好恭敬的文王，鼓励人们奋发前进。天命使我们占有了殷商的子孙，其数目有几十万。上帝一声令下，就臣服于周。殷民都臣服于周，可见天命无常。长久修德而配合天命，自己就会求得多福。应该借鉴于殷商的兴亡，知道保持大命的不易！好好效法文王吧，万国诸侯就都会来听命服从！"

俗话说："十个指头有长短。"兄弟的品德、才能也高低不一。在武王的十个兄弟中，周公的计谋出得好，诗写得精彩，是武王最倚重的人。

中国大事记　武王病重，周公欲代武王去侍候祖先，并把写有祷词的简策藏于金丝带扎的匣中。

○三三

在武王伐纣和治理国家的过程中，被称为师尚父的姜太公，也给武王出了很多计谋，教给他很多道理。这些计谋和道理，不但有军事的，也有政治、经济的，给了武王极大的帮助。

太公丹书

文王去世后，姜太公辅助武王，教给他很多军事、政治、经济的谋略。武王对太公言听计从，尊称他为"师尚父"。

"将有三胜"

有一次，武王问太公："我怎样才能使三军攻城争先登，野战争先赴，闻金声退兵而怒，闻鼓声冲锋而喜？"太公回答："将有三胜。"武王不明其意，请他说得详细些。太公解释道："作为将帅，冬天不穿裘皮大衣，夏天不拿扇子，下雨不张篷盖，与士卒同甘共苦，叫'礼将'。将帅如不能以身作则，就不知士卒的冷暖。行军时，通过山隘险塞，越过泥沼坎路，将帅先下车步行，走在最前头，叫做'力将'。将帅不身体力行，就难以体会到士卒的劳苦。扎营时，军队都已有秩序地住下，将帅才进行自己的宿舍；军队的饭都已煮熟，将帅才吃饭；军队都未点灯，将帅也不点灯；叫做'止欲将'。将帅不先人后已，克制自己的欲望，就不知道士卒的饥饱。将帅与士卒共冷暖、共劳苦、共饥饱，这样，即使敌

人占据高城深池，箭石俱下，士卒也能争先恐后地登城；白刃格斗时，士卒也能奋勇冲杀。这是因为将帅身先士卒，与他们战斗在一起的缘故啊！"听完太公讲述的这番道理，武王连连称"善"。

诽谤和赞誉的实情

又有一次，武王问太公："听说有举用贤人而国家危亡的，这是为什么？"太公答："举贤而不用，是有举贤之名而不能得到真的贤人。"武王又问："其失误在哪里？"太公回答："这是由于君主好用表面上'小善'的人。"武王再问："好用小善的人，怎么样？"太公说："君主喜欢听赞誉而不憎恶搬弄是非的谗言。这样，就会把不贤的人当贤人，把不好的人当好人，把不忠的人当忠臣，把不讲信义的人当守信的人。这种君主听到赞誉就认为有功，听到诋毁就认为有罪，而真正有功的人得不到奖赏，有罪的人不受惩罚。其结果凡是朋党多的人就进用，党羽少的人就罢退。因此，群臣百官普遍结党，互相吹捧，奸恶钻营，排斥贤能的人。于是，忠臣因为受到诽谤，无罪而死；邪臣因为受到赞誉，无功得赏。长此以往，国家就要危亡了。"武王听后高兴地笑道："好啊！我今日听说诽谤和赞誉的实情了。"

可作子孙万代永久教训的格言

还有一次，武王想得到一些能勉励人的格言，就召来士大夫问道："你们知道哪里有可供收藏、可供仿效，又可作子孙万代永久教训的格言吗？"众大夫都说："没有听说过。"武王便问师尚父："黄帝、颛顼的遗训现在还能见到吗？"师尚父说："在《丹书》中。您要想见它，得先斋戒。"于是，武王洗了个澡，换

前1000年
前900年

公元前1000年—前900年

世界大事记

印度雅利安人部落内部进一步分化，出现四种等级森严的种姓制。种姓制度维护奴隶主贵族特权，阻碍社会发展。

《六韬·龙韬·厉军》
《大戴礼记·武王践阼》

太公
武王

仁爱
谨慎

人物　关键词　故事来源

上洁净的衣服，端正地戴着冠冕。过了三天，师尚父也端正地戴着冠冕，捧书而入，背对着屏风而立。武王走下堂，面向南站着。师尚父说："按照先王的传统，不应该背对北面。"武王又向西走，转身向南，面向东而立。

于是，师尚父面向西而立，朗读《丹书》上的话："恭敬胜过怠慢的人吉祥，怠慢胜过恭敬的人灭亡；道义战胜欲望的人如愿，欲望战胜道义的人凶险。凡事不能自强就会屈曲，不能恭敬就会不正。屈曲者废灭，恭敬者传万世。"读完，师尚父说："这就是可供收藏、可供仿效，又可作万世子孙永久教训的格言。我听说，以仁义夺取天下，又以仁义巩固天下，可传万世；以暴力夺取天下，以仁义巩固天下，可传十世；以暴力夺取天下，又以暴力巩固天下，本世就要危亡。"

到处刻铭文以自戒

武王听了丹书上的话，十分恐惧，退朝之后就做戒书。他在各处都刻了铭文。座席左前边的铭文说："安乐必敬。"右前边的铭文说："无行可悔。"左后边的铭文说："一反一侧，亦不可忘。"右后边的铭文说："所监不远，就在前代。"弩机上的铭文说："战战兢

精美绝伦的西周玉璜

这是由一块扁平的青白玉制成的双龙首玉璜。玉璜两端各雕琢了一只龙首，龙角后仰，龙体弯曲，并缀满鳞形纹。龙首顶端各钻一小孔，便于穿系。玉璜始见于新石器时代，流行于西周中晚期。上海博物馆藏。

兢，不多说话。"铜镜上的铭文说："瞻前顾后。"盥盘上的铭文说："与其被人淹没，毋宁被水淹没。被水淹没还可游动，被人淹没不可挽救。"挂杖上的铭文说："不要因愤怒而走险，不要因嗜欲而失去道德，不要因富贵而忘记朋友。"衣带上的铭文说："肝火消退可以修饰容貌，谨慎警戒必须恭敬，恭敬则长寿。"鞋上的铭文说："谨慎地劳动，劳动能致富。"门上的铭文说："好名声难得而易失。"窗上的铭文是："顺从天时，利用地利。"宝剑上的铭文是："带着它以为服饰，动用它要行德义，行德义则兴，背德义则崩。"矛上的铭文是："一时不忍耐，能造成终身的羞辱。"武王告诉人们说："这些铭文虽然是我一个人听到的，但可以用它们来警戒后世子孙。"显然，武王作这些铭文，是受了太公丹书的启发和影响。

太公辅助武王的方面非常多，武王受太公的熏陶和影响也特别大。武王称太公为"师尚父"，真是名不虚传！

夏禹
夏启
周武王

《左传·宣公三年》
《墨子·耕柱》

尊严
果断

人物　关键词　故事来源

前1045年

公元前1045年

中国大事记　武王因操劳过度而病逝，年才四十五岁。

〇三四

九鼎神器

传说夏禹时召开诸侯大会，令各地贡献青铜，铸成九只大鼎，象征帝王的权力。自夏商周直到春秋战国，君王都在争夺。

天赐的福佑，王权的象征

夏、商、周三朝，有九只大鼎，是稀世的珍宝，也是王权的象征。谁得到它们，就象征着谁拥有天下的统治权。这九只大鼎，造型精美，质量厚实，制作精巧。因为九鼎的价值巨大，谁都想得到它们，因此，九鼎曾经过多次迁移，遭到许多磨难，有不少关于它们的曲折故事。

传说夏禹当政之时，在涂山召开诸侯大会，要求天下九州之长都要贡献黄金，就是青铜。当时九州贡献的青铜非常多，就铸造了九只大鼎，象征天下有九个州。这九只鼎，不但体积巨大，而且在鼎的四周铸上了各州的土特产和神话故事的图像。这些图像，使民众看了就知道哪些是神仙，哪些是妖怪，进入川泽山林，不会遇到不吉利的事，魑魅魍魉之类的妖怪，也不会来侵袭。这样，拥有九只大鼎无疑得到天赐的福佑。

还有一种传说，说是夏后启执政时，派了大臣飞廉在各地山川采集黄金，即青铜，然后在昆吾国铸鼎，一共造了九只，作为镇国之宝。这些鼎造型方正，有三条腿。据说它们都有特异功能：把饭菜、鱼肉放进去能不烧而熟，把冷水放进去能不烧而沸，要它们迁往哪里能不搬而走。九鼎铸成后，先在昆吾国对上帝鬼神进行祭祀，然后迁到夏朝国都。

夏、商、周的变迁

夏朝的王位传到桀，因为昏乱暴虐，被商汤攻灭。于是，商汤把九鼎从夏都迁到商都。商朝历时六百年，都城几经迁徙，这九鼎总是随王都的迁徙而搬移。商王把它们陈列在宫廷大厅内，由卫士日夜守护。

商朝王位传到暴虐昏乱的纣，被周武王攻灭。周武王本来想把九鼎从朝歌西迁到镐京，因为路途遥远，搬动不便。同时周武王早就想营建洛邑，就是现在的河南洛阳市，作为周朝在东边的都城。他看到洛邑地处中央，各诸侯国来朝贡路途不远，周朝可以此作为控制天下的据点。于是，伐纣胜利后，就把象征王权的九鼎神器迁到洛邑，在那里妥为保存。后来，周公东征胜利，平息了东部广大地区的叛乱，进一步确立洛邑为东都的地位，大量营造城市建筑和宫室。这时，成王决定把九鼎固定在洛邑北面的郏鄏，在今河南洛阳西北，那里成为周的王城。史称"成王定鼎于郏鄏"。

楚庄王"问鼎"和九鼎下落

此后又经过四百多年到春秋时期，楚庄王带兵攻打陆浑之戎，路经洛邑，曾向周王的使者王孙满询问九鼎的大小轻重，很有夺取九鼎之意。王孙满告诉他："天子之位的取得，在德不在鼎。周德虽衰，天命未改。鼎之轻重，是不可以询问的。"楚庄王无可奈何。后来，到战国周显王时期，秦国兴兵临周，企图夺取九鼎。周求救于齐，迫使秦国退兵。为避免九鼎落入秦人手中，周显王把九鼎向东转移，不幸落入彭城的泗水中，彭城即今江苏徐州市。还有传说，周人为防止大国觊觎九鼎，加上自己经济困难，采取了毁鼎铸钱的下策，对外诡称落入泗水。

九鼎，在夏商周三朝是代表王权的神器，曾经成为君王争夺的对象。每个朝代建立，必迁九鼎。后人把争夺政权称为"问鼎"，建立政权称为"定鼎"，也由此而来。但九鼎的下落究竟如何，历史记载不一，至今仍然是个谜。

公元前 1000—前 965 年

前1000年
前965年

世界大事记

犹太人大卫成为以色列国王，他建立了统一的以色列——犹太国家。

《尚书·旅獒》 和亲纳谏 武王召公

人物　关键词　故事来源

〇三五

满身卷毛的獒，惹人喜爱

武王推翻商朝建立周朝政权后，声威大振，英名远扬。商朝统治天下时，对东西南北四方都进行过攻伐，强迫四方服从它的统治，向它进贡大量财物。四方诸侯和百姓都有怨恨情绪，希望有哪一个诸侯起来把它击败、打倒。现在听说周武王伐纣成功，大家都带着敬佩之情前来朝贺。特别是武王修筑了通向边疆各少数民族地区的道路，加强与边远地区的联系，使边远地区与周朝的关系密切起来。

当时西戎地区有一个旅国，为表示对周朝的敬服，派使者到镐京，进献了一只大犬给武王。那大犬名"獒"，生得肥头大耳，满身都是卷毛，它摇动着尾巴，仿佛是在向周围的人表示亲热，十分可爱。这种大犬在周朝国内是看不到的，因而武王特别喜欢。

"玩人丧德，玩物丧志"

为祝贺武王得此珍奇动物，并希望武王进一步治理好国家，"三公"之一的太保召公特地作了一篇文章，题名《旅獒》，进呈给武王。召公的文章道："啊！明王慎于道德，四夷都来宾服。无论远近大小，都来进献其土生特产。这些特产，大多是衣服、食品和用具，很少有声色玩好的奢侈品。王的明德到达远方的异姓之邦，使他们无废其职；又分宝玉给同姓之国，以表示亲亲之道。人不应该被物所驱使，不要因声色

西戎贡大犬

周朝政权建立后，西戎某国进献一条大犬，武王十分喜欢。太保召公为此特作文告诫："玩人丧德，玩物丧志。"

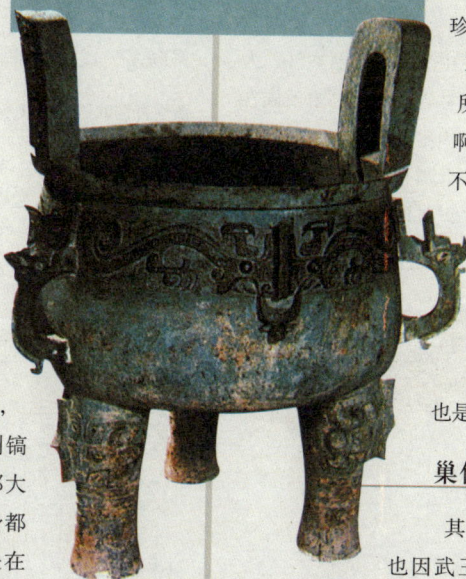

而疲劳耳目。玩人丧其德，玩物丧其志。不作无益之事以害有益之事，就会成功；不贵重奇异之物而轻视有用之物，人民就会丰足。犬马不在其本土难于畜养，珍禽奇兽不在其本国难于生育。不搜求远方异物则远人来服，所宝贵的只是贤能则近人安宁。啊！当早起晚睡，常勤于德。不夸耀细小的善行，最终将积累成为大德。谨慎地按照上述格言去做，人民将安居乐业，君乃世世为王。"召公因为怕武王玩物丧志而写了这篇告诫之文，可见召公也是武王时期得力的辅佐者。

巢伯来朝，武王亲自接见

其时，南方巢国的国君巢伯，也因武王克商，慕义来朝。这巢国原是成汤流放夏桀之处，它目睹昏庸残暴的夏桀的下场，现在周武王又击杀了同样昏暴的商纣，巢伯从内心里感到敬佩。巢伯来朝时，武王亲自接见了他。在朝的卿士苗伯作《旅巢命》一文，记录巢伯来朝的盛事，并记述武王对巢伯陈命的威德。武王克商后西戎贡大犬和巢伯来朝，都说明武王伐纣的深刻影响和武王同远方国家关系的融洽。

庞大壮伟的五耳鼎（上图）

龙纹五耳鼎出土于陕西淳化史家塬，高122厘米。鼎耳外侧饰有纹理，口沿下用夔龙纹带装饰，中间有短扉棱，腹有三鋬形耳，足上饰羊首，有扉棱，下有三道弦纹。这座鼎庞大壮伟，形制纹饰都很特殊，是古鼎中的珍品。

〇三六

肃慎献利箭

东北的少数民族肃慎给武王进献良弓利箭，武王把它作为长女的嫁妆传到陈国。到春秋时，此种弓箭还威力强大。

北方少数民族进贡的精良武器

周朝东北比较边远的地区，有一个少数民族名"肃慎"。他们居住在不咸山即今长白山的北面，东至大海，北至黑龙江中下游，西至嫩江，大约占有今黑龙江省的大部和吉林省的北部。肃慎族在这样广大的地区中活动，依靠渔猎为生。武王克商以后，开辟了与四方少数民族"九夷百蛮"的交通，并通知各方诸侯和少数民族，各以其地方特产和财物来周都朝贡，不要忘了自己对周王朝的职责和义务。

华丽尊贵的龙纹玉佩
西周贵族阶层衣着与衣饰已相当华贵考究，从这件龙纹玉佩可见一斑。整块玉用料纯正，设计制作十分精致，两龙头分列一边，龙尾相交接，身体弯曲，作游动状。这个玉佩富有动感，一气呵成。

▶历史文化百科◀

〔古代最大的青铜圆鼎〕

1980年，陕西淳化县石桥公社史家塬村发现一座西周墓葬，出土一批青铜器。其中一件圆形鼎重226公斤，通高122厘米，口径83厘米，腹深54厘米。圆鼎三足二耳，鼎耳饰两条夔龙，腹部饰六条夔龙，足部饰云雷纹。纹饰秀丽，构造精致。

据报道，迄今发现的最大青铜方鼎是商代的司母戊鼎，而古代最大的青铜圆鼎就是此鼎了。

肃慎族早就听说周武王伐纣，已经取代商朝建立了统一天下的政权，周朝政权实行仁政，善待各方诸侯和少数民族，四方各族也都纷纷至周朝进贡物品。为了与周朝政权取得联系，成为周王朝的一个诸侯国，受到周王朝的

西周青铜武器与工具
辽宁夏家店上层文化大致与西周相当，基本上是农业文化，兼有一些畜牧业和狩猎业。辽宁的西周文化大约与周初召公建立燕国有关。夏家店上层文化中的武器有青铜短剑、戈、矛、镞等，生产工具有镐、斧、锄、刀等。这些遗存的族属是山戎与后世的东胡。

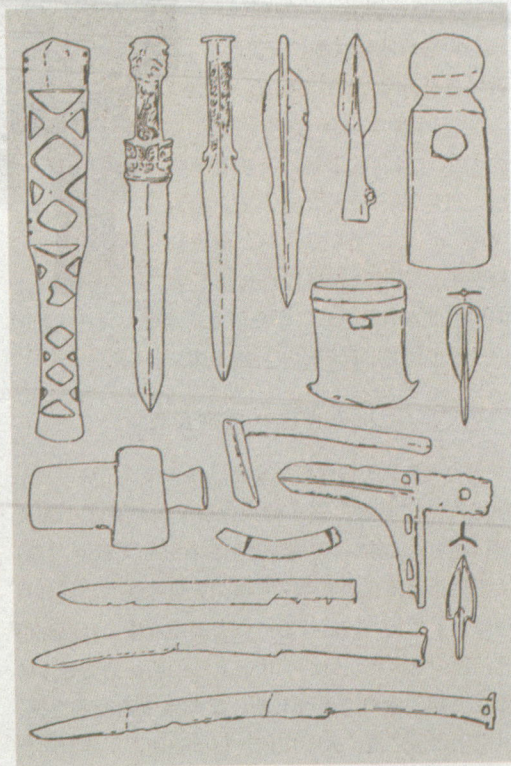

涡文罍

西周初期青铜器，1973年辽宁喀喇沁左翼蒙古族自治县北洞村出土。器盖饰蟠曲的圆雕龙体，盖顶为盘旋而出的龙头，肩饰蜷体夔纹，腹饰大兽面纹，肩部为一兽面衔环耳，体下侧有一小兽首形钮，圈足饰夔纹。器主人是周初在燕任职并受过燕侯赏赐的奴隶主。

保护，与中原地区进行经济和文化交流，肃慎族也派了使者来到周都。他们贡献的物品是"楛（音户）矢石砮"，这是一种当地制造的精良的弓箭。这种弓箭用坚硬而笔直的楛木制成箭杆，再用锐利的青石制成箭头，把二者牢固地粘合在一起。箭杆"长尺有咫"，即一尺八寸。其弓长四尺，有很强的弹性。据说这种弓箭能射出四百步之外，具有很大的杀伤力。肃慎进贡的弓箭，是该族人民在长期打猎活动中不断总结经验而精心制造出来的。武王看了这种弓箭非常喜欢。

利箭作为嫁妆传到陈国

为了昭示武王的明德招来远方的贡物，记录这次肃慎族来贡物品的珍贵价值，让后世人永远可以观瞻，武王命人在箭杆的上方刻上"肃慎氏之贡矢"六个字。后来，武王把长女大姬嫁给封在陈国的舜的后代胡公满时，将这支肃慎氏进贡的利箭作为嫁妆也一起随嫁过去。古代礼节有一种规矩，天子对于同姓诸侯，常赐给他们珍贵的玉器，以表示亲昵之情；对于异姓诸侯，天子常赐给他们远方的贡物，使他们不忘自己应当经常朝贡的职责。这样，肃慎族进献的精弓利箭，又传到了陈国。

肃慎再次朝贺的热烈场面

肃慎国一直与周朝保持着良好的关系。到周公东征，平定了东夷各族的叛乱后，肃慎又遣使来周都朝贺，同样带来了他们精心制造的渔猎工具以及当地的土特产。成王和周公给了肃慎一些财币作为答谢，并由在朝做卿士的同姓诸侯荣伯作了一篇题为《贿肃慎之命》的文章，记录这次肃慎来朝的经过以及成王对肃慎的答谢和命辞。"贿"就是赠送财物。

精弓利箭的深远影响

肃慎进贡的弓箭，由于质地精良，杀伤力强，在中原地区产生过深远的影响。据说到春秋末年，这种弓箭还在流行，作为打猎的工具。有一天，一只凶猛的隼（音损）鸟摔死在陈国的宫廷。仔细观察，有一根楛矢利箭射穿了它的身体，这支利箭前有尖硬的石砮，正是肃慎贡矢的特点。有人拿着这箭去问孔子，孔子说明了这种箭的来历，并叫人到陈国宫廷中去寻找，果然有一支肃慎进献给武王的利箭藏在陈国故府的一只镶金带的长匣子中。

〇三七

未定天保

武王伐纣胜利后，一直在考虑"未定天保"，即没有肯定地得到上天的保佑。请看他如何苦心孤诣，思索巩固政权的大事。

武王对东方局势的担心

一个以国家大业为重的君王，特别是一个开国创业的君王，考虑的事情很多很多。他既要回顾自己的祖辈创业的艰辛，胜利成果的来之不易，又要观察敌人的动态，保卫取得的江山，防止敌人的复辟阴谋，使国家的大业持续发展，把政权牢固地掌握在自己的手中。武王伐纣取得胜利后，也一直在考虑问题。

武王首先不放心的，是分封在殷国旁边的两个兄弟管叔和蔡叔。他们从小常常为自己的一点小利而争吵不休，现在，他们在做殷国的辅相，实际上是在监视纣子禄父的行动。能不能尽心尽职，当好这个监视官，为周朝的长远利益着想呢？武王一直在担忧。为此，武王特地安排十三年到管国视察，借此机会与两个弟弟作了长时间的谈话。临行时，武王告诉他们，要禁绝九种罪恶，发扬九种善行，遵循九种道德，制止九种过失，要担当起自己的职责，不要做出危害国家的事。

殷国的贵族能不能服从周朝的统治，也是武王最担心的。一次，武王征召九州的君长，一起登上在今山西南部汾丘的高台，瞭望商邑。然后回到周都，武王晚上一直睡不着觉。周公来到武王处，问他为什么会失眠，武王道出了他的心事："告诉你吧，皇天不保佑殷，从帝乙到纣六十年间，阿谀奸诈的小人在朝，而忠良贤能的君子被斥，因而我们周国能够成功。但是，自从殷国建立以来，有贵族三百六十家，他们既不显耀也未被消灭，他们在殷国仍然有着很大的势力。因此，我们周朝的政权未定天保，我怎么能睡得着？"所谓"未定天保"，就是还没有肯定地得到上天的保佑。

建新都，治凶顽，保政权

过了一会，武王又继续说："我们一定要采取措施，要定天保，依天室。同时，把殷国邪恶的贵族统统抓起来，叫他们受殷纣一样的处罚。"武王的音调变得激昂慷慨起

师旅鼎

西周初期青铜器，浅腹，三柱足，颈部饰鸟纹。腹内铸铭文 79 字，大意是说师旅的下属不跟从王征伐于方，弘在丰京将此事告诉了白懋父。该器对了解西周奴隶士兵的反战情况有重要史料价值。

> ### 历史文化百科
>
> **〔宗法制度的具体内容和实施情况〕**
>
> 宗法制度是中国古代维护贵族世袭统治的制度，由父系家长制演变而成，至周代正式确立。周王自称天子，由嫡长子世世相传，为天下"大宗"。天子分封亲属为诸侯，对天子为"小宗"，在本国则为大宗。诸侯以下的卿大夫、士，依此类推。周王通过宗法制度，建立一套严密的统治网。
>
> 后世封建统治阶级长期利用这种制度，巩固封建社会的政权、族权、神权、夫权。

来。接着，他告诉了周公一个设想："我这次登上汾丘的高阜，看到一块绝好的地方。自洛水边一直到伊水边，土地平坦而四周有山河，这是夏朝的旧居。南望有三涂山作为屏障，北望有太行山、太岳山蜿蜒起伏，旁边的黄河水奔腾而下，不用建筑防御工事也很险固。我感到这块地方离天室已经不远了。"武王所谓"天室"，就是上天给周王安排的居室。武王最后表示："我要在洛邑营造一个周室的都城，然后，纵马于华山之阳，放牛于桃林之墟，把干戈等武器放倒，把军队解散，向天下显示再不进行战争。"武王要建都于位置适中、形势险固的洛邑，又要惩治殷贵族中的敌对势力，还要放出不再需要战争、天下永久太平的空气，以确保周朝政权的巩固。听罢这一番话，周公劝勉道："君王不要心急，事情总得一件一件去做。随着时间的推移，形势会越来越好。君王要多保重身体。"

破解千古疑案：西周燕国都城的发现

《史记》记载，武王伐纣后，"封召公奭于燕"。召公封燕的地点，即西周燕国都城的地点，究竟在哪里，成为一宗千古疑案。北京房山琉璃河周初燕都遗址的发掘，向世人宣告：西周燕国都城找到了。琉璃河周初燕都古城平面呈长方形，北城墙长829米，东西城墙现存长度约300米，城墙外有2米多深的壕沟，城墙用黄土夯筑而成。图为沉埋地下三千余年的燕都古城石砌排水沟。

中国最早的天文古迹：周公测景台

相传西周初年政治家周公姬旦，不仅制作礼乐，建立典章制度，还精通历法，曾在阳城（今河南登封告城）设台观测日影。通过日影的变化测得冬至、立春、夏至、立秋四个节气。这也是我国最早的、保存最完整的天文古迹。

健康恶化，托付后事

由于日夜劳神，以致神经衰弱，武王的健康状况越来越恶化。有一天，他知道自己的身体已经不行了，便把周公叫到身边，托付后事。武王说："旦啊，你是我的贤弟。现在，伐纣刚胜利不久，殷贵族还没有归顺，天下局势不稳，可是我整天头昏乏力，卧床不起，恐怕不久于人世。今我子诵年龄尚幼，又不懂事，如果让他继位，定不能担负起治理天下、把周朝大业继续推进的重任。我想，能够继承王位，又有治理天下的品德和才能的，你是最合适的人。如今，只有我们兄弟相传，江山才能保住，国家才能有望。"周公听了武王此言，心中悲痛，泪如泉涌。他握着武王的手，半天说不出话来。

金縢藏策

周公向先王祷告，欲代武王奉事鬼神

武王因考虑问题过多而得重病，周公向祖先祈祷，欲代武王去死。这行动表现了周公的崇高精神。

在武王攻克商都以后的第二年，即十三年，当时天下的局势尚不稳定，周朝的政权还没有巩固，武王忽然生了大病。朝廷群臣惊慌，不知怎么办才好。太公、召公说："让我们恭敬地为国王的疾病占卜一下好吗？"周公不同意，说："不要使我们的先王产生忧虑。"为什么不同意占卜呢？原来对于武王的疾病，他已想好了一个对付的办法。他准备以自己的生命作为人质，向祖先进行祭祀。他清除了一块土地作为祭祀的场所，上面建起三个祭坛，分别祭祀太王、王季、文王。祭坛建在南边，面向北方，周公站立在祭坛上。他身上戴着贵重的璧玉，手里拿着美丽的玉圭，恭敬地向太王、王季、文王进行祷告。

周公先把祷词写在竹简上，称为策书，然后由史官代为宣读。这时，祭祀场上一片肃静，只有史官宣读周公祷词的声音："啊，你们的长孙今王发，因为勤劳王事，得了重病。倘若你们三王的在天之灵有什么病痛，需要做子孙的去服侍你们，那就让我姬旦来代替今王发吧！我有孝敬的仁德而又伶俐乖巧，多才多艺，能够很好地侍奉鬼神。今王发不如旦多才多艺，不能侍奉鬼神。他在上帝的宫廷接受任命，正按照上帝的意志治理四方，因而你们子孙的统治权才能在人间确定下来，四方的臣民无不尊敬畏服。唉！不要毁掉上天所降给的宝贵大命吧，这样我们先王的在天之灵也永远有所依归。现在我就要通过大龟的占卜来接受你们三王的命令了：假如你们允许了我的要求，我将拿着璧和圭归到你们那里来，等待你们的吩咐；假如你们不答应我的请求，我就把璧和圭抛弃掉。"

简策藏入金丝带匣子中保密

周公简策上的祷词，已经把周公欲代武王发去服侍鬼神的要求告诉三王，于是，史官读罢祷词后，便在太王、王季、文王的灵位前各放一龟，进行占卜。占卜结束，打开写在竹简上的卜辞，一看得到的都是吉兆。周公欣喜地说："好啊！国王不会有什么危险了。我小子刚从三王那里接受命令，只有如何能永远保持我们的统治这个大问题，才是我们应当考虑的。而我们的先王也因为这件事关系重大，在时时为我们的国王祝福。"

>历史文化百科<

【王国维的古史考证】

近代学者王国维（1877—1927）善于利用地下发掘到的考古资料与历史文献结合起来进行古史研究。他研读甲骨文作《殷卜辞中所见先公先王考》，论证《史记·殷本纪》中的史实，又研读金文作《毛公鼎考释》、《生霸死霸考》等，既通解文字，又弄清一些古史问题。王国维以甲骨文证殷史，以金文证周史，对商周史的研究作出了有价值的贡献。

二公穆卜图

三壇同墠图

太史册祝图

三兆皆吉图

纳册金縢图

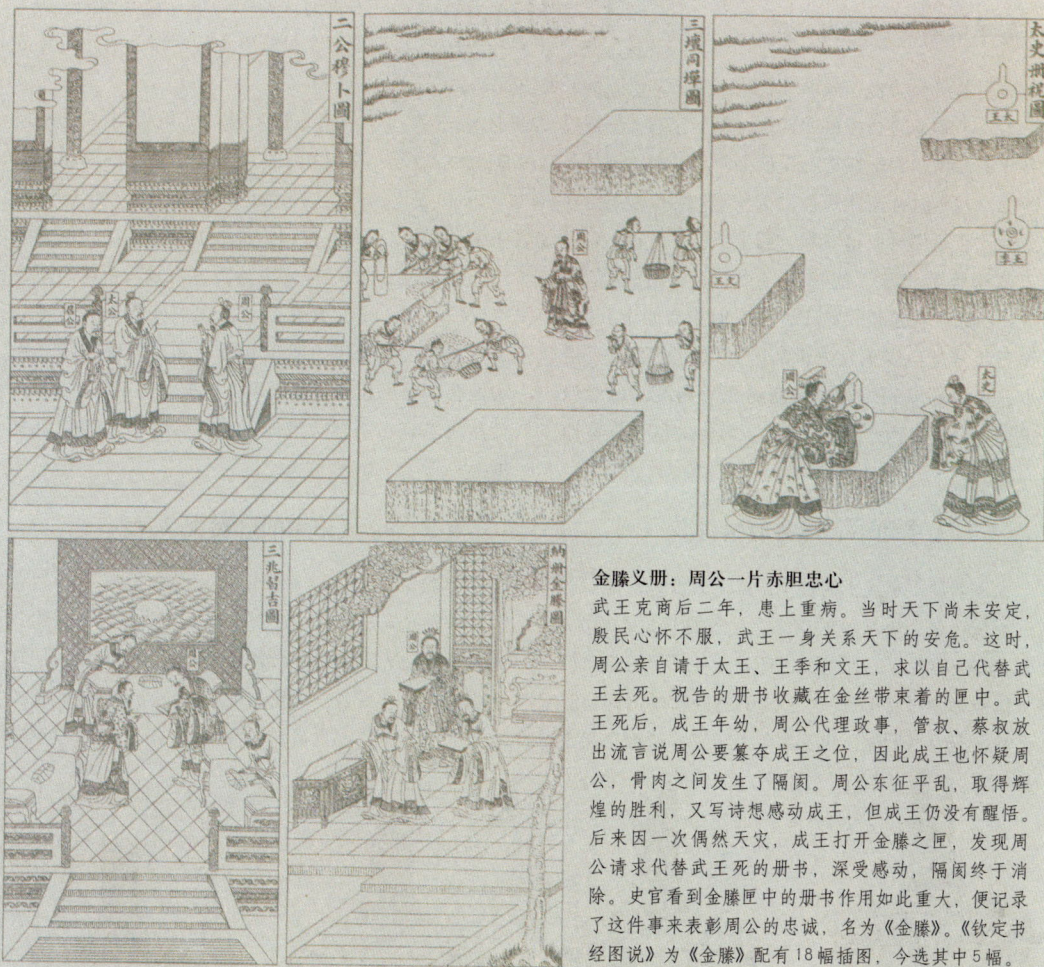

金縢义册：周公一片赤胆忠心

武王克商后二年，患上重病。当时天下尚未安定，殷民心怀不服，武王一身关系天下的安危。这时，周公亲自请于太王、王季和文王，求以自己代替武王去死。祝告的册书收藏在金丝带束着的匣中。武王死后，成王年幼，周公代理政事，管叔、蔡叔放出流言说周公要篡夺成王之位，因此成王也怀疑周公，骨肉之间发生了隔阂。周公东征平乱，取得辉煌的胜利，又写诗想感动成王，但成王仍没有醒悟。后来因一次偶然天灾，成王打开金縢之匣，发现周公请求代替武王死的册书，深受感动，隔阂终于消除。史官看到金縢匣中的册书作用如此重大，便记录了这件事来表彰周公的忠诚，名为《金縢》。《钦定书经图说》为《金縢》配有18幅插图，今选其中5幅。

周公回去后，就把这写有祷词的简策，藏在用"金縢"即金质的丝带捆束的匣子中，以不忘这次祭祀的经过，作为永久的纪念。周公告诫保管这金縢匣子的人，不要把藏简策的事声张出去。在这次祭祀、祷告、占卜之后的第二天，武王的病就得到了缓解。

难能可贵的崇高精神

在天下未宁、武王突发重病之时，周公向先王的在天之灵祭祀祈祷，竟欲代兄长武王到先王那里去服侍。这种以国家利益为重、舍生忘死的精神，实在是难能可贵的。

公元前 1044 年 —— 前 1040 年

前1044年
前1040年

中国大事记

周公消除成王和大臣们的怀疑，毅然率军东征平叛。

○三九

天动威

武王去世，太子诵即成王只有十三岁。为巩固新建政权，周公毅然代理行政，这引起成王的怀疑。一场暴风雨，吹醒了成王的头脑。

英年早逝，谥号为"武"

在周公进行祷告、欲以身代武王之后不久，武王的病情再度恶化，终于离开了人世。武王在文王受命七年时即位，九年时在盟津观兵，十一年底至十二年初伐纣取得胜利，到十三年末就因操劳过度、思虑太多而得病身亡。武王在位仅仅六年，去世时只有四十五岁，真是英年早逝！周王发去世后，大臣们根据他一生行事，主要是率领周军攻伐商纣克敌制胜，就给他评定了一个谥号为"武"。从此，历史上就一直称他为周武王。

太子幼小，周公毅然摄政

太子名诵，是武王的长子，武王去世时，他只有十三岁，还是个不懂事的孩子。虽然这样，在周公、太公、召公等大臣的拥立下，还是让他即了王位。后来，他被称为"成王"。关于武王逝世和成王即位时的年龄，有的书上说，武王享年九十三岁，而当武王去世时，即位的成王还在襁褓之中。那完全是好事者的胡编乱造，不符合历史事实。

武王灭殷，只是伐纣一战，攻克商都，对原商王畿附近的属国和殷朝上层贵族，特别是殷朝东面的许多夷族方国，基本上原封未动。他们中的一些顽固势力，不服从新建的周朝政权的统治，正在蠢蠢欲动，图谋反叛，形势相当紧张。周公恐怕天下听说武王驾崩，即位的新王年幼稚弱，乘机起来叛乱闹事，根据武王临终的嘱托，毅然决然宣布由他代理成王，摄行政管理国家所有事务。

兄弟中的轩然大波

不料，周公的这一决定在兄弟中掀起了轩然大波。特别是老三管叔，论资格他比周公年长，是周公的哥哥。他想，如果要代理新王即位，也应该由他来担当，况且，周公一直在武王身边，担任辅佐武王的重要职位，而自己只是封在殷国旁边，当一个监视殷

国的角色，心中早就悻悻不平。听到周公代理新王行政的消息，管叔抑制不住心中的妒嫉之火，他联合蔡叔、霍叔等兄弟，大肆散布流言蜚语，说："周公将不利于王。"言下之意就是，周公要篡夺王位。

西周丝织品

丝是中国文化中的一个重要项目。早在新石器时代，即有西阴村的家蚕蚕茧出土，浙江湖州钱山漾的新石器文化遗址，也出土了丝织品的残片。西周考古资料中，关于蚕丝及丝织的发现，有河南浚县辛村的玉蚕及若干留在铜尊口上的细绢纹痕。宝鸡茹家庄西周中期墓葬中出土玉蚕数量众多，丝织物的痕迹或贴附在铜器上，或压在淤泥上，三层四层叠在一起。

礼之重器：西周铜编钟

周代以礼治国，用编钟悬挂的面数和使用鼎的数量的多少来区分贵族的等次。这些编钟出自三门峡虢国墓地中的虢季墓，类似的大小不同的编钟共出土8枚，上有铭文："用义其家，用与其邦。"由此证明，这是国君所用之器。

周公听到这种流言，首先对太公、召公进行解释道："我之所以勿避王位要代理行政，是恐怕天下叛周，失去已经取得的胜利成果。倘若这样，我无法向我们的先王交待。太王、王季、文王这三位先王忧劳天下已经很久，直到今天才获得了初步的成功。可武王英年早逝，今王年少没有经验，我这样做是为了继续完成周朝的大业，没有其他目的。"太公与召公听了周公的话，反应冷淡，没有表示他们的态度。

为避嫌疑，东奔楚国

但是成王毕竟年少幼稚，他对流言竟十分相信。他想："周公现在名为'摄政'，代理我当周王。等到时机成熟，他就会把我一脚踢开。"因此，成王整天板着脸，与周公采取不合作态度。周公看出成王对自己的反感，为了不使这种矛盾加深，他决定在成王元年六月，于毕地给武王下葬后，暂时到外地去避一避。于是，他以视察、访问为名，向东南行，来到了楚国。当时的楚国在今河南西南部，丹江之北、淅水之西，地名为"丹阳"。文王在世当年，楚国的鬻熊曾经来归周国，为文王出谋献策。那时周公年纪尚小，但鬻熊对周国的友好感情，周公还是记得很清楚的。

发现金縢匣，成王抱策哭泣

周公出走后，成王知道是自己无礼的行为把他气走的，因此整天怀着负疚的心情，闷闷不乐，寝食不安。那一年秋天，庄稼还没有收割，忽然间，天上乌云密布，狂风大作，电闪雷鸣。田里的庄稼全部倒伏，一些树木被风刮得拔地而起。人民惶恐不安，以为是天帝来惩罚周国了。成王与宫廷百官穿戴上礼服，来到周公的住处，发现有一只用"金縢"即金质丝带包扎的长匣子。打开一看，内有周公书写的向先王的祷词，他要自己做人质，代武王去死，以使武王的病体痊愈。周公对武王的赤胆忠心，使成王深受感动。成王拿着策书，询问在旁的史官和管家，大家都说："这是真实的事。唉！周公命令我们保守秘密，我们不敢把此事说出来。"

成王看着周公亲自写的策书，意识到周公对自己的父王一片赤诚，他完全是为了国家的事业，怎么可能来篡夺自己的王位呢？成王越想越觉得对不起叔

父周公，抱着策书哭泣起来。过了一会，成王对大家说："今天的事，没有必要去占卜了。过去周公勤劳地为王家工作，只是我这个年轻人不知道这些事情。今日上天动威，以此来表彰周公的德行。我小子应当亲自去迎接周公回来，这样做，按照我们国家的礼仪也是应该的。"

一场暴风雨的威力

于是，成王走出城郊，准备到楚国去迎接周公。这时，大雨已停止，风也按相反的方向刮去，被风吹倒的庄稼又都重新挺立起来。太公和召公命令把被风刮倒的大树重新扶起来，用土加固。经过这一场风雨，成王和周公重归于好。到秋后，庄稼取得了前所未有的丰收。

周公奔楚，暂避成王，本是一种策略。一场暴风雨，吹醒了成王的头脑，使他幡然悔悟，痛知前非。上天动威，责备成王，表彰周公，为这场家庭之间的恩怨抹上了神奇的色彩。

○四○

东征平叛

纣子武庚,周公兄弟管叔、蔡叔,还有一些东夷国家,趁武王去世、成王政权不稳之时发动叛乱。周公力挽狂澜,率军东征

经过暴风雨的洗刷,成王揭开金縢匣,看到周公高尚的情操和赤诚的心灵,便亲自迎接周公回到宫廷,双方的误会消除了。太公和召公看到成王的转变,也十分高兴。

各方叛乱势力的结合

这时,分封于东方的管叔和蔡叔以及纣子武庚禄父,还有东夷的奄和蒲姑等大国,正酝酿着叛乱。管叔本来想通过流言蜚语,造成周室宫廷的矛盾,迫使周公下台。现在,听说成王与周公不但疑虑消失,而且增强了团结,这使管叔的妒嫉之火烧得更旺。便想

难以识别的《尔雅》

西周成书的《尔雅》,保存了中国古代早期丰富的生物学知识,创立了我国古代最早的动植物分类系统。《尔雅》成书较早,文字古朴,因此很难辨认。

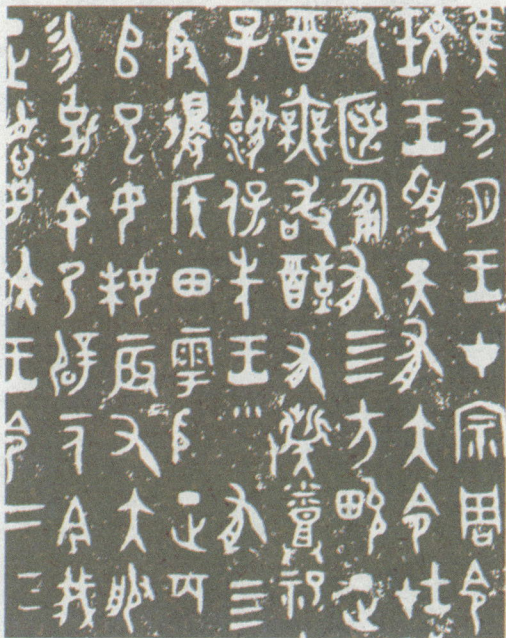

联合兄弟蔡叔、霍叔,勾结纣子禄父,还有东夷各国,一起发动叛乱,把以周公为首的政权搞垮,然后组织自己的王朝。东夷的奄和蒲姑国君看到周朝内部发生了分裂,认为时机已到,也来煽动禄父说:"武王已经死了,今王年纪尚小,周公又被人怀疑,世道将要大乱。请趁此乱世,立刻举事,恢复殷政。"于是,管叔集团与武庚、东夷集团联成一气,形成了强大的叛乱声势。

发布文告,采取断然措施

面对叛乱的汹汹声势,周公主张采取断然措施,组织军队东征,镇压叛乱势力。出发前,周公向各诸侯国发布文告说:"啊!不好了!上帝把大祸降给我们国家了,灾祸在继续发展。我的处境有面临深渊的危险。我用文王遗留给我们的大宝龟进行占卜,得到卜辞说:'西方要有很大的灾难。'于是这些阴谋叛乱的人就更加蠢蠢欲动。殷商的余孽竟然说:'我们要恢复统治。'现在他们发动叛乱了,有的地方还响应他们的叛乱。但是邪不压正,只要有十个人当我的助手,我就可以平定叛乱,完成文王、武王力图达到的功业。我现在要发动平叛战争的做法好不好呢?占卜的结果告诉我是吉利的。我是文王的儿子,我不敢废弃上帝的命令。上天嘉奖文王,使我们这个小小的周国兴盛起来。现在我又通过占卜,了解到上帝的这番用意。唉!上天的这种明确意见,人们应该敬畏,还是帮助我把我们的统治基础大大地加强吧!上帝是要灭掉殷国的。譬如种庄稼的农民,总要把田亩中的杂草完全除掉。我怎敢不像农民那样,除恶务尽呢?因此我要率领你们诸侯国君东征。上帝的命令是不会有差错的,占卜清楚地说明了这一点。"周公的这篇诰

词，态度坚决，思想深沉，措词有力。后来人们作了整理，题为"大诰"，收在《尚书》中。

击管蔡，擒武庚

文诰发布后，东征军浩浩荡荡地出发了。他们沿着黄河以南的大道向东进军。这时，管叔和蔡叔的联军结集于管地，即今河南郑州。他们准备向西攻占洛邑，即今河南洛阳。洛邑是中原的战略重镇，武王曾准备在此营建城市，作为周朝的东都。管蔡联军若能占领洛邑，即可号令天下。周公率领的东征军知道管蔡的这一图谋，就以迅雷不及掩耳之势在洛邑郊外击溃管蔡联军。管叔见叛军土崩瓦解，知道已无希望，就自缢身亡。蔡叔被东征军擒获，囚禁起来。霍叔因为是胁从，没有出动军队，故处罚较轻，仅免去诸侯职位，降为庶人。

阴间的面具：西周缀玉面罩（左页图）
虢季墓出土的这件缀玉面罩，用14枚形状相同的口、鼻、耳、目、眉、印堂、胡须状玉器，22枚三角与梯形状玉器，环列面成圆形状玉器制成，构思独特，耐人寻味。这种缀玉面罩又称"冥目"或"面巾"，所有玉片还要缀于帛、绢等上面，覆盖于死者的面部。当然这组缀玉面罩出土时所附的纺织品已腐烂得不见踪影，但其遗留下的玉片仍透出一尊伟丈夫的容颜。面部周围的玉片呈放射状，使我们想到的是太阳，男性的阳刚之美在这件面罩上体现得淋漓尽致。这种孔武的面部造型与虢国的历史、虢人的秉性也相吻合。

▶历史文化百科

〔史密簋记征伐叛乱〕

1986年陕西安康县村民在挖地时出土一件西周青铜器史密簋，内底部有铭文93字。该簋铭文记载：西周中期的某年十一月，南淮夷的卢、虎等国纠会杞夷、舟夷，侵伐东部各国。周王命师俗、史密东征，围攻长必，取得大胜，俘获百人。

南淮夷在西周中期发动的大叛乱和周王派兵征伐的事实为历史文献所未载，这无疑是西周史的研究提供了十分珍贵的新资料。

歼灭了管蔡的叛乱势力，东征军即渡河北上。原来，纣子武庚与管叔相约，管叔攻占洛邑，武庚在河北起事，双方遥相呼应。现在，武庚看到管蔡叛军覆没，周公追军已到，便不战自溃。武庚心慌意乱，仓惶弃城北逃。不久，便为东征军所截获，以反叛罪被处死。周公率军东征的第一阶段很快取得了胜利。

平南方，伐东夷，剿灭残余

攻克殷都、处死武庚后，周公原来打算继续东进，征伐发动叛乱的东夷大国商奄。辛甲建议说："商奄等东夷大国实力较强，难攻，不如先伐众小，然后再击大。这样，易于成功。"周公采纳了辛甲的建议，便调转矛头，向南征伐，先平定南方的叛乱。东征军先后在南方攻伐了虎方、贯、楚、录（六）等国，控制了今淮河上游、长江中游和汉水流域等广大地区。召公也参加了这次征伐，曾率师打到江汉一带。

平定了南方地区的叛乱，东征军全力以赴向叛乱的顽固堡垒东夷国家进剿。周军攻伐东夷分为两路：一路从攻淮夷入手，由南向北进击；一路从原殷畿地区出发，直接由西向东进逼。东夷的奄和蒲姑两国，是武庚叛乱的积极策划者和支持者。奄在今山东曲阜，蒲姑在博兴、淄博一带。东征军攻入奄国，杀其国君，毁其宫室，称为"践奄"；又攻灭蒲姑，将其国君迁移流放到远方。在攻伐东夷的过程中，东征军沿着今胶济铁路的方向，一直横扫到海边。周军还作过短期的北征，到达今河北省北部和辽宁省境内，以剿灭殷人叛乱的残余势力。在今山西临汾、翼城县一带，还有一个响应管蔡、武庚叛乱的唐国，周公东征军也将其攻灭。

从周公摄政的二年初到四年夏，历时约两年半，周公率领的东征军经过平管蔡和克殷、伐虎方和平淮夷、践奄和灭蒲姑、北征和灭唐等几个大战役，终于把东方的叛乱势力全部平定。周人取得了比武王伐纣时更大的胜利。

周公 　和亲 　《诗经·豳风·鸱鸮》

成王 　善思 　《史记·鲁周公世家》

唐叔

人物　关键词　故事来源

○四一

《鸱鸮》诗寄意

在东征路上，周公惦记着小侄成王。他写了一首诗派人从前线送去。成王为诗中情意感动，对周公更加敬重。

东征路上写诗送成王

周公率师东征之初，心里仍惦记着小侄成王。自己要去攻打的是成王的另几个叔叔，即管叔、蔡叔和霍叔，不知成王对这举动有什么想法？会不会因为周公攻击本家叔叔而产生反感？会不会认为这是一场兄弟间争权夺利的互相残杀而有对立情绪？因此，周公在东征的路上攻打管蔡和武庚之前，写了一首诗，题名"鸱（音吃）鸮（音消）"，派人从前线送到成王那里。

为大鸟的崇高精神所感动

鸱鸮是一种形似猫头鹰的恶鸟。全诗用一只大鸟的口吻，痛斥鸱鸮的罪恶行径，抒发保护稚子的良苦用心。这是以大鸟比自己，鸱鸮比武庚禄父，稚子喻成王。诗中写道：

"鸱鸮，鸱鸮！你既已夺取了我的儿子，就不要再毁坏我的住室。给他以恩情啊，辛勤地照料呀，这个稚子实在可怜啊！趁着天气还没有阴雨，剥取那些桑树的根皮，好好结扎窗子和门户。如今你们下面的人，有的还敢来把我欺侮！我的手爪已经有困难了，我要摘些做窝的白茅，我要积蓄些垫窝的草，我的嘴头终于累坏了，因为我还没有把室家弄好！我的羽毛枯焦焦，我的尾巴缩消消，我的住室险翘翘，风吹雨打正在飘摇，我的声音啊惨啸啸！"

此诗描写一只大鸟在与鸱鸮作斗争，它为了防御外来的侵害，保护自己的小鸟，在不辞辛劳、不避艰苦地修筑窝巢。成王一看这首诗，知道那只大鸟是周公自喻，鸱鸮指殷人敌对势力，住室和窝指周朝国家，而那个大鸟保护的对象稚子就是指他成王。成王为诗中这只大鸟的崇高精神所感动，他对周公更加钦佩和敬重了。

祥物和文章的赠答

当时，成王的弟弟唐叔得到了一束"嘉禾"，即两根苗底部长于两处，上头结为一穗。这种嘉禾是很少见的，大家以为是吉祥的征兆。唐叔把这嘉禾献给他的哥哥成王，成王看了《鸱鸮》之诗，仰慕周公的功德，便命唐叔把这嘉禾送给正在东征途上的周公，并作《馈禾》一文，表示对周公为国操劳的敬意。周公收到这奇异的好像是上天赐予的"嘉禾"，十分高兴，又作《嘉禾》一文，以答谢天子的美意。

经过《鸱鸮》诗的寄意和《馈禾》、《嘉禾》等文章的赠答，周公和成王这叔侄两人的感情更加融洽，他们的心贴得更近了。

周公作诗赠王图
周公惦记小侄成王，作诗寄赠，情深意切。

为诗贴王图

前930年左右

公元前930年左右

世界大事记 以色列在所罗门统治末期，北方已经兴起以耶罗波安为首的分裂运动。

《诗经·豳风·东山》
《诗经·豳风·破斧》

别情　幽默
士兵

人物　关键词　故事来源

○四二

士兵的心声

历时将近三年的东征，由于条件的限制，士兵们未和家人通过书信。现在要凯旋了，请看他们吟唱的诗歌。

征战三年，编诗吟唱

周公东征平叛，历时将近三年。许多士兵随军行进，跋山涉水，南征北战，不知道经过了多少艰难险阻，他们顽强地战胜敌人，为国家立下汗马功劳。三年时间过去了，由于通讯设备的限制，他们未和家人通过书信。现在，他们要凯旋了，他们的心情怎么样呢？他们在想些什么呢？一个士兵编了一首诗歌吟唱起来，这首歌唱出了大家的心声。歌中唱道：

思念家乡和亲人

"我随军开往东山，好久好久不归。我从东方归来，天空中细雨蒙蒙。我在东面说归，我的心早已西向而悲。整理好她给我做的衣裳，我已不再需要衔枚而行军。一弓一弓地爬着的蠋虫，久呆在田野的桑树上；一堆堆蜷着身子独宿的士兵，已久睡在兵车之下。家乡会攀附的栝楼的果实，也许已经蔓延到屋檐下；墙根的地鳖虫会爬进住室，长脚的小蜘蛛会在门上结网。田地被野兽践踏成了鹿场，可有萤火虫在夜里流动发光？这些景象并不可怕，只是家中的她令人怀念！"

"我随军开往东山，好久好久不归。我从东方归来，天空中细雨蒙蒙。长脚的白鹳鸣叫在小土堆，家中的妻子正在住室中高兴地叹息：'洒扫这拱形的房屋，我家的出征人快要到来！'那一簇簇的瓜已经老苦，久久在木架上蔓延。自从我远征在外不能与你见面，到如今已经有了三年！家乡的黄莺在那里飞翔，它的羽毛鲜明发亮。想起了这个女子的出嫁来归，伴随她的有黄色和杂色的马。她母亲为她结好了佩巾头帕，还举行了十来种嫁女的礼节。她做新媳妇时十分美好，过了多年的旧媳妇又会怎样呢？"

这是一首脍炙人口的诗歌。诗中的"东山"泛指东面的山区。读了这首诗歌，这位士兵家乡的景色历历在目，他思念家乡的心情十分真切，这位士兵的形象呼之欲出，好像就在我们眼前。三千年前已经有了这样的艺术精品，实在是难能可贵。后来，人们把这诗歌题名为"东山"，收在古代诗歌总集《诗经》中。

回顾辛劳，庆幸生还

还有一位经过三年东征的士兵，在胜利归来的路上也作了一首诗歌进行咏唱。他回顾东征的辛劳，赞美戡乱的成就，庆幸自己和同伴们的生还，诗歌也别有一种情趣。这位士兵唱道：

"既砍破了我们的圆孔斧，又打缺了我们的方孔斧。周公发动的这次东征，使四方的叛国都惊慌失措。可怜我们这些人啊，还算都结实强壮！既砍破了我们的圆孔斧，又打缺了我们的双刃锜。周公发动的这次东征，使四方的叛国都变得顺服。可怜我们这些人啊，还算是很大的福分！既砍破了我们的圆孔斧，又打缺了我们的三锋矛。周公发动的这次东征，使四方的叛国都已安定。可怜我们这些人啊，还算是很大的幸运！"

反映士兵心声的艺术珍品

诗歌用许多兵器的砍破、打缺，来说明士兵在战场上的辛苦战斗和艰险命运；用三段递进的形式，表现周公东征的影响和作用的扩展；最后表达士兵归来的思想感情，真切而又坦诚。这首诗歌，后来题名"破斧"，也编入《诗经》中。一首首周公东征时下层军官和士兵吟唱的诗歌，成为历史真实的形象记录。

〇四三

封建亲戚

东征攻灭了几十个国家，占领了东方大片土地。为巩固在那里的统治，周王室出现一个大封亲戚去当诸侯国君的热潮。

巩固中央政权的重大决策

周公东征平定了管蔡、武庚以及四方各国的叛乱，攻灭了几十个国家，取得了大片土地和众多的人民，周朝的疆域又大大扩展了。如何在这些土地上站住脚跟，使那里的人民顺服于周朝的统治，仍然是摆在面前的严重问题。周公想出了一个自以为妥善的办法，就是把王室可靠的同姓亲戚，分封到那里去建立侯国，作为周朝中央政权的藩屏。于是，在周公东征后，出现了一个大封亲戚为诸侯国君的高潮。

周公长子建立鲁国

首先得到封侯的是周公的长子伯禽，被分封在商奄之地，就是现在山东曲阜一带，建立鲁国。商奄本是东夷的大国，策动参与武庚的叛乱。周公攻灭奄国，杀其君，毁其宫室，对该国族人进行了严厉的打击和镇压，历史上称为"践奄"，即踏平奄国。即使是这样，那里的形势仍很严峻，故派最得力的长子去统治该国。伯禽就封时，分到了很多贵重的器物，有金饰的大车、上画蛟龙的大旗、夏朝的珍器玉璜、封父国产的良弓繁弱等。除了商奄之民外，又迁来殷民的六个宗族，有条氏、徐氏、萧氏、索氏、长勺氏、尾勺氏等，包括其贵族和奴隶，一起归鲁统治。同时分封给伯禽的还有土田耕地以及附着于田地上的农奴，负责祭祀典礼、记录史事、天文历法的祝、宗、卜、史以及其他行政百官，各

矢令方彝

西周初期青铜器，相传是1929年出土于河南洛阳邙山岭上的马坡。彝形为方体，盖呈两面坡屋顶状，其上每个边棱有扉棱，钮帽亦呈两面坡状。盖面有饕餮纹和凤鸟纹。彝腹及颈、足亦皆有8道扉棱，颈雕4组虎头双身龙，腹饰大饕餮纹，足饰凤鸟纹。有铭文187字，记述周初的大臣明公在成周举行祭祀并受命"尹三事四方"的经过。明公对此次式典中尽职尽责的属下矢令、亢师分别赐以物品，并委任新职。矢令得到赏赐特铸方彝来颂扬明公。此方彝为极重要的青铜器珍宝。

> ▷历史文化百科◁
>
> **〔礼仪制度的形成和完善〕**
>
> 在西周社会里，由于与周王亲疏关系的不同和官吏职位的高低，形成了许多等级。为维系这种等级关系的和谐，周代制订了许多礼节和仪式。这些礼仪包括加冠、婚姻、丧葬、祭祀、相见、宴请、朝聘、衣服、车马、宫室等。谁触犯了这些礼仪制度，就要受到谴责和处罚。
>
> 西周礼仪制度是在殷礼的基础上更加完善而成，它在中国历史上起过非常重要的作用。

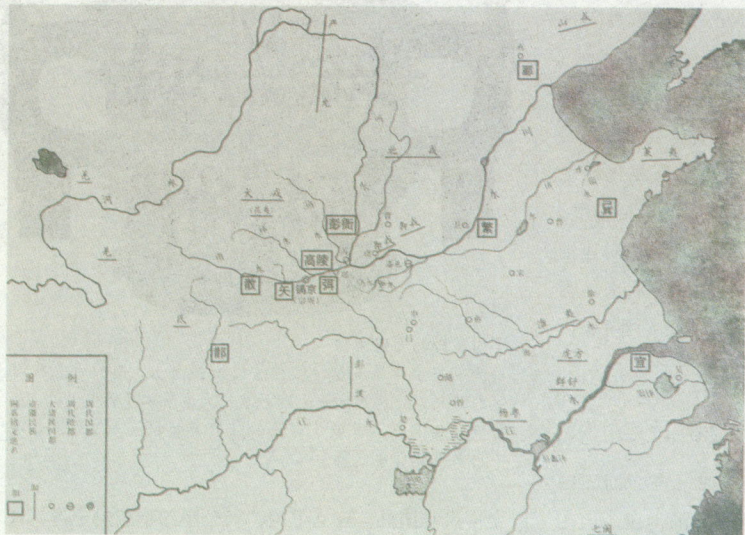

西周形势图略

种典籍、服饰、礼器等。统治这样民众复杂的国家，要有严格的法律、正确的政策，还要用道德进行感化。周公自然要千叮咛、万嘱咐。

小弟康叔统治殷民

其次得到封侯的是周公的小弟康叔，被分封在殷墟朝歌，即今河南淇县一带，建立卫国。本来武王克商后，把纣子禄父封在那里，继续对殷民统治，成为一个小侯国。但禄父不思悔改，一有机会就兴风作浪，发动叛乱。所以这里必须由可以信赖的亲戚来统治，才能巩固、安定，周公把这个任务交给了自己信任的小弟。康叔就封时，同样分到金饰的大车，用丝帛做的小白旗、大红旗和用羽毛装饰的旌旗，还有大吕钟等很多贵重器物。分给康叔统治的殷民有七个宗族，他们是陶氏、施氏、繁氏、锜氏、樊氏、饥氏、终葵氏，其地域自武父南到圃田

北，还有东西之界都作了规定。分封时还举行了授土授民的仪式，由其小弟、当周司空官的冉季授土，由其兄、当周司徒官的陶叔即曹叔授民。周公对康叔下达指令：对于殷商之民，在政治上要顺应其风俗习惯，在分配土地时要用周族的划分疆界的办法。周公还特作诰词进行训诫，要求康叔实行德政，慎于刑罚，兢兢业业，永保江山。

成王之弟立足戎狄

成王的弟弟叔虞封于唐，是周公封给亲戚的又一个重要国家。据说先前当武王的妃子邑姜怀孕时，武王梦见天神告诉他："我命你生个儿子，名字叫虞，我给他唐国。"待儿子出生后，见他的手掌上有一个像"虞"字形状的花纹，就取名虞。当时成王尚年幼，与其弟叔虞开玩笑。他削了一片桐叶，当作分封时的信物玉圭，给叔虞说："我用这个分封你。"叔虞把这件事告诉周公。周公便问成王："天子分封叔虞吗？"成王说："我只是与他游戏，闹着玩的。"周公严肃地指出："天子无戏言。天子说话史官就记录，百工就诵读，士大夫就称赞，礼官就促成，乐官就歌颂。"后来，周公诛灭唐国后，还未有合适的分封人选。成王既然要分封叔虞，周公就把叔虞封于唐，于是成王弟就称唐叔虞。

唐叔受封时，也分到了金饰的大车、密须国的大鼓、阙巩国的铠甲，还有姑洗钟等贵重器物。唐叔统治的人民是怀姓的九个宗族。"怀"又作"隗"，是戎狄部落的姓氏，可见唐叔统治的人民多为戎狄

115

部落。唐叔就封时还带了职官"五正",即五种职官之长。因为唐国在今山西临汾、翼城一带,在黄河、汾水之东,与原来夏朝活动的一个中心今山西安邑、夏县一带距离不远,故唐国之地也称"夏墟"。周公命令唐叔,对唐国人民在政治上要随从夏代的生活习惯,而在疆理土地时又要随从戎狄的风俗制度。因为唐叔受封时年龄尚小,周公特作《唐诰》对他告诫和勉励,还派了可靠的官员进行辅佐。后来,唐叔之子燮父徙居至晋水旁,改国号为晋。到春秋时,成为一等强国。

同姓亲戚共封五十三国

周王室亲戚的分封,除了鲁、卫、唐(晋)三国外,还有周公弟叔武封于郕,建立郕国,在今山东宁阳东北,周公弟毛叔郑原封在陕西扶风,东征后迁

西周中期的赢季盂

不可多得的历史实物

西周初期供奉器具簋,陕西省岐山县出土,簋的内底有78字的铭文,记述周武王灭商后在"天室"举行祭祀大典,祭告其父周文王,并取代商王的地位来祭祀天上神帝。此是不可多得的历史实物。

至河南宜阳县,建立毛国;周公小弟季载封于冉,或作聃,建立冉国,在今河南开封附近;周公弟叔振铎封于曹,在今山东定陶西南,建立曹国。此外还有几个弟弟受封:一在今山东成武县东南,建立郜国;一在今河南修武县西,建立雍国;一在今河南济源县西北,建立原国。成王有三个弟弟受封:一在今河南沁阳市西北,建立邘国;一在今河南鲁山县东,建立应国;一在今河北固安县东南之韩寨营,建立韩国。周公有六个儿子受封:一在今河南辉县市西南,建立凡国;一在今河南固始县东北,建立蒋国;一在今河北邢台市附近,建立邢国;一在今山东金乡县,建立茅国;一在今河南延津县北,建立胙国;一在今河南郑州市东北,建立祭国。周公另有一个同姓亲戚召公奭,早在武王克商后封于燕,在今北京市西南,建立燕国。

据说周公东征后,共分封了七十一国,其中,同姓亲戚占了五十三国。周公以为,分封这样多的王室亲戚到新占领的地区建立侯国,政权就会稳固,天下就会太平了。

○四四

太公就国

作为一名功臣，姜太公被分封至山东老家建立齐国。他在那里革除繁琐礼节，经济市场化，使齐国很快富强起来。

姜太公在周室宫廷长期担任太师之职。武王更尊他为师尚父，待他如父亲一般。太公也确实为文王和武王的伐纣事业立下了汗马功劳，理应受到封侯建国的赏赐。可是，太公的老家在东夷，那里长期是殷人统治的势力范围。在武王伐纣取得胜利后，东夷几乎原封未动。该地区的商奄和蒲姑两大国，坚持顽固立场，与新建立的周朝政权为敌，局势十分紧张。在这样的情况下，太公当然无法分封至他的老家建立侯国。周公东征，践奄、灭蒲姑，使这一地区的顽固势力受到极大打击，在这里分封侯国的条件基本成熟了。经过再三考虑和商量，周公决定把东征攻灭的东夷两大国进行分封，商奄封给了自己的长子伯禽，蒲姑则封给了姜太公。

初来乍到的一场封地保卫战

能在自己的家乡封侯建国，太公自然十分高兴。他的封地在营丘，即今山东淄博市东。太公受封后就离开周都往东就国，来到东夷地带。一天，太公住在一个旅馆中。旅馆主人知道太公是就封到营丘去建国的，但见他行动迟缓，不慌不忙，便提醒太公道："我听说时机难得而易失。客人寝食甚安，恐怕不是去就国的吧！"太公一听，知道这里局势未稳，动作还是迅速些好，便连夜穿衣急行，至天明到达目的地。这时，旁边的莱国人正要来伐营丘，想夺取这块土地。太公赶忙组织力量，予以反击，保卫了自己的国家。营丘这里本来称为齐国，太公青年时期还曾在齐国做过赘婿，他对齐国的一草一

姜太公形象

执书问史图

> ### 历史文化百科
>
> **〔西周青铜货币——铸贝〕**
>
> 陕西扶风县近年发现一枚铜贝，长1.5厘米，宽1.2厘米，重2.9克，表面呈翠绿色，形状颇似经过磨制的海贝，是西周时期的货币之一。
>
> 过去出土的西周贝币多是海贝，青铜铸贝还是第一次发现，因而十分珍贵。它证明西周政府为了弥补货币的不足，促进商业的发展而采取铸造贝币的措施。

木都是熟悉的。因此，太公在此建立国家，仍沿袭旧名不改，以表示亲切。

实行市场经济，国家富裕昌盛

　　早年当过流浪汉的太公，对于治理国家自有一套办法。在建置官吏方面，他适应当地的习俗，不搞繁琐的礼仪，比较简便，省去了很多不必要的费用。太公看到营丘土地贫瘠，大多为盐碱地，庄稼生长不好，农业上没有多大优势，就鼓励人民种桑养蚕，搞纺织，女的学习刺绣技巧，制成各式各样的工艺品，到中原市场上去进行交换。他又鼓励人民在海边晒盐，在江湖中捕鱼，依靠鱼盐之利，发家致富。太公在当地农业形势不利的情况下，依靠发展工商业，实行市场经济，使国家逐渐富裕，人民丰衣足食。周围的民众看到齐国经济活跃，百姓富足，纷纷来归，齐国就此富强昌盛起来。

授予一方的征伐之权

　　周公听说太公治理齐国很有起色，经济发展，市场繁荣，人民殷富，军事力量也有增强，就命召公来到齐国，对太公发布命令说："东至大海，西到黄河，南至穆陵，北到无棣，凡五等诸侯、九州方伯，如有不听从王令者，你都可以对他们进行征伐，以辅佐周室的统治。"这里所讲的"穆陵"，即今山东中部的穆陵关；"无棣"，即今山东北部的无棣县。周室命令齐国可以征伐的疆域，比初封的营丘要大得多了。由于太公就国实行灵活的政策，发展工商业，人民勤劳，百姓富足，周朝中央又给予太公以征伐附近地区的权力，因此，齐国发展迅速，很快就成为东方的大国。

姜太公在此　百事无禁忌

大约在唐代，唐玄宗旨令在东西两京和天下各州，分别修建太公庙，姜太公一举成了全国性的神灵。唐玄宗又诏封姜太公为武成王，其庙宇与文宣王孔子文庙相对应称武庙，把姜太公抬到了与孔子平起平坐的地位。直到明代《封神演义》问世，更把姜太公神化为法力无边的驱邪神。旧时民间年画多以姜太公入画，人们把姜太公像当驱邪降福的吉祥图，贴在家中墙壁上，以预示驱灾镇邪，迎来喜庆吉祥，姜太公就成了人们家宅一年四季的守护神。图为各地年画中的姜太公形象。

周公
微子启

谨慎
仁爱

《尚书·微子之命》
《史记·宋微子世家》

人物　关键词　故事来源

〇四五

微子封宋

纣的长兄微子，深明大义、忠厚仁爱，周公封他到今河南商丘一带建立宋国，继续统治一部分殷民

郑重考虑，严格挑选

武王伐纣取得胜利后，封纣子禄父为侯继续管理殷民。因为对禄父的品质未作深入了解，以致人选不当，造成武王死后大范围的叛乱。周公花了近三年的时间，才把叛乱全部平息，这是一个沉痛的教训。东征结束后，周公鉴于殷民的反复无常，便采取了分而治之的办法。他把一部分殷民迁到鲁，即今山东曲阜一带，由其长子伯禽治理；另一部分留在原地，分封其小弟康叔治理，建立卫国；再把其余殷民迁到商的旧都，即今河南商丘一带，分封纣的长兄微子启为诸侯，建立宋国，以继续对殷先祖的祭祀，使殷族的香火得以不断。

这次分封原殷王室的亲属微子启，继续当统治殷民的诸侯，是经过郑重考虑和严格挑选的。微子启为人忠厚仁爱。在殷纣暴虐无道、为非作歹时，他逃到民间隐藏起来。武王伐纣进入殷都，他主动肉袒膝行，到武王面前请罪。从微子的一贯表现来看，他决不可能做出率领殷民叛乱那样不仁不义的事。再说封微子到商的旧都，土地缩小了，人民减少了，即使发动叛乱，力量

朴素的装饰风格：西周铜方壶（上图）
西周时期，壶是盛酒或水的器皿。这件青铜壶造型端庄雅致，纹饰简洁明快，这是西周铜器常见的装饰风格。青铜装饰由商代的神秘、威严、狞厉，到西周趋于朴素、简易的变化反映出商代敬神思想到周代注重实际应用的变化。

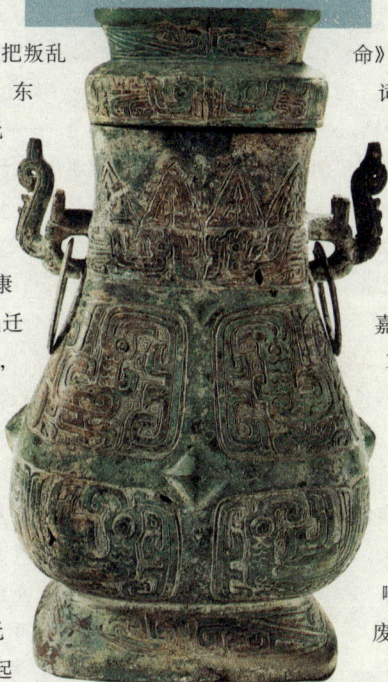

也十分微弱，周朝政权完全可以控制局势，将其制服。

谆谆训戒和开导

在分封微子启至宋就国时，周公以"王"的身份，特作《微子之命》的诰词，对他进行训诫和开导。诰词说："啊！你们的祖先成汤，能德圣达，广施博爱，故皇天保佑，大受天命。成汤抚民以宽，铲除邪虐，功加于时，德垂后裔。你微子能修汤德，久有善誉，昭闻远近。你谨慎能孝，恭敬神人，我嘉奖你的道德，望能淳厚笃实，永志不忘。要循用旧典的教训，不要失其常道，以藩屏王室。要弘大你祖先成汤的德义，用法律约束你的民众，你便会长安其位，以辅佐我一人。你会世世享誉，不辱你的祖先，又可作为万邦效法的榜样。啊，去吧！你惟有实行美政，不要废弃我的命令！"

安分守己，教育殷民

微子以他淳厚的道德，高尚的品行，在殷王室的亲属中被选封为诸侯，当宋国国君，继续治理着一部分殷民，祭祀殷人的祖先，这是非常难得的。微子封为诸侯后，安分守己，教育殷民恪守道德，不做违法乱纪的事。由于微子既贤能又讲仁义，受到殷民的衷心爱戴。作为殷王后代建立的宋国，在周朝又延续了近八百年，一直到战国后期才被齐国攻灭。

〇四六

营建东都

为加强对东方局势的控制，武王早就设想在洛邑营建东都。东征胜利、大封诸侯后，东都建设工程便轰轰烈烈展开了。

早有的设想付诸实施

为巩固东征胜利的成果，除了封建亲戚和功臣在东方建立侯国外，周公要着手进行的另一件大事，就是在东方建立一座都城。周人自不窋窜于戎狄之间，在今甘肃庆阳地区，公刘迁豳，在今陕西彬县一带，公亶父南下至岐山之阳，文王居丰，武王治镐，一直偏处西北。因此很早以来，周人就想向东往殷王朝盘踞的中原发展。东征成功，在东方占领了大片领土，王朝的都城仍僻在西隅，显然已不能适应新形势的需要。于是，营建东都的事便提到议事日程上来。

营建东都，武王早有设想，曾经对周公透露过，并已选好地址。他把伊水、洛水之滨称为"天室"，决定在洛邑营建都城。武王还曾在朝廷设置祭坛，禀告于天。祷词中说："我将建都于国土和天下的中心，从这里来统治民众。"因为要东移国都，故在伐纣胜利后，武王没有把象征王权的九鼎宝器迁移到西部都

西周的瓦当
西周晚期房顶大部分盖瓦，宫室建筑已全部用瓦，同时也出现了瓦当。

城镐京，而是从殷都朝歌迁到了洛邑。可惜他没来得及对洛邑作进一步的建设便与世长辞了。

大兴土木的工程隆重展开

周公东征平叛、大封诸侯之后，为了稳定东方的局势，巩固新占领的大半个江山，营建东都洛邑便成为刻不容缓的事了。于是，一场大兴土木、营造洛邑的工程建设便轰轰烈烈地开展起来。

就在周公摄政五年的二月二十一日乙未那一天，成王一早从镐京赶到丰京，在宗庙祭祀，向祖先报告即将营造东都新邑的事。为了勘察好地形，太保召公先出发东行。他在路上走了十四天，于三月初五戊申日到达洛邑。召公来到洛邑的第一件事就是占卜，得到吉兆后，就开始筹划建筑事宜。初七庚戌对新城的周围轮廓、各项建筑，打桩定位。十一日甲寅，各种定位的标记初步打成。

次日，即三月十二日乙卯，周公也来到洛邑。他对新邑的各个区域视察了一遍。原先打算把新邑的位置定在黄河以北的黎水，但占卜结果不吉。改定在涧水以东、瀍水以西的地方，占卜而得到了吉兆。再占卜瀍水以东的地区，也是吉兆。于是，周公派遣使者将所定新邑的地图以及所得的卜兆，献给成王。十四日丁巳，周公杀了两头牛作牺牲，在洛邑郊外祭告于天。次日戊午，又杀了一头牛、一只羊、一头猪，在新邑立社祭告土神。到二十一日甲子，周公择定这一个良辰吉日，一早就召集众殷民，并通知各级诸侯首领，发布书面的营建洛邑总动员令。殷民怎敢怠慢，全力以赴地投入紧张的建城劳动。营建洛邑的工程在五年三月下旬正式全面展开。

前918年 公元前918年

世界大事记 埃及法老沙桑克进攻巴勒斯坦，劫掠耶路撒冷圣殿，许多城市被破坏。

武王
周公
召公
成王

《逸周书·作雒解》
《尚书·召诰》

谨慎 谋略

人物 关键词 故事来源

宋马和之的《豳风图》
南宋画家马和之擅长画人物、佛像、山水。他的人物画受吴道子、李公麟影响而又有所变化，能独创一格。他的"诗经图"系列是中国绘画史上的代表作。

之一。宫城南面是外朝，有较大的广场，供举行各种重要国事典礼之用。宫城的东南面有祖宗之庙，西南面有社稷之坛，祭祀土神和谷神。新都的商业区位于宫城的北面，称为"市"。与商业区毗邻的还有仓廪区，是储藏粮食和其他物资的地方。除上述区域外，其他地方都是居民的住宅区。城外郭内的建筑和居民，没有城内那样稠密。不过，在郭内的南边筑有圆坛，是周王和贵族郊祭的场所。

新都的命名和规模

为了使新都有一个响亮、吉利的称呼，周公在新都刚开始建设时就命名为"成周"，意思是要成就周朝的功业。与此同时，原有的旧都镐京被命名为"宗周"，以与新都成周相呼应。这样，周朝初年就有西、东两个都城。

成周新城位于涧水东、瀍水西，城呈方形，每边长一千六百二十丈，合九里。这是按照都城的规范设计的。城外的郭比城大得多，每边长二十七里。城垣高七丈，底部宽也是七丈，上部稍有收缩。四角高出二丈，为九丈，以利于防卫和瞭望。大城四面各开三门，共有十二座城门。全城的道路采用经纬制，即棋盘式的道路网，共有九经九纬。

大城中心是宫城，为周王和公卿高官处理朝政和生活就寝的场所，占地面积方三里，占城的九分

历时三年建成的又一个中心

东都建造的规模非常讲究，工程十分浩大，不是一年半载能够完成的。据历史记载，从周公摄政五年三月动工，直到七年周公还政成王时，工程才告一段落，大约用了近三年的时间。

东都成周与宗周镐京一样，都是周王朝政治、经济、军事和文化的中心。这里设有中央政权的最高官署，周王经常到成周巡视。成周更担负着为周王朝向四方诸侯和被征服的部族收取贡赋的任务。四方诸侯和民众经常到成周集会、进贡和交流物资，而周朝政府也就在这里发布政令和进行礼仪活动。

〇四七

迁殷顽民

殷贵族中仇视周政权的顽民，周公把他们分散迁移，改造他们成为遵守法制、勤恳劳动的新人。

分散迁徙，监督改造

周公镇压了以武庚为首的殷民叛乱之后，为了不使殷民聚集在一起，形成强大势力，再度发生叛乱，故对殷民采取了分散的办法。一部分留在当地，交康叔建立的卫国监督管理；一部分迁至东方鲁国，交周公子伯禽监督治理；还有一部分迁至东南方宋国，由原殷王室亲属中较贤良的微子启进行管理。至于殷民中的旧臣大族、贵族官吏等对周政权怀有敌意的人，则把他们迁到洛邑，置于东都成周的中央政权控制之下。

迁殷顽民至东都成周，曾经进行过多次。周公摄政二年，东征军击溃管、蔡，基本上平定了武庚叛乱之后，周公就把俘虏到的参与叛乱的殷上层贵族迁送到成周的九毕之地。原来在叛乱之前，殷畿分为三块：殷都以北今河南汤阴县一带称"邶"，殷都以南今河南卫辉一带称"鄘"，殷都附近今河南淇县一带称"卫"。这次迁徙，主要将邶、鄘两地的贵族迁往洛邑，而卫地的贵族则仍留原地，交由康叔处理。

发布诰令，动迁殷民入新都

周公摄政四年五月，东征取得全面胜利，周公从东方的奄回到宗周镐京，以周王的身份向四方曾经发动叛乱的国族发布诰令，其对象主要是殷人。诰令警告殷贵族和四方敢于叛乱的诸侯："你们屡次背叛作乱，你们轻视和抛弃天命。我只有经常地教育和告诫你们，讨伐和囚禁你们。你们不能劝勉和信从我周朝的天命，你们也就不能享受你们的权位，你们的百姓也就不能安居乐业。你们只是放荡，只是乖戾，大大地远离王命，妄图以身试探上天的威力，我就要把上天的惩罚置于你们身上，迁徙你们离开故土到远处

去。"周公的这篇诰词，后来经过整理，题名为"多方"，收入《尚书》中。在发布这篇文告的同时，又有一批顽固的殷民被迁入洛邑地区。

五年三月，周公从镐京来到洛邑，又以周王的身份发布文告，对迁徙到洛邑的商旧贵族进行训诫，他说："殷国众多的士民，这次叛乱是你们无法无天，我没有进攻你们，而你们在自己的都邑首先发难。我考虑上天已经给殷降下大祸，故不再将你们治罪正法，只是把你们向西迁徙。我现在向你们申述这样的命令：我要在这洛邑

遽伯彝

西周初期青铜器，1972年甘肃灵台出土。彝为鬲形带盖，三袋足，彝盖边和颈部各雕刻一周兽面纹装饰带，流饰蕉叶云纹，彝上饰一牛首，腹部饰曲折双弦纹。盖内铭文为"遽伯作宝尊彝"，彝内铭为"遽伯作"。遽伯是受命统治异族的首领，康王时受封，曾参与重大战役，颇受周王的优厚待遇。与彝同时出土的还有"遽伯壶"，工艺十分精湛。

建造一座大城，作为四方诸侯的朝贡之处，也作为你们服务王事、奔走效劳的场所，你们要顺从地臣服于我。你们现在仍有你们的土地，可以安心地从事劳作和休息。你们如能恭敬从命，上天会怜悯你们；如不恭敬从命，你们不但会失去你们的土地，还将受到上天对你们严厉的惩罚。"上述诰词后来经过整理，题名为"多士"，也收入《尚书》中。在周公发布此文告的同时，又有一批殷民被迁入洛邑，参加东都的营建工作。

西周铜制刀具

在西周遗址中，出现过青铜铸成的镈和农具耜，但数量极少。蕲春毛家嘴西周早期遗址中发现一件青铜耜，作凹字形，河南洛阳下瑶村出土了西周早期的镈。青铜工具中最多的是刀，图为张家坡西周早期遗址的铜刀。

> **历史文化百科**
>
> **〔西周的"公田""私田"如何划分？〕**
>
> 在西周时代的各种文献中，存在着"公田"和"私田"。它们各指什么？是如何划分的？
>
> 一部分学者认为，公田是贵族的大田，农民必须到公田上耕种，为贵族服劳役；私田是授给农民的份地，农民靠私田的收成养活自己。
>
> 但另一部分学者认为，公田是周王或诸侯经营的土地，私田则是公卿百官的土地。公田和私田都掌握在贵族统治者手中。

改造工作大见成效

最后一批殷旧贵族迁入洛邑，是在周公摄政七年。这时成周各区的建设已初具规模，为充实新都居民，进一步安定和控制曾参加叛乱的殷旧贵族，又将他们中的一部分从殷旧都迁来。经过多次遣送，殷故都朝歌中的殷旧贵族几乎被迁徙一空。有的书上记载，周公曾经"虚殷国"，即把殷国都变成一片废墟。此话虽有些夸张，但周公为消除殷贵族的动乱势力，有计划地迁徙殷民，确实做了大量的工作。

根据周公制订的政策，殷贵族迁入洛邑后，要分配给他们一定的居住房屋和耕种田地，同时向他们收取赋税和征调他们服一定的劳役，改造他们成为周王室的佃户。周公在《多方》这篇诰词中，对迁徙到洛邑的殷贵族说："今天你们还居住着你们的房屋，耕种着你们的田地。每当有大大小小的力役、赋税，对你们多所征发。你们都能遵守法度，如期完成。"称赞殷贵族努力耕田和完成赋役的举动。对于殷贵族中的顺从者和贤能者，周公并把他们选拔到周朝的政权机构，任以官职。周公在东征后发出的戒酒令《酒诰》中，把"殷献臣侯甸男卫"、"献臣百宗工"和周的近臣大官放在一起训诫，说明大量的殷贵族，周初仍在作侯国之君，或继续担任着各种官职，成为周统治阶级的一个重要组成部分。

共同创造的东都文明

近年的考古资料表明，周公当年营建东都成周，瀍水以西主要是周贵族和民众的居住地，瀍水以东主要是殷贵族和遗民的居住地。双方互相交流、吸收、渗透、影响，加快了东都的建设，共同创造了周朝东都的文明。

伯禽定鲁

周公长子伯禽被封在今山东曲阜一带建立鲁国，周围的夷人、戎人又发动叛乱。伯禽亲率鲁国人民，奋勇回击。

不负父望，治国有方

为控制东征后新占领的东部地区，周公把长子伯禽封在原东夷大国商奄的土地上，建立鲁国，统治原商奄之民和从殷都迁来的殷民，担负稳定东部地区局势、充当周朝政权藩屏的任务。伯禽就封时，周公语重心长地告诫他说："我是文王的儿子、武王的弟弟、今王的叔父，我在天下也算是不轻不贱的人。然而我洗一次头要三次握着湿头发出来，吃一顿饭要三次吐掉嘴中的食物，以接待贤士的来访。即使这样，我还怕失掉天下的贤人。你到鲁国去，千万不可因为自己是国君而骄傲待人。"伯禽临行时又问周公："请问如何治鲁？采用什么方法有效？"周公回答说："务在利民而不要以利民者自居。"伯禽牢记周公的教导，来到鲁国后努力发展生产，教育人民遵守礼仪规范，寻访天下贤士，把鲁国治理得井井有条。

回击淮夷、徐戎的侵扰

可是，在伯禽建立鲁国的初期，东方局势仍然不稳。虽然周公东征践奄、迁蒲姑，攻灭了东夷最大的两个国家，但还有许多少数民族的夷人、戎人，怀着狭隘的民族偏见，对新建立的周朝政权怀有敌意，特别是把周朝在东方建立的诸侯国视为眼中钉、肉中刺，千方百计想把它搞垮。有一年，鲁国南部的淮夷、徐戎两个少数民族集团，同时发生叛乱。他们把攻击的矛头直指新建的鲁国。伯禽亲自率领鲁国人民进行回击。

费邑发表的誓师讲话

伯禽令全体人民都拿起武器，保卫自己的家园。在集合的广场上，鲁公伯禽发表了誓师讲话。他说：

"不要喧哗了，听我发布命令！现在，淮夷、徐戎一起兴兵作乱，我们要前往讨伐了。缝好你们的甲衣和头盔，系好你们的盾牌，准备好你们的弓箭，锻冶好你们的戈矛，磨砺好你们的战刀，看谁不好好干！"

接着，伯禽宣布了征伐中的纪律："如有马牛因放牧而走失，或有奴隶逃跑，你们不要离开队伍去追逐。凡能得到走失的牛马和逃跑的奴隶，恭敬地送还原主人，我要给予赏赐。假如离开队伍去追赶牛马和奴隶，得到了又不归还，就要受到惩罚。凡是强取豪夺、翻越墙垣、盗窃马牛、拐骗奴隶的，都要受到应得的惩罚。"

最后，伯禽强调眼前要做到的事。他说："甲戌这天，我们要出发征伐徐戎了。准备好你们的干粮，谁敢不按时到达，便要受到严厉的惩罚。鲁国三郊三遂的人，都要准备好建筑防御工事的工具。谁敢不好好供给，只有杀掉你们。鲁国三郊三遂的人，还要准备好喂牛马的草料，谁敢不多多地供给，也要处以严刑。"因为这次发表誓师讲话的地点在费，即今山

124

西周初年青铜酒器：鸭形盉（上图及左页图）

商代青铜礼器造型多凝重而神秘，极少写实性的容器，到了西周初年，青铜礼器的造型虽有些变化，但主要还是继承商代之遗风，保留着庄重诡秘之气。而这件鸭形盉在造型上则完全以写实的形态出现，是西周初年青铜酒器中少有的器形。

东费县附近，故后人整理这篇讲话，题名为"费誓"，收入《尚书》中。

出色完成藩屏周室的任务

鲁国军队在伯禽的率领下，奋勇击退淮夷徐戎的来犯，平定了少数民族的叛乱，保卫了鲁国的安全。伯禽分封到鲁国后，牢记周公的教育和嘱托，出色地完成了担负周室藩屏的任务，在政治上、军事上都作出卓越的贡献。

〇四九

周召二公不和

召公是周王室同姓亲戚，与周公同为朝廷"三公"。周公摄政，引起召公的妒忌和怀疑。经过周公的坦诚相告，召公终于感悟。

召公的妒嫉和怀疑

召公名奭，是周王室的同姓亲戚，因他开始封的采邑在周畿内的召地，故称召公。召公历来担任太保之官，与太公、周公同为"三公"，是周王室的最高官职。周武王灭纣后，召公被封于北燕，建立燕国。召公命

展示召公卓著政绩的克盉

西周初期著名青铜器克盉，1986年于北京房山琉璃河出土。盉为小口，长颈，鼓腹，四足圆柱状，管状流上饰三角云雷纹。半环形盖钮上饰兽面纹，盖面和盉颈均饰云雷对鸟纹。盖内和盉口内壁有相同铭文各43字，记述周王封燕的史实，周王称召公为太保，又说"令克侯于燕"。召公是西周历史上极其显赫的人物之一，《诗经·大雅·召旻》赞颂说："昔先王受命，有如召公，日辟国百里。"《诗经·大雅·江汉》又说："文武受命，召公维翰。"《史记》称召公主管西周半壁江山，政绩卓著。武王伐纣后，封召公为燕侯，又任太保，位居三公。克盉铭文是研究周初历史和燕国史的珍贵史料。

自己的长子到燕国去当国君，而本人则留在王室继续任太保，辅佐武王。

周公东征、平定东方的叛乱后，太公被封于齐，往东就国去担任齐国国君，昔日朝廷的三公就剩下周公和召公两人。周公因成王年幼稚弱，主动为成王摄政，代理行使国王的职权，经常以"王"的身份发布文告和命令，引起了召公的妒嫉和怀疑。营建东都告一段落，周公和召公间的隔阂越来越深。于是，成王决定，周公和召公分别处理东西两边的事务：自陕以西，由召公主持管理；自陕以东，由周公主持管理。所谓"陕"，即今河南西部的陕县。召公长期留守宗周，周公长期留守成周。

开诚布公的诰词

矛盾似乎表面上得到解决，但一个国家两位最重要的辅佐，长期处于互相猜忌的状态，对于国家总是有害的。因此，周公旦主动给召公写了诰词，开诚布公，谈了自己的想法，以求得召公的谅解。周公首先谈了殷命的丧失和周命的来之不易。他说："啊！由于做了许多不好的事情，天便降下丧亡大祸于殷，殷已经丧失了上天

所赐予的大命。我们周国已经得到了这个大命，但我不敢说，我们的事业能永远沿着美好的前程发展下去。啊！你曾经说我能够担负起治理周国的重任，但我却不敢安于天命，不常常去考虑上天的威罚。现在我小子旦不能做别人的表率，只能以前人的光荣传统，来开导我们幼小的国王。大命是难于长久的，我们只有努力发扬文王的道德，上天才不会舍弃文王所受的大命。"

历史的经验值得注意

接着，周公谈了商朝时贤士辅佐商王而使商的国祚延长的历史经验，他说："啊！我听说过去成汤既已接受上天的大命，便有个伊尹辅佐成汤。在太甲时有个保衡，太戊时又有伊陟和臣扈，还有巫咸帮助殷王治理国家。祖乙时有个巫贤，武丁时有个甘盘。正因为有这些老成人帮助治理殷国，才使殷朝的统治经历许多年代。而殷国的后代继承人如

从不和到合作

周公、召公与太公同为三公，是周王室的最高官职，周王的辅佐重臣。召公始封地在召地，故称召公，名奭。周公为成王摄政，引起召公不悦，彼此产生隔阂。周公便对召公畅开心腹，坦诚表白，明确表示倚重召公，又广泛征引史事，说明辅臣的重要作用，希望召公同心同德辅佐成王，完成文王的大业，做到海隅日出的地方，都莫不顺从。史官记录了这番话，名叫《君奭》，图为《钦定书经图说》中《君奭》插图4幅。

纣，却蔑视上天的威严而招致灭亡。现在你能永远记住这个历史教训，我们就能有牢固的天命，以明智的措施治理我们这个新建的国家了。"

然后，周公又谈了文王、武王时辅佐的贤明，他说："啊！过去为什么上天一再劝勉文王的品德，把治理天下的大命放在他身上？这是因为只有像文王这样有道德的人才能把中国治理好，同时也因为文王有虢叔、闳夭、散宜生、泰颠、南宫括这些贤臣。如果没有这些贤臣奔走效劳，努力地宣扬教化，文王的美德便不能传播给国

透出灵气的太保方鼎

内人民。到武王时，这四人仍保持他们的禄位。后来武王奉天命征伐殷国，他们又都辅助武王努力杀敌，使武王成就大业。现在我小子旦好像前面有条大河，我和你先去涉渡。年幼的国王虽在位而幼稚无知，我们能够不担起自己的责任吗？努力去做犹恐不及，如果我们这些年长有德的人不能和睦团结，那我就不会听到凤凰的叫声，更何况知晓天命！"

心迹和愿望的表白

周公对召公的诰词，越说越激动。最后，周公向召公表白自己的心迹和愿望，他说："啊，你现在应该看到这一点：我们从上天那里接受大命，虽然无限美好，但也有很大的艰难。希望你的心怀要宽阔，我不是为了后代子孙而迷恋禄位。啊，告诉你，我是非常相信你太保的。希望你能敬重地和我相处，看到殷国丧亡的大祸，长久思念着上天的威罚。我如果不是一片诚心，能够说这些话吗？我想问：'除了我们二人，还有谁和你的品德相合？'你定会说：'正是有我们二人在，上天才降下许多美好的事情。'啊！我们二人性情笃厚，合力辅佐国王，才使我们的事业达到今天这样美好的境地，才使四海之内，凡太阳所能照到的地方，无不恭敬顺服。爽，我很不贤惠，说了这么许多话，因为我在忧虑天命和民心的不易保持，往后必须以恭敬的态度来治理国家。"

重归和好的千古佳话

这一篇诰词，心胸开阔，情意恳切，表现了一个以国家民族利益为重的人的高尚品德。召公看了这篇诰词，为周公的献身精神所感动，消除了对周公的疑虑，并产生了尊敬和钦佩之情。周公这篇诰词，经后人整理，题名为"君爽"，收入《尚书》中。周公和召公由猜疑不和到真诚合作，是历史上千古传颂的佳话。

封藏的应国：平顶山应国墓地二号墓出土情况

应国是在河南平顶山一带的古老封国。据文献记载，商代已经有应国，西周灭商后，周武王封其弟于应。平顶山应国墓地的发现为揭示神秘的应国提供了宝贵的资料。

透出灵气的太保方鼎（左页图）

太保方鼎是西周早期的文物，直口立耳、浅腹细足，造型十分奇特。它的足比通常的鼎要长出一倍，真是于粗壮中又显示出几分苗条来，工匠的聪明才智得到了充分的发挥。在鼎的中部还有轮状装饰，一反鼎器凝重的风格，透出掩饰不住的灵气。在它的耳朵上还有曲折的伏龙一对，四角处还有"T"字形花纹突出，内壁铸有"太保铸"三字，可谓精巧之至。此鼎现收藏于天津艺术博物馆。

129

中国大事记

曾经辅助文王的贤人鬻熊的曾孙熊绎，被封到今湖北西南部建立楚国。

○五○

三诲康叔

康叔在周公十兄弟中数老九，被封在卫国，年龄小而任务重。周公三次发出诰书，谆谆告诫，表现兄长对幼弟的关爱。

兄长对幼弟的关爱

康叔名封，在周公的十个兄弟中数老九。他被分封为卫国国君时，政治上还不成熟，却要担负起统治数量相当多的殷遗民的任务。因此，周公总是不放心，生怕出什么纰漏，造成不可弥补的损失。周公曾三次发出诰书，对康叔谆谆告诫要防止哪些偏差和不良的后果。作为一个兄长，对幼弟如此关心备至，确实难能可贵！

谆谆告诫如何治国

刚分封康叔建立卫国的时候，周公就作了一篇关于如何治国的诰词对康叔封进行训诫，他说："诸侯之长、我的弟弟、年幼的封啊！由于你英明的父亲文王崇尚德教而谨慎地使用刑罚，不敢欺侮那些无依无靠的人，任用贤能者、尊敬有德者、镇压叛乱者，使庶民懂得道理，才缔造了我们小小的周国，并且影响日益扩大。这种勤奋的德行传到上帝那里，上帝给予赞扬，就命文王灭殷，代殷接受大命统治其国其民。你的亲兄武王更加勤勉，才使你年幼的封能在东土当诸侯。到殷故土，你要广泛寻求殷的贤人、君子、长者，问他们殷的所以兴起和所以灭亡的原因，而最重要的一条就是要爱护民众，这样你就可以治理好殷民。唉，年幼的封啊！治理国家就好像医治自身的疾病一样，要谨慎小心啊！到那里一定要尽你所有的力量，不要贪图安逸享受，只有这样，才能安定民众。对于刑罚，一定要小心，要严明。根据殷商的刑法判罪时，一定要采用正确的原则，确定罪人应得的刑罚。去吧，封啊！要努力完成你的任务，经常听取我给你的教导。只有把民众治理好，我们的国家才能安康，你也才能世世代代保持对殷民的统治。"这第一篇诰词，后来题名为"康诰"。

好酒贪杯，易生祸患

当时统治者酗酒现象比较普遍，殷商统治者就是因为沉湎于酒色、不问朝政而被推翻的。为防止年幼的康叔酗酒误国，周公又作了第二篇诰词。他以王的身份向康叔劝勉说："封啊！你尊敬的父亲文王曾经告诫诸侯国君及其官吏们：'不许经常饮酒。只有在祭祀时

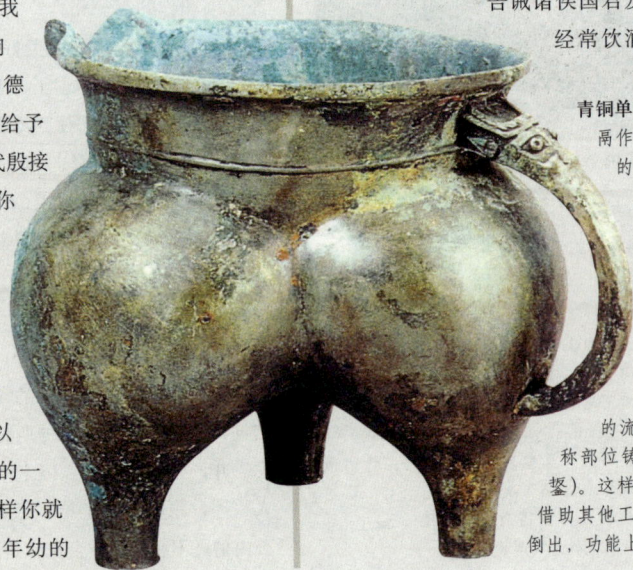

青铜单耳有流鬲

鬲作为炊器一般是没有流的(流即外注口)，而且商周时期的青铜鬲大多饰有狰狞的兽面纹。这件青铜鬲于山西省曲沃县曲村晋国墓地出土，却有着与众不同的造型，在宽宽的口沿部位做出了短而粗壮的流，并与之相应地在对称部位铸出了结实的把手(即鋬)。这样在烹煮完毕后，无需借助其他工具便可把羹粥类食品倒出，功能上较为进步。

世界大事记

意大利进入铁器时代，畜牧业、农业发展迅速，一些家族已比较富裕。

谨慎

康叔　仁爱

周公　民本

《尚书·康诰》《尚书·酒诰》《尚书·梓材》

人物　关键词　故事来源

用来过滤酒液的腹孔罐

陕西省扶风县刘家村出土的腹孔罐，是西周时期文物。陶质材料，腹体中部有一圆孔，用来过滤酒液。

才可用酒。'过去我们的诸侯和官吏遵照文王的教导，不好酒贪杯，所以能代替殷商接受天的大命。封啊！我听到这种说法：从前殷商圣明的国王都敬畏上帝，官吏各尽其职，没有人沉湎于酒。然而殷商的后继国王沉醉在饮酒作乐之中，纵欲无度。臣民也放肆地饮酒，那酒肉的腥味冲到天上，被上帝闻到了，所以把亡国的大祸降给殷。封啊！你要训戒殷的老臣、诸侯、各级官吏与你本人，都要采取严厉的措施强行戒酒。倘若有人报告：'有一群人在一起饮酒。'你不要放纵他们，而要把他们尽行拘捕，押送到我这里来，我要把他们杀掉。封啊！你要经常听取我的教训，不要使你所统治的臣民沉湎于酒。"这第二篇诰词，后来题名为"酒诰"。

推行德政，永保万民

第二诰发出后，周公仍觉放心不下，于是再发第三诰。周公说："封啊！对我的教令，要由公卿巨室下达到他的臣民，由诸侯国君下达到他的部下。

你要告诉他们：'我不会杀掉无罪的人。'对于曾经为非作歹或杀掉奴隶的人要宽恕，对于曾经刺探国君情报或迫害过人的人也要宽恕。不要互相残杀、互相虐待。自古以来，国王就是要求好好地养活小民，安定小民。按照这种经验统治小民，就没有犯上作乱的事。好比种田，既然辛勤地耕垦土地并播下种子，就应当考虑修治疆界和田间水渠；好比建造房屋，既然辛勤地筑起四周的墙壁，就应当用茅草盖好屋顶，涂补好屋顶上的漏洞；好比用上等木材制作家具，既然辛勤地砍削和加工，就应当涂上好颜料，以求美观。从前我们的国王推行德政，贤臣主动来辅佐，诸侯主动来称臣纳贡，兄弟之国也表示臣服，这都是推行德政所致。要想使我们的统治保持万年，王的子子孙孙就应当永远保护广大民众。"周公对康叔的这第三篇诰词，后来题名为"梓材"，意思是"梓人"即木匠如何处理材料，它的含义是很深刻的。

在周公一而再、再而三的苦心教诲下，年轻的康叔封没有染上酗酒的恶习，勤勉地治理着卫国。因此，东方的局势稳定，秩序良好，自周公东征平叛后再也没有出现波折，卫国真正起着周朝东方卫士的作用。

> ### ▷历史文化百科◁

〔西周早期的两个都城〕

丰、镐是西周早期的两个都城。丰京是周文王营建的，在今陕西长安沣河以西，镐京是周武王营建的，在沣河以东的昆明池北岸。

20世纪三四十年代，考古工作者就在沣河两岸作过调查。1949年以后不断在此进行调查与发掘，先后发现居址、墓地、窖穴、铜器、陶器、骨器作坊，以及丰富的遗物，为研究西周历史提供了极重要的资料。

蔡仲改过

蔡叔参加叛乱，被流放不久便得病去世。其子蔡仲幡然醒悟，变得善良而有道德。周公把他举为卿士，并复封于蔡。

对叛乱三兄弟不同的惩罚措施

周公对于参加叛乱的三兄弟采取不同的惩罚措施，主要是为了教育本人及其后代。管叔是叛乱的主要策划者，为了自己的权欲，他不惜勾结和煽动敌对势力，挑起内战，想把新生的周朝政权搞垮，实属罪大恶极，因此一定要对他处以死刑。蔡叔出动了军队，助长了管叔的势力和气焰，造成的后果也是严重的，但他不同于管叔，只是胁从者，因此，周公没有处死蔡叔，只是对他处以流放。周公把蔡叔流放到一个叫郭凌的地方，还给了他七辆车和随从人员七十人，以示照顾。霍叔对这次叛乱活动表示了支持，但他没有出兵，所以周公对他的处理更加宽大，仅把他免为庶人，三年不能录用。三年之后，霍叔表现良好，就继续封为霍侯。

蔡叔儿子渐明大义

蔡叔被流放到郭凌，心中十分忧闷，又因对当地自然环境和生活条件都不习惯，不久便得病去世。蔡叔的儿子名胡，自小也受父亲的影响。但在蔡叔死后，他逐渐认识到父亲行为的不对，因此幡然悔悟，变得善良而有道德。周公听说蔡胡品性善良，明白事理，就在朝廷中把他举为卿士，作为自己的助手，让他在办事中增长才干，进一步磨练他的意志和品德。这件事表明，周公对蔡叔的后代没有偏见，而是用满腔热情给以扶持。

复封蔡国，特作诰词劝勉

后来，周公见蔡胡确实摒弃了他父亲性邪僻、易叛乱的恶习，完全成了另外一个人，就把蔡胡的情况报告给成王，建议继封蔡胡为诸侯，以供奉蔡叔的祭祀。经过成王同意，蔡胡复封建立蔡国，都城仍在今河南上蔡县。因为蔡胡是继承其父第二次在蔡立国，

仲义父罍

西周晚期青铜器仲义父罍，1890年出土于陕西扶风法门寺任村。此罍的造型和纹饰都非常新鲜，小口，沿下有4个环钮，盖身饰横鳞纹，细高颈、斜肩、肥腹，有假圈足。肩饰变形夔纹，卷龙状双耳，肩与腹之间有一周横鳞纹，腹部通体鳞纹。铭文是"仲义父乍旅罍，其万年子子孙孙永宝用"。造型庄重大方，纹饰简洁清新。在名目繁多的商周青铜器中，罍是一种很罕见的器物，只是在西周晚期昙花一现，传世文物总共有三件铜罍。

所以称其号为"蔡仲"。当蔡胡就封之时，周公代表成王特作《蔡仲之命》的诰词进行劝勉。诰词说："年轻的胡啊！你循祖之德，改父之行，能慎其道，我现在命你为诸侯于东土，就到你的封国去吧，要恭敬从事啊！你当亲自行善，勤工作无懈怠，以垂法于子孙。你应当遵循你祖父文王的常训，不要像你父亲那样违背王命！做出你的政绩，和睦你的四邻，以藩屏王室。使小民安居乐业，要遵循大中之道。详细审辨你的视听，不要以旁边人的邪巧之言而改变常法。啊！年轻的胡，你去吧，不要荒弃我的命令！"

仁至义尽的一再教育

蔡仲改过之后，复封于蔡国，周公一再叮咛，作

诰教育，因而蔡仲在蔡国勤勉行政，没有反复。其他如霍叔、康叔、冉季载等，周公不但把他们举为官吏，封为诸侯，如康叔为司寇，冉季为司空，而且都能谆谆教育，使其去掉恶习，改行善政。周公对于他的几个弟弟，真可以说是仁至义尽了！

蔡仲受重用

蔡仲，名胡，蔡叔的儿子。武王逝世，成王年幼，周公摄政。周公的弟弟管叔、蔡叔乘机勾结致对势力，发动叛乱。周公东征，杀了管叔，囚禁蔡叔，至死不赦。蔡叔死后，成王命蔡叔的儿子蔡仲为蔡国之君，周公代替成王用策书告诫他要遵循祖父文王的常训，不要像父亲蔡叔那样违背天命，劝勉蔡仲施行德政，遵守中道。

蔡仲图

○五二

制礼作乐

为稳定社会秩序，周公经过大量阅读、访问和思考，主持制订礼仪规范，创作音乐歌舞，使人民和睦，颂声四起。

周公东征平叛后，在分封诸侯和营建东都的同时，还进行了一项具有深远历史意义的工作，就是制订全社会都要遵守的礼仪规范，创作歌颂周族历史、振奋和鼓舞人心的音乐舞蹈。这就是历史上著名的"制礼作乐"。

阅读典籍，访问贤士

制订礼仪规范，是一件很不容易的事。过去所谓的礼，是指祭祀的礼品、器具和仪式。商代的"殷礼"，就大多是供奉天神、祈求赐福的祭祀，其他方面很少有礼的规定。周公要把礼仪扩大到社会生活的各个方面，使政治、经济、生产、待人接物等活动都按照礼的规定办事。为了这个目的，周公一方面大量阅读文化典籍，希望从历史经验中找到借鉴；一方面，访问许多贤士、下层人民，请他们出主意、想办法。有的书上记载：周公在制订礼仪时，"朝读书百篇，夕见七十士。"他早上读很多书，晚上接见大批人，可知他是十分辛苦的。据说周公接见的平民贤士中，拜之为师的有十人，以朋友相称的有十二人，到穷巷茅屋中访问的有四十九人，时时向周公进善言的有百人，周公请教的贤士有千人，在宫中朝见周公的有万人。周公不但读书勤奋，求教诚恳，而且勤于用脑，勇于探索。倘若考虑无所得，他仰天而思，夜以继日；倘若考虑有了收获，他兴奋不已，坐到天亮。为了制订礼仪规范，周公就是这样废寝忘食。

促进社会文明的礼仪规范

经过大量的阅读、访问和思考，周公制订了相当多的礼仪规范，当时称为"周礼"。比如，君主和贵族官吏如何对待人民，周礼规定应该宣传道德，以教化为主，要"明德慎罚"；同时，对人民要多施恩惠，赋税的收取要尽量减轻，叫做"施取其厚，敛从其薄"。对天子分封诸侯，周礼规定分封的等级、土地面积，诸侯对天子的朝贡义务和贡物的轻重。每年春耕时节，周礼规定要举行

栩栩如生的青铜舞人

在陕西出土的青铜舞人身着曲领右衽宽袖长衫，下摆拂地，发型梳成左右内卷、中间耸立的"山"形，格外引人注目。舞者专注的眼神与生动的表情，让人浮想联翩。

前901年 公元前901年

世界大事记 希腊多利安人约于此时建立斯巴达城。

《左传·文公十八年》
《礼记·乐记》

周公 谋略 贤士 善思

人物 关键词 故事来源

宜侯矢簋

西周初期著名青铜器宜侯矢簋，1954年在江苏丹徒烟墩山出土。四耳，高圈足，腹部饰圆涡纹，圈足饰菱纹，腹内壁有126字的铭文，记述周康王封矢为宜侯，赐给器物、土地、宅邑、武器和奴隶，是研究西周历史和分封制度的重要史料。

藉田礼。国王和群臣百官以及庶民都要参加。王用农具在公田中耕一下，接着公三下、卿九下、大夫二十七下，然后庶民把大块公田耕完。这种礼仪表示国王率领臣民进行垦耕，以引起广大官民对农业的重视。对于祭祀天神祖先，周礼规定不同等级的人应用不同的祭品，如诸侯国君用牛，称为"大牢"；大夫用羊，称为"少牢"；士用猪和犬，称为"牺牲"；庶人只能用鱼。在公共场合相见时，周礼规定不同身份的人要手持不同的贽物，叫做相见礼。如诸侯国君持虎豹皮和丝织品，卿持羊羔，大夫持雁，士持雉即野鸡，庶人持鹜即鸭子，工商持鸡。它们各有不同的象征意义。周礼特别反对杀活人祭祀和把人活埋为死人殉葬这种野蛮的不人道的做法，强调"人祭"和"殉葬"是违反礼仪的。

周公制订了这样许多礼仪规范，其目的是要缓和社会矛盾，使社会上各个等级的人都安分守己，循规蹈矩。这样，社会就能文明地、协调地向前发展。

气势磅礴的音乐歌舞

在制订礼仪规范的同时，周公又主持创作音乐歌舞。当时，在周公指导下创作的音乐歌舞主要有两部：一部叫《大武》，歌颂武王伐纣、周朝开国的盛况；一部叫《三象》，歌颂周公东征驱逐商朝在东夷肆虐的象队。这些乐舞的演员一般有六十四人。他们头戴冠冕，手执朱干、玉戚等道具，边舞边唱。《大武》乐舞共有六场，舞蹈时每场歌唱《诗经·周颂》中的一篇。第一场表现武王率军出征，歌唱《武》；第二场颂扬牧野大捷灭商，歌唱《时

历史文化百科

〔西周土地私有化萌芽〕

根据《诗经》"普天之下，莫非王土"的记述，学术界历来认为，西周实行土地王有制。一切土地都由周王进行分封授予，控制在王手中。

近年许多学者根据《格伯簋》等铜器铭文，特别是1975年在陕西岐山县董家村出土的《卫盉》等一批青铜器，认为在西周中期，贵族可以把采邑土地用来赔偿或交换它物，实际上对土地已经有了一定的支配权，此乃私有化的萌芽。

难、胜利的喜悦、成功的豪情和壮阔的胸怀，场面宏伟、气势磅礴，结构紧凑，主题鲜明，有很大的感染力。

自《大武》等音乐歌舞创作成功后，便在社会上长期流传，每逢节日庆典、宾客联欢，都要演出一番。这些音乐歌舞，对周族人民来说，是一种光荣传统教育。

人民和睦，颂声四起

经过孜孜不倦的努力，周公既制订了全社会都要遵守的礼仪规范，又创作了激发热情、鼓舞人心的音乐歌舞，使周初的社会面貌发生了深刻的变化。当时人民和睦，颂声四起，各方面都呈现出欣欣向荣的气象。过了几百年，到春秋时代，孔子还在感叹："郁郁乎文哉！"对周公制作的礼乐表示肯定和赞美。周公制定的礼仪规范，在长期的封建社会中被沿用，创作的音乐歌舞，成为历朝用艺术手段感化人心的借鉴。周公制礼作乐，开创了中国历史的新阶段，使中华民族成为一个讲究文明的礼仪之邦。

有待解开的谜团：南宫乎钟（右页图）
这是一件西周晚期的青铜器，即装饰华丽的甬钟，上有波曲纹、龙纹，铭文与花纹错落有致，显得那样和谐自然。68个字巧妙穿插，互不连贯，却告诉了我们祭祀祖先、祈盼长寿这样一个良好的心愿。我们还可从铭文中知晓，这只是一套编钟中的一件，何时它们家族才能得以团圆，那将是一个有待解开的谜团。

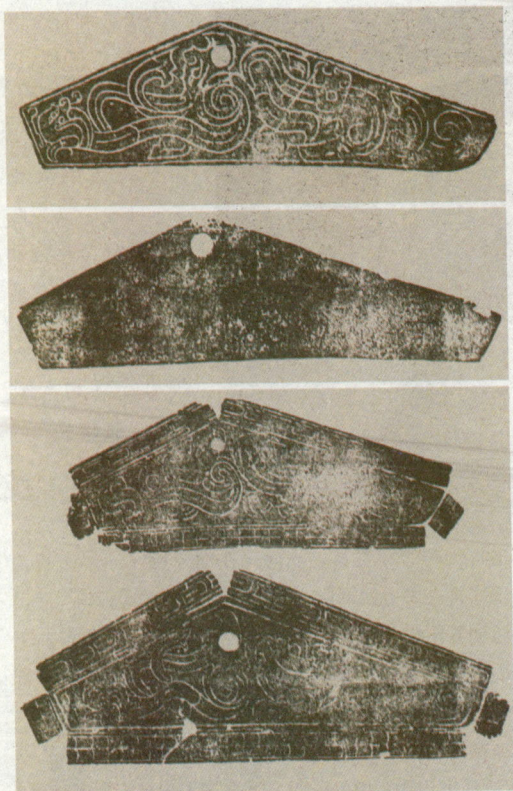

西周石磬拓片
陕西扶风召陈西周居住遗址出土的夔龙纹编磬3件，用青黑色石灰石细磨精雕而成。股、鼓上边平直，形成倨句，其下管钻一个悬孔，股上下两角和鼓上角硬折，而鼓下角微弧，底边平直而中段微凹。磬两面刻阴线交错夔龙纹，股、鼓上面两边刻单行鳞纹，其余三边刻双行鳞纹。扶风云塘出土的西周素磬，形制与召陈石磬相似，发音清越，耳测音高为B5。西周编磬的件数一般多到10件左右，少至5件。

迈》；第三场表现周军渡河向南开拓，歌唱《赉》；第四场颂扬南国人民的平服，歌唱《酌》；第五场表现周、召二公分治东西的成功，歌唱《般》；第六场是这部乐舞的高潮，歌唱《桓》，其主题是安万邦，庆丰年，四方安宁，天下太平。整个乐舞表现创业的艰

> **历史文化百科**
>
> 〔裘卫的四件铜器记载土地交换实况〕
>
> 1975年在陕西岐山董家村发现一个铜器窖藏坑，出土铜器37件，有铭文的30件。其中有一个叫裘卫的人所作的4件铜器内容特别重要。这四器中，除簋铭记周王的赏赐外，其余二鼎一盉都记载裘卫用物品交换土地或通过诉讼割得田地。
>
> 裘卫四器是西周中期穆王、恭王时器物。它证明当时土地转移的频繁，实际上已逐渐私有，对于研究西周社会变革提供了难得的宝贵资料。

有待解开的谜团：南宫乎钟

〇五三

《甘棠》思召公

太保召公一生勤于政事，经常巡行乡邑，体察民情，《甘棠》一诗唱出了人民对召公的崇敬和思念之情。

辅佐成王，恭敬谨慎

太保召公奭和周公一起，共同辅佐年幼的成王。在营建东都成周时，召公也曾发布过一篇很长的诰词，后来称为《召诰》。这篇诰词一方面总结了夏、殷灭亡的历史教训，一方面劝诫年幼的成王，要恭敬谨慎，以身作则。召公说："现在的希望是，王能赶快敬重德行。王啊！只有用道德行事，才能祈求天命的久长。希望王不要和小民一起放纵自己的行为而不遵守法度，也要敢于用刑杀的办法治理小民，这样才能获得成功。"召公和周公同时为辅佐成王付出了辛勤的劳动，他的功绩也是十分显著的。

艰苦朴素、为百姓办事的象征

东都建设初见成效后，由于周召二公感情上有隔阂，成王即命召公治理西土，周公治理东土。召公在西方勤于政事，经常巡行乡邑，体察民情。小吏和百姓有什么冤屈之事，就到召公那里去告状。召公为不打扰人民，时常在野外露宿。有诉讼之事要进行审判，召公就在乡邑边上的一棵棠树下开庭，传唤原告、被告和证人，作出合情合理的裁决。自侯伯至于庶人，各级贵族官吏和平民百姓，有罪者得到惩处，有怨者得到申诉，不冤枉一个好人，也不放过一个坏人。众民看到召公一行人在棠树下审理案件，从不给民众增添一点麻烦，心中油然生起感激和崇敬之情。

召公辛劳一生而去世了，人民把对召公的怀念集中在乡邑边的这棵棠树上。人们看到这棵棠树，就仿佛见到召公风尘仆仆、在棠树下审理案子的情景。这棵棠树，就是召公艰苦朴素、关心人民疾苦、伸张正义、驱除邪恶的象征。

展现召公非凡业绩的召卣

太保召公和周公一道，共同辅佐年幼的周成王，创下非凡的功绩。他是文王朝至康王朝的四朝元老。这件精美的盛酒卣器，是记载召公业绩，彰显其美德的最好实证。

> ▶历史文化百科◀
>
> 〔铭文最长的西周青铜器——毛公鼎〕
>
> 清代道光末年出土于陕西岐山县的西周晚期青铜器毛公鼎，立耳大，形制雄伟，足呈兽足形，铸有铭文499字。其铭文之长为所有已发现的青铜器之冠。
>
> 铭文记述周王对其大臣毛公厝的告诫和册命，希望他献计献策，辅弼周王，督促卿事寮、太史寮诸官，不虐待庶民，搞好与周围各国的关系，并赐给他许多礼器车服。毛公鼎对于研究西周政治经济、社会状况都有重要意义。

前910年

公元前900年左右

世界大事记

非洲出现最古老的诺克文化，诺克是今尼日利亚中部的一个村庄。

召公　法制　民众　善行

《诗经·召南·甘棠》
《史记·燕召公世家》

人物　关键词　故事来源

掌管半壁江山的召公

姬奭是武王的堂弟，因早年采食于召地，故史称召公。他是武王的重要助手，《诗经》里说武王在召公的辅佐下，一天开辟疆域达上百里，后来历经成王、康王，位居三公、太保之要位，与周公平起平坐。故《尚书·君奭序》说："召公为保，周公为师，相成王为左右。"《史记》则说召公和周公在成王时各自掌管着周王朝的半壁江山，是个极其重要而显赫的人物。

人民对廉洁奉公好官吏的思念之情

后来，随着乡村建设的发展，乡邑边上要开大路、修水利、建住房了。有人想占用棠树这块地方，主张把棠树砍掉。这个主张是当地人民不能允许的，因为棠树寄托着人们对召公深深的怀念和尊敬。人们编了一首诗，题名"甘棠"，来进行歌颂，诗中唱道："枝叶茂盛的甘棠树啊，不要去剪削、不要去砍伐，召伯曾在这下面搭棚居住！枝叶茂盛的甘棠树啊，不要去剪削、不要去毁坏，召伯曾在这下面逗留休息！枝叶茂盛的甘棠树啊，不要去剪削、不要去攀折，召伯曾在这下面停马歇车！"诗虽然简单，仅由三个基本相同的段落组成，但一唱三叹，感情是十分深沉的。

《甘棠》诗所表达的是人民对艰苦朴素、廉洁奉公、正直善良的高层官吏的崇敬和思念之情。召公成了古代社会早期的一个"清官"的典型。

太公　周公　伯禽

谋略　善思

《史记·鲁周公世家》《韩诗外传》卷十

人物　关键词　故事来源

前1038年
前1030年

公元前 1038—前 1030 年

中国大事记　周公还政成王后，又作《立政》诰词，告诉成王应如何行政，管理好国家。

○五四

齐鲁霸王

齐国由于举贤任能，实行改革的开明政策，很快强盛起来，成为霸主；鲁国由于任用亲人，讲究礼仪，国力一直较弱，类似儒家的"王道"。两种治国方针，造成两种不同的结果，发人深省。

发人深思的两种治国方针

齐国和鲁国是周公东征后分封在今山东地区的两个国家。齐国的始封者是姜太公，鲁国的始封者是周公的长子伯禽。两位建国者采用不同的方针治理国家，得出了两种完全不同的结果，成为周朝历史上人们常常谈论的发人深思的故事。

任人唯贤和任人以亲

据说，姜太公分封到齐国后，五个月就回到都城向周公报告："建国一切就绪。国内政治稳定，经济状况良好，百姓安居乐业。"周公问："为何能治理得这样快？"太公答："我简化君臣上下的礼节，听从当地原来的习惯。在任用人才方面，我主张尊重贤士，不别亲疏，唯贤是举。所以很快就把国内的事务安排好了。"周公听了太公的述职报告后评论说："不讲礼节，任人唯贤，这是霸者之道啊！"

再说伯禽分封到鲁国后，过了三年才到都城来向周公报告治国的经过。周公问："为何这样迟？"伯禽汇报说："我变易当地的风俗，改革礼仪制度，规定对父母亲丧事的守护要三年才能撤除。对于官吏的任用，我掌握亲亲的原则。高层官吏一定要由同姓的亲属担任，不使大权落入异姓人士之手。经过这样一番细致的礼制建设和亲属的人事安排，所以迟了。"周公听罢伯禽的治国经过后评论说："讲究礼仪，任人以亲为先，这是王者之道啊！"然后又发出感叹："唉！鲁国后世必然弱小，齐国后世必然强大。要知道政事繁琐，百姓不便，人民厌倦；政事平易，百姓称便，民必来归啊！"

关于齐鲁两国治理方针的不同，还有一种传说。在姜太公封于齐、周公子封于鲁后，一次太公和周公相见。太公问周公道："你用什么方法治鲁？"周公说："尊尊亲亲"，也就是尊敬贵族和亲近亲属，高层官吏都由原来的贵族和国君的亲属担任，让贵族和亲属执掌大权。太公听后说："鲁国从此要变得弱小了。"周公问太公："那么你用什么方法治齐呢？"太公说："举贤而上功"，也就是举拔贤能的人担任高官，推崇有功劳的人给予厚禄，不问其原来的地位和与国君关系的亲疏。周公听后说："齐国将来必有大臣劫杀国君的乱事。"

霸主与王道的不同结局

俗话说："见微知著。"明于事理的人往往能从一点小的苗头看到事物的发展趋向。齐鲁两国由于治政方针不同，后来果然得到完全不同的结果。齐国由于举用贤能的人担任高官要职，在国内实施改革，推行开明的政策，因而很快强盛起来，一度成为左右天下局势的霸主；然而由于它用人不问原来地位和亲疏远近，使一些别有用心的人有空子可钻，因而后来出现了田恒劫杀齐简公、姜姓的齐国国君为田氏所取代这样的结局。鲁国由于讲究礼仪规范，国力一直较弱，但它的文化比较发达，崇尚仁义道德，为周边国家所向往，类似儒家所说的"王道"，出现了孔子那样的大思想家；又由于高层官吏都掌握在国君的亲属手中，形成国君和亲属间的争权夺利，出现了鲁桓公的三家后代"三桓"专权驱逐鲁昭公这样的事。齐鲁治政方针的不同引来结局的不同，教训是深刻的，也是发人深省的。

周公　成王

友谊　和亲

《尚书·无逸》《尚书·洛诰》

人物　关键词　故事来源

○五五

叔侄情深

周公摄政七年，成王长到十九岁，周公便把君位还给成王。这一对叔侄，互相爱护和敬重，他们的深厚情谊，千古传颂。

倘若如此，就不是万民所要求的，就不是顺从天意，这样的人就要犯大错。万万不要像殷纣那样迷乱于酒色啊！"

如何对待小民的怨言？

在诰词中，周公还谈到如何对待小民的怨言。他说："从殷的中宗、高宗、祖甲到我们的文王，这四人是圣明的君主。有人告诉他们说：'小人在怨你骂你。'他们会更加恭敬地遵守德行。还会知错认错地说：'这是我的过错。'他们不但不怒，而且十分愿意听到这种话，因为通过这些话可以察知自己的得失。若是听到小人在怨你骂你，不认真考虑，相反，不把法度放在心上，不宽绰自己的胸怀，乱罚无罪的人，妄杀无辜的人，那样便会民心同怨，愤怒聚集在你的身上。"说到最后，周公又恳切地劝勉道："王啊，你可要牢记这些教训啊！"

劝戒成王不要贪图安逸享乐

周公摄政多年，成王渐渐由一个幼稚的孩子成长为英俊的青年。周公怕没有经历过战争年代的成王会不知江山的来之不易，滋长贪图享乐的思想，就作了一篇诰词劝戒成王，题名"无逸"。周公说："唉！在位的君子，不应该贪图安逸，要先知道种田的艰难。看看种田人吧，父母辛劳地种庄稼，儿子却不知种田的艰难，安逸享受，甚至还轻侮他们的父母。"这是一种常见的现象，然而却很有典型意义。周公从这个现象加以引申，讲述了殷朝中宗、高宗、祖甲等君王如何辛勤治政，关怀小民，因而享国长久，天下安定。后来的君王不知小民的劳苦，只图安逸享乐，结果年寿短促，最终丢失大命。周公又列举周族的祖先太王、王季、文王如何辛勤地开创家业，怀保小民，因而有了现在的成功。周公劝勉道："唉！今天的王啊，希望你不要把万民供奉的赋税，浪费在观赏享受和田猎游玩上。而且不要这样讲：'先享乐享乐再说。'

西周玉器和玉饰件

西周也有专门制作玉器、玉饰物的作坊工场。以凤雏、召陈两处大型建筑遗址附近分布的作坊而言，有冶铜、制陶、骨器及玉器作坊遗址，玉器作坊从事玉器制作雕刻，产品有礼仪用的兵器如戈、斧、戚、刀，礼器如璧、圭、璋、琮、环、瑗，饰物有玉鹿、玉虎、黄玉凤、黄玉鹅、白玉蝉、青玉鸟、碧玉兔、青玉雀等等。这些手工业作坊工场，密迩宗庙宫室，又有专业分工，说明西周都邑内部贵族与百工的共生互倚。

相互关心和信任

成王长到十九岁，按照规定，应该给他举行冠礼，即戴上一种特制的帽子，表示已经成人了。成人后即可登位，有了当天子或诸侯的资格。一般人二十岁行冠礼，天子、诸侯的儿子因为职务的重要，提前一岁。那时正是周公摄政七年。一次，周公对成王说："我要把君位还给你，你却谦逊地不敢举行即位大典。现在，我要随太保召公一起去视察东土，你必须要做小民圣明的君主了。"

回想三年前，周公为营建东都，到洛邑勘察地形，派使者向成王献上地图和卜兆。成王让使者传达他的意思对周公说："营建东都是件大好事。你已经勘定了宫室宗庙的基地，图样和卜兆都很好。让我们二人共同承当大事。希望你和我一起敬重上天的赐福，直至亿万年。"从这里看到，周公对成王的关心和尊重以及成王对周公的信任和感激之情，都溢于言表。

周公摄政治天下

武王逝世，成王年幼，周公摄政，代成王治理天下七年。成王年长，周公把政权交给成王，自己归到群臣的行列，勉励成王施行德政，爱护百姓，发扬光大文王、武王开创的业绩。《尚书·洛诰》中记录了周公与成王的对话，从对话中显示了周公谋国的忠心和成王倚重周公的诚意，显示了君臣、叔侄团结无间、亲爱协调的情形。

子其明農圖

亂爲四輔圖

那一年，周公在洛邑，派使者到镐京请成王到新都来。周公说："王啊！希望你和旧都的百官一起前来新邑，使他们同新邑的百官团结友善，努力建立功业，宽厚地对待百姓，使他们富裕起来，你就可以永远地为后人称道了。希望你快来分担政务，我将解除政务去务农，没有时间治理这样多的政事了。我已把治理小民的方法教给了你，只要你努力去做，就能长久地保持国运。"

成王来到新都，向周公讲了一番十分恳挚的话。成王说："公啊！你努力辅佐我这年幼无知的人，你称述前人的大德，要我小子发扬光大文王、武王的事业，遵奉上天的命令，很好地治理四方的小民，并驻于洛邑，厚待宗族，礼遇诸侯。你的大德光辉普照于上下，勤施于四方。你热情地教导我治理小民的道理，这些教训都是金玉良言。公啊！我要回到旧都行即位之礼，你仍然留在新邑。现在四方还没有安定，你的大功还未告成，你还要主持以后的事，统率我百官大臣，努力治理文王武王从上天那里接受来的民众。公啊，你留下吧！我只有不懈怠地学习你治政的本领，而你也要不废弃你应当主持的政务，四方臣民才会受福不尽啊！"

周公听了成王的嘱托，再一次拜手行礼，表示感谢。周公说："你这样笃厚地待我，不是我遇到什么疾病，不能遵从你的意旨，而是我不敢承担这样的大福。我只有极力延长寿命，永久地享受你的德泽。"

情长谊深的动人佳话

周公摄政七年的十二月戊辰这一天，成王在新都成周冬祭武王，当时正值年终。祭祀文王、武王各用一头赤色牛，因为周人崇尚赤色。成王命令史官逸把这事和祝词写在书册上，祝词宣布成王正式即位和周

西周最具代表性的瓷器：原始瓷尊
西周以青铜器而闻名，而传世瓷器则相当罕见。这件出土于安徽的瓷尊，秉承了西周青铜器的形制特征，造型与色彩古朴庄重，别具一格，是西周最具代表性的一件瓷器。

公留守洛邑。在周公代成王行政的七年中，虽然成王曾一度猜疑周公，但很快就醒悟过来。这一对叔侄在治理国家过程中情长谊深的关心和信任，成为周初历史上一段动人的佳话。

> 历史文化百科 <

〔西周精美瓷器放光辉〕

1993年在陕西扶风县黄堆乡古墓区进行发掘时，清理出12座西周晚期墓葬。其中25号墓长7.1米、宽5米、深22米，是该地区发掘的西周墓中最大的一座。

墓中出土10件瓷器，有罍、碗、豆等。经鉴定，这些瓷器烧制火候达1200℃以上，吸水性低于1%。器形大，造型美，釉色晶莹，是前所未有的珍贵文物。

前1040年
前1020年

公元前1040—前1020年

中国大事记

熊绎封楚后，经常跋山涉水，远道来朝见成王。

〇五六

周公求葬

周公临终要求把自己葬于东都，以示不敢离开成王；但成王还是把周公送到毕地，与其父文王葬在一起，以示不敢以周公为臣。

如何选拔和任用人才

成王即位以后，周公为了进一步提醒成王如何管理好国家大事，因此又作一篇诰词，题名"立政"。这篇诰词主要是告诉成王如何选拔人才，分官定职，建立正确的政治方针。诰词首先回顾历史，阐述夏、商、文王、武王在任用人才方面的经验教训。接着，便告诫成王说："唉！年轻人啊，你现在已经正式为王了。从今天开始，我们要按照前人的传统来设立官长：要设立管理政务的'立事'，管理司法的'准人'，管理臣民的'牧夫'。我们应当十分了解这些官员，使他们认真处理各种政务，帮助我们管理臣民，并谨慎地审理各种司法案件。在这些问题上我们不要包办代替，即使一言一语的命令也不要代为发布。我们应该始终如一地发挥这些贤士的作用，以治理好我们的民众。在考虑这些官吏的人选时，应当进行充分的调查研究，确知是贤明的人，才让他们管理政事。从今以后应确立任官的原则，千万不要任用那些贪利的小人，只有用贤德之士，才能真正帮助我们治理好国家。"周公虽然已经不再摄政，但他还是念念不忘自己辅佐的责任，谆谆告诫成王治国的原则和经验。这种以国家民族利益为己任的精神，是十分感动人的。

周公的临终要求

周公的晚年在丰邑度过。丰邑在今陕西西安市西南沣河之西，这里是文王建都的地方，文王死后也安葬在附近。周公晚年的心情是矛盾的，他既依恋着父亲文王，又关怀着由他一手抚育培养起来的侄子成王。当时成王为便于对天下的统治，经常在地处天下之中的新都成周上朝，发布告示，召集诸侯。周公病重眼看即将不久于人世的时候，他经过再三思考，提出了一个要求："我死之后，务必葬我于东都成周，以表示我不敢离开今王。"

成王反复考虑作决定

周公去世之后，成王反复考虑，认为把周公迁到东都来下葬不合适，便决定把周公下葬到丰邑以北、渭水北岸的毕地，和周公的父亲文王葬在一起。成王这样做了之后，向天下宣告："我没有同意周公临终的请求，不把周公下葬到东都成周，是因为我们周朝的大业是文王开创的，周公应该依归于文王。我小子在成周，也不敢以周公为臣啊！"这件事不但很感动人，从中也可以看出，古人对死后葬于何处，也有很大的讲究。

何尊（右页图）及铭文

西周成王时期青铜器何尊，1965年陕西宝鸡贾村出土。尊口圆，体方，以兽面纹和蕉叶纹为饰。尊内底有铭文122字，内容是成王五年对其宗族小子的一次训话，谈到武王灭商和武王成王相继营建成周为国都，以及举行祭祀武王仪典祈福于天的一些情况，可与《尚书·召诰》相参证，是一篇重要的历史文献。

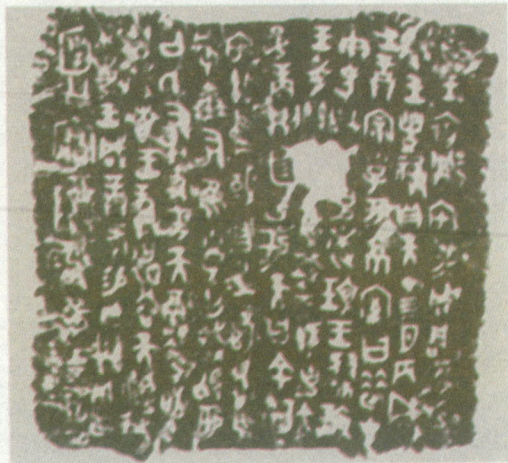

世界大事记

以色列巴沙王朝开始，同犹太人进行战争。

《史记·鲁周公世家》
《尚书·立政》

尊贤
犹豫

周公
成王

人物　关键词　故事来源

何尊

○五七

熊绎封楚

楚族的复杂经历

在西周分封的各诸侯国中，要算楚国的经历最为复杂。楚族的祖先原来是帝颛顼高阳氏的后代，又曾经当过"火正"的官，帝喾给了他一个雅号称"祝融"。颛顼、祝融，都曾活跃于中原地区，即今河南省北部的黄河两岸。楚族祖先还有一个旁支叫"昆吾"，原居许国之地，即今河南许昌市。颛顼、祝融、昆吾这些楚族的祖先，都在今河南北部和中部地区，楚部落原先也必然在那一带活动。

东征胜利后，周公把鬻熊的曾孙熊绎封到荆山南端建立楚国，本意是要利用楚族制服南方的蛮夷，以楚国作为周朝南方的屏障。

夏、商之际，战事频繁。商汤在今河南东部的商丘崛起，他武功很盛，先伐昆吾，再伐夏桀。在许多兄弟部族被商族攻灭的情况下，楚人只得迁徙南下，移居于今河南省西南部的丹江和淅水会合处，当时称为"丹阳"的地区。到商朝末年，楚族首领中有一个叫鬻熊的人，沿着丹江溯水而上，来到周国拜见文王，为文王的兴周灭商事业出谋献策。

然而在楚族统治集团内部意见是不统一的，有的亲周，有的亲商，还有的主张独立。当时后两种势力占了上风，因而在武王去世、商纣之子武庚联合管蔡和东夷发动叛乱之时，楚族也在丹阳地区兴风作浪。楚国的叛乱同样遭到周公东征军的攻伐。周初许多铜

楚人祖先火神祝融（左图及右页图）
中国最早的火神是祝融。据《山海经》载，祝融是炎帝的后裔，炎帝与妻子听诱生了炎居，炎居生了节并，节并生了戏器，戏器则为祝融的父亲。祝融的形象极为奇特，兽身人面，乘着两龙，成为具有超凡神力的火神。历史上有关于火神祝融的种种离奇的传说。《左传·昭公十八年》云："禳火于玄冥、回禄。"注云："回禄，火神。"疏云："楚之先，吴回为祝融，或云回禄即吴回也。"周公代表成王把祝融的后裔熊绎封为楚地诸侯。

> 历史文化百科 <

〔楚国产生的奇特经历〕

在西周分封的诸侯国中，以楚国的经历最为奇特。

楚人的祖先原属中原华夏集团，居于今河南省中部。夏商之际，中原战事频繁，楚人乃迁徙至河南省西南部的丹阳地区。周文王时楚人鬻熊奔周，为周谋划有功。楚人后参与武庚叛乱，受到周公征伐而逃入湖北省西部的荆山一带。鬻熊曾孙熊绎受封建楚，在湖北省西南部的秭归。其后不断扩展，竟成南方大国。

器铭文中，都有关于"伐楚"的记载。由于周军攻势猛烈，楚族无法抵挡，只得沿着丹江、汉水而下，逃入今湖北西部的荆山之中。其时鬻熊的儿子熊丽担任楚族首领，他带领人民在荆山地区披荆斩棘，进行开发。

鬻熊曾孙被封到西南蛮夷地区

周公平定四方叛乱，分封诸侯镇守边疆时，对南方叛乱无常的楚族也特别关注。他经过反复思考，决定代表成王把鬻熊的曾孙、熊丽的孙子熊绎封到荆山西南今湖北秭归县的长江边上。周公在分封熊绎时特意表明：熊绎的曾祖父鬻熊曾归顺于周，为文王的兴周灭商事业贡献过不少计谋。这次封熊绎为诸侯，是为了表彰和奖励鬻熊的功绩。周公之意是暗示熊绎应继承先辈的良好品德，驻守南疆，为周朝的巩固和强大贡献力量。周公定熊绎封国的爵级为"子"，分以方五十里的土地，在那里建立楚国，因此其国君称"楚子"。为纪念楚国原来的居住地俗名丹阳，熊绎把南迁的封国之地仍称"丹阳"。

熊绎果然没有辜负周公的期望，他建立楚国后，经常跋涉山川，远道来朝见成王，并贡献上那里的土特产。史书上说：楚子熊绎与周公之子鲁国国君伯禽、康叔之子卫国国君王孙牟、唐叔之子晋国国君燮父、太公之子齐国国君吕伋一起侍候成王，诸侯与天子之间关系十分和睦融洽。一次，成王在岐山之阳举行诸

火神祝融

侯盟会，熊绎也以楚君的身份参加了这次大会。因为楚君的祖先祝融曾当过"火正"的官，又因楚国在荆蛮地区，那里风俗讲究迷信，时常祭祀鬼神，故成王让他在盟会上设置各种标志，并安排他与东夷国鲜牟一起，守在祭神的燎火之旁。熊绎顺从听命，表现得十分驯良。

楚国的强大和反叛

不过，熊绎对周王室的依顺，是暂时的权宜之计。熊绎后期，就把都城从秭归县东迁了二三百里到今枝江市。原来熊绎初封之地在悬崖峭壁上，形势固然险要，但对生产的发展和国际的交往不利。熊绎把都城迁到今枝江市后，仍按旧的习俗称所处之地为"丹阳"。这里是一片平原，土地肥沃，物产丰富，而且很早以来就有三苗蛮族在这一带活动。楚人迁来后，由于经济发展的先进，自然就成了那里土著蛮族的首领，周围的蛮族都顺服于楚，楚国很快发展壮大起来。

周王室封熊绎至荆山南端建立楚国，本想利用熊绎使楚族顺服，又利用楚族制服南方的蛮夷，把楚国作为周朝在南方的屏障。不料楚国利用优越的自然条件和地理环境，征服周围的蛮夷部落，经过成王、康王二代积蓄力量，到昭王时就开始反叛周朝。至春秋时期，楚国成了南方最大的诸侯，竟然向周室"问鼎"，企图夺取周天子的权力。这是周公当年万万没有想到的。

成王惧

成王深知周朝政权来之不易，故事事处处畏惧谨慎。他与儿子康王在位期间，局势稳定，经济繁荣，成为西周历史上的黄金时代。

如临深渊，如履薄冰

成王从少年时期，就经历过武王伐纣的战争和讨伐纣子武庚联合管蔡、东夷叛乱的征战，深知周朝的政权来之不易。长到十九岁周公还政于他后，事事处处小心翼翼，谨慎畏惧，惟恐天下不宁，天命坠失。

有一次，成王向史官尹佚询问为政之道，说："我要实施怎样的德行，才能向百姓表示亲近？"尹佚对道："要敬重顺从他们。"成王又问："敬重和顺从百姓，要达到怎样的程度才好？"尹佚答："对待百姓，要如临深渊，如履薄冰。"意思是说对待百姓要像面临万丈深渊，又像在薄冰上行走一样的小心谨慎。成王不禁感慨道："做人民的君王不是很惧怕吗？"尹佚开导说："天地之间，四海之内的人，善待他们就能忠心耿耿为我们出力，不善待他们就能成为我们的仇敌。从前夏朝的臣子仇恨桀而愿做汤的臣下，商朝的臣子仇恨纣而愿做周武王的臣下，还有宿沙国的民众自攻其君主归附于神农氏，这是大家熟知的历史事实。做君王难道能不惧怕吗？"成王听了这番道理，处理事情更加慎重，三思而行，不敢对百姓有所苛求。

> **〉历史文化百科**
>
> **〔成康之治：西周时期的太平盛世〕**
>
> 西周初年周公以雄才大略平定东方各族的叛乱，建立东都洛邑作为统治天下的中心，同时制礼作乐，以礼乐文明来教化民众，并对继任君王进行教诲，希望他们明德慎罚，励精图治。因此到成王、康王时期，出现天下安定、繁荣昌盛的大好局面。成康之治与西汉的"文景之治"、唐初的"贞观之治"，同是中国历史上著名的太平盛世时期。

对诸侯国长远将来的考虑

成王对周初分封的众多诸侯，是否能同心戮力保卫周室也表示担心。因此，曾经在岐山之阳举行诸侯的盟会，以加深诸侯之间的了解，增进彼此的友谊，促进互相合作。特别是对东方的齐国和鲁国，更是加倍关注。

成康之治（下图及右页图）

成王逝世后七天，太子钊从太史手中接过成王遗命正式继位，是为康王。周康王享受着上两朝的余泽，维持了国家的安定和强盛。史家认为，康王遵循的是"息民"的政策，以至于在位期间出现了"四夷宾服，海内晏然，囹圄空虚，刑罚不用"的昌盛局面，因而史称成王、康王时期为"成康之治"。下图出自明嘉靖年间王圻父子合编的著名版画书籍《三才图绘》。右图出自孙家鼐等编绘的《钦定书经图说》，清光绪年间印行。

前884年

公元前 884 年

世界大事记 亚述国王吐库尔提·尼努尔塔二世去世，其子阿舒尔西尔帕二世即位。亚述继续领土辽阔，势威力强。

《淮南子·道应训》《尚书·道应训》《尚书·顾命》

成王 谨慎
康王 德政

人物　关键词　故事来源

年四月份，成王感到身体极不舒服。甲子这一天，他洗了头发和脸，穿上礼服，靠坐在玉几上，把太保召公奭、芮伯、彤伯、毕公、卫侯、毛公以及重要的文武大臣一起召来。成王说："唉！我的疾病大大地加剧了，已经到了非常危险的地步。在这临终时刻，我要非常审慎地向你们传达命令。你们要以尊敬的心情去保护我的大儿子姬钊，特别是召公、毕公等大臣，你们要率领诸侯辅佐太子，以友好的态度对待远处和近

父辛爵

西周中期青铜器父辛爵，为饮酒器，相当于后世的酒杯，圆腹，前有倾酒用的流，后有尾，旁有鋬，口上有两柱，下有三个高足，整体饰多种纹样。青铜爵盛行于商和西周，商后期和西周的爵多为凸底，柱离流折较远。

他使齐国的太公和鲁国的周公订立盟约，对他们说："你们做周室的手足，辅佐先王开创的事业。赐给你们土地，用牲口的血涂在嘴上立誓保证，世世代代子子孙孙不要互相侵害。"这个盟约，齐鲁双方各执一份，另一份藏在周室的盟府，由大师之官负责保存。可见成王对各诸侯国的长远将来考虑得何等周全！

成王临终的嘱咐

　　成王从二十岁正式登上王位，到五十岁因病逝世，一共当了三十年的君王。在他临终之时又有一件令他惧怕的事，就是长子姬钊能否胜任国家大事。那

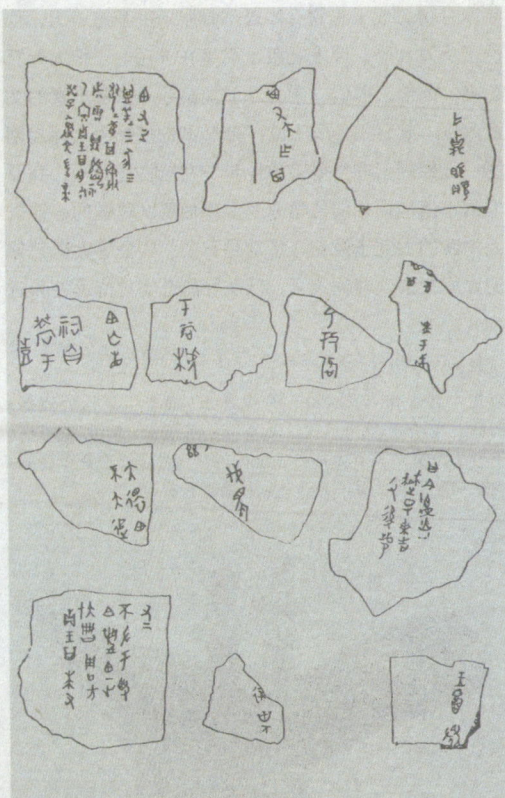

周原卜骨刻辞

凤雏村出土了17000多片卜甲卜骨，刻辞可分卜祭祀、卜告及卜年、卜出入、卜田猎、卜征伐、人名官名地名、月相及记时、与杂卜等类，足见内容之广泛。

处的臣民，劝说众多的大小诸侯，使他们安分守己。不要使嗣王姬钊陷于非礼啊！"当时，他已不能上朝理政，大臣们便把他的礼服放在朝廷上供人瞻拜。第二天乙丑日，成王便逝世了。大臣们根据成王的一生行事，认为他能"安民立政"，成功地继承了文王和武王的大业，因此给了他一个谥号为"成"，称为"成王"。

太子钊的即位典礼

过了七天到癸酉日，举行嗣王的即位典礼。太史拿着册书从宾阶走上，授以成王的遗命，说："继位的王啊，你依着玉几，听我传达先王临终的命令。你现在依照先王遗训，继承王位，统治周邦，要遵循国家大法，平和天下，以发扬文王、武王的光荣传统。"嗣王再拜而起，答道："我这微不足道的小子，将用全部的能力治理好四方，以敬畏天命！"这时，太保召公和毕公都走上前来对新王行大礼，说："敢敬告天子，皇天更改殷之命，而只让我们周国的文王、武王接受大命，这是因为他们能够关怀臣民。刚死去的成王能完全按照先王的成法进行赏罚，从而完成了他的功业，留给后人以美好的家邦。现在你新王要恭敬从事啊！必须整治好军队，在生活上务必节俭，切忌贪婪多欲，以诚恳和守信君临天下，不要坏了我们祖先的大命。"新王答道："诸侯国君们，现在我周王钊通告你们，从前我们的国君文王和武王使礼法大大完备，不务刑罚而使百姓同心协力，因而先王的威信光照天下。皇天根据先王德行，把天下交给我们，并命分封诸侯，树立屏障，以帮助我们后人治理国家。现在你们应该时刻关心王室，不使我这年轻无知的人犯下过错。"

西周史上的黄金时代

群臣听完诰令，行礼而出。新王脱去礼服又回到守丧的住处，穿上丧服，谨慎守丧。这位新王姬钊，就是周初又一位能使人民安居乐业的周康王。由于成王、康王都兢兢业业，勤于治政，故天下局势稳定，和平发展。史书记载："成、康之际，天下安宁，刑罚放置四十余年不用。"人们称颂西周历史上的这段黄金时代为"成康之治"。

周昭王　楚船夫　辛余靡

贪婪　谋略

《竹书纪年》《帝王世纪》

人物　关键词　故事来源

〇五九

昭王南征

昭王时贪欲膨胀，天子与诸侯间出现矛盾。为掠夺财富，令其朝贡，昭王率军南征楚国。结果几乎全军覆没，昭王也溺水身亡。

生活作风不加检点

康王在位二十六年，去世后其子瑕即位，就是周昭王。昭王在位时，道德不如先王那样淳厚，开始对诸侯勒索财物，诸侯也逐渐离心叛逆，天子和诸侯间出现了矛盾。昭王的生活作风又不加检点，他有许多妃子，而对王后态度冷漠。于是，王后也生活放荡，行为不轨。传说昭王娶了个房国之女作王后，称为"房后"。房后在生子前并没有和昭王同房，而是感觉到有一个由尧的儿子变成的丹朱神靠在她身上，便怀孕而生下儿子满，他就是后来的穆王。由这个传说推测，穆王也许不是昭王的儿子，而是房后野合而生。

伐楚掠夺尝到甜头

由于南方的楚国不断壮大，叛乱无常，而周朝在成王、康王时积聚了一些物资和力量，因此昭王很想用武力去征服荆楚，使之归顺，定

祭祀先祖的无曩簋
无曩簋记载了周王征伐南方少数民族的事情，无曩制作此簋以铭记在该征战过程中的功绩，祭祀告慰祖先。

期朝贡。昭王十六年，在经过一番谋划和准备后，周朝出动大军伐楚。在渡汉水时，昭王遇到了一头大水兽，十分惊恐。经过周军的奋力扑击，大水兽逃跑了，总算有惊无险。这一次伐楚，昭王取得了一些胜利，掠夺到不少财富。

再次出征溺水身亡

利欲熏心的昭王尝到伐楚的甜头后，过了三年，又亲率六师，对荆楚发动了更大规模的征伐。周师浩浩荡荡开到汉水边上，适逢天气阴霾昏暗，以致野鸡和兔子都震惊窜突。昭王急于要渡汉水，抓来楚国的船夫，强迫他们出船运送大军。船夫们对昭王的粗暴态度和强盗行径恨之入骨，怎肯为周军出力！他们想出了一个捉弄昭王的办法，用一条以胶粘板合成的船来运送周王。当渡船驶到汉水中流时，因为胶液溶化，船只解体，昭王和祭公还有大量周军人员纷纷落水，一时间一片混乱。幸好昭王的右卫辛余靡臂长力大，会游泳，他竭尽全力把昭王营救到汉水北岸，可惜昭王因溺水时间过长，已经停止呼吸。楚人乘势发起反击，把昭王的六师打得落花流水，几乎全军覆没。这一年，天象也出现了奇异的光环，传说在晚上，天空清朗，有五色光贯穿于紫微星座，似乎在报告昭王不幸遇难的消息。

周王室出现危机

这次周王南征荆楚，被船夫用胶板粘合的船暗害，溺水身亡，丢尽了周王的面子。周王室对这次事件的真相讳莫如深。许多史书记载为："昭王南巡狩不返"或"昭王南征不返"。自此，部分诸侯和周边少数族的势力愈益增大，周王室难以控制，出现了前所未有的危机。

中春之月，令会男女

周代存在着男女自由性交的原始遗风。《周礼》说："中春之月，全会男女，于是时也，奔者不禁。"意思是说在中春之月的男女聚会时，男女可以自由交往，甚至发生性关系也属正常。据说昭王之妻房后与人野合生了穆王，也就是说穆王不是昭王的儿子。上图就是汉画像石中的古人野合图。

▶历史文化百科◀

〔极富史学价值的盂鼎铭文〕

西周初期青铜器盂鼎有两种，学者称大盂鼎和小盂鼎。大盂鼎高102厘米，重153.5公斤，铭文记周康王二十三年赏赐给盂大量礼品和人员的情况。小盂鼎原器已佚，仅流传铭文拓本。铭文记周康王二十五年命盂征伐鬼方，盂得胜回朝，俘获颇多，并受赏赐的情况。

两盂鼎为研究西周初期社会及其与周边关系的重要史料，也是青铜铸造艺术的珍品。

〇六〇

整顿纲纪，任用贤臣

周昭王十九年，或说五十一年，南征溺死于汉水。消息传到京城，上下一片震惊。大臣们立太子满继承王位，他就是历史上富有传奇色彩的周穆王。由于昭王后期生活放荡，不理朝政，穆王即位后便进行了一番整顿。他首先给拯救昭王的有功人员辛余靡一块封地，命为"辛伯"，以表彰他对王的忠诚。然后，任命贤臣的后代君牙为大司徒，请他辅佐君王，教育民众，匡正王的缺失；又任命贤臣伯同为太仆正，负责管理王家的群仆侍御之臣，使他们作风正派，道德高尚，辅佐君王行先王之常法。穆王特作《君牙》和《同命》两篇文章，亲加勉励。经过穆王的一番整顿，朝廷纲纪大振。

逐渐滋长骄傲、贪婪情绪

然而时隔不久，穆王逐渐滋长了骄傲、贪婪的情绪，专暴作风也日渐膨胀。他因为犬戎没有按照君臣之礼定期前来朝贡，就准备发兵前往征伐。当时的卿士祭公谋父劝谏道："不可如此。先王宣扬道德而不炫耀武力。军队只能在必要时出动，动则有威力；炫耀军队视若儿戏，没有镇慑作用。先王对于百姓，务在勉励道德和淳厚性情，丰富其财物而便利其用具，使他们明白利害，知道礼法，从而趋利避害，怀德畏威，故能世世保全而不断壮大。"

穆王得白狼

为征服西北地区的犬戎，穆王不听贤臣祭公的劝阻，出动大军进讨，结果一无所获，只猎得几条白狼，而其威信丧失殆尽。

用历史的教训进行开导

祭公又以历史的教训对穆王进行开导，他说："从前我们的先王在虞夏时代，世袭任后稷的官，管理农事。夏末因局势动荡，我先王不窋失其官职自窜于戎狄之间。他不敢懈怠其业，时时修德，朝夕勤劳，诚实守信，不辱前人。这样一直到武王，继承前辈的光荣传统，祭神保民，莫不欣喜。当时商王纣暴虐，为民所憎恶。众民欣戴武王，因而牧野一战成功。故先王不炫耀武力，无时不考虑照顾百姓并除其害。"

应该如何对待诸侯和边境少数族，祭公又以先王的常法来劝导穆王，他阐述道："先王之制：畿内称甸服，畿外称侯服，侯外称宾服，蛮夷称要服，戎狄称荒服。甸服应祭，侯服应祀，宾服应献，要服应贡，荒服应王，即来朝见王。有不祭则明意，有不祀则传言，有不献则明法，有不贡则述职，有不王则修德。

庄重而又不失艺术造型的伯𣄼壶（上图）
西周穆王时期青铜器——伯𣄼壶，1975年出土于陕西扶风庄白村。𣄼曾奉穆王之命率兵讨伐入侵之敌淮夷，胜利回师，受到周王赏赐，故铸造青铜器来纪念。伯𣄼壶共2件，一件圆直口，下腹垂鼓，椭方形圈足，两耳如象鼻上卷，颈下饰长尾鸟纹，耳刻粗方纹，腹底铭刻"伯𣄼作饮壶"5字。另一件侈口，垂腹，象鼻状双耳，颈饰长鸟纹和兽头，腹底铭刻"伯𣄼作旅彝"。同样器物，一个叫饮壶，一个称旅彝，是何缘故？原来，彝是周代对青铜礼器的统称，旅彝指铜礼器的一类，而饮壶则属于专称。

中国大事记

昭王十九年又亲率六师伐楚，被楚国船夫用胶板粘合船载送，昭王溺水身亡。

上述五种做法都用了仍不至者才施刑。于是有刑罚之法，有攻伐之兵，有责备之令，有文告之辞。今犬戎氏自大毕、伯士二君以来，其嗣子常以其贵宝来朝见王，而天子却说：'我因其不循臣礼一定要征伐它，且向它炫耀武力。'这不是废弃先王的教训而自找麻烦吗？我听说犬戎秉性淳朴，遵循先王的旧德而守备坚固，它已经有办法抵御我们了。"

贤臣太仆正伯冏
伯冏是周穆王的大臣，穆王任命他作太仆正，领导群仆、侍御的臣子，并作《冏命》勉励伯冏慎选贤良，增进自己的德行，又勉励伯冏用常法辅佐君主。任命伯冏是穆王整顿朝廷纲纪的用人举措。

用作祭祀的西周玉琮
西周玉琮多为内圆外方的短筒形，其形制留有良渚文化玉琮的特征。通常西周玉琮作为祭祀的礼器而在当时普遍地出现。

劳民伤财的征伐及其后果

祭公谋父是周公的后代，他的封国在镐京附近的祭邑。谋父是祭国的国君，又在王室当卿士。祭公讲了一套对待周边少数民族应该导之以德、晓之以理，而不应该动辄用兵征伐的大道理，但穆王一意孤行，根本不听祭公的劝告。结果，穆王的征伐劳民伤财，并没有使犬戎屈服投降。经过长时间在西北地区的征战，穆王对犬戎一无所获，只猎得四条白狼和四头白鹿而归。穆王在周边少数民族中的威信丧失殆尽，从此荒服的戎狄再也不来朝见王。这是继昭王南征荆楚之后，周王朝又一次征伐的失利。

><历史文化百科<

[执掌朝政的三事大夫]

在西周官制中有"三事大夫"一职。三事是指治民、理政和执法；三事大夫则是指称为常伯或牧人的治民官，称为常任或立事的理政官，以及称为准人或常司的司法官。他们是在王左右的公卿之下负责具体事务的大夫级官吏。

西周把治民、理政、执法作为政府部门的三件大事，并由管理这些具体事务的三事大夫负责，这标志着西周政府职能进一步完善和成熟。

〇六一

吕侯修刑

穆王曾因刑法混乱而发表讲话，吕侯整理成文，论述刑罚的种类和判刑的方法，责成四方必须遵守。这就是古代刑法史的重要文献《吕刑》。

穆王晚年，刑法混乱，诸侯和百姓很有意见。当时有贤能之德的吕侯为相，他向穆王建议整修刑法。穆王同意他的建议，召集诸侯大会。会上穆王照自己的意见发表关于整修刑法的讲话，然后由吕侯整理成文，用王的名义发表，责成四方必须遵守。这就是西周历史上有名的《吕刑》一文的来历。

谨慎地施用五种刑罚

吕侯首先以王的名义阐述刑法产生的历史，他说："古时本有良好的道德风尚，后来蚩尤作乱，他的恶劣行为影响到平民，都成了寇贼，胡作非为，强取豪夺，尤以苗民不遵守命令，于是便制定了五种刑罚，叫做法律。后来执法的人滥施酷刑，杀戮无辜，乱用割鼻子、割耳朵、割生殖器、脸上刺字等刑罚，甚至几种酷刑一起使用，受刑人不能申辩。众民受到残酷的刑戮，向上帝控诉自己无辜被刑的冤情。上帝看到滥用刑罚的残酷情景，怜悯无辜民众的不幸，也用严酷的手段来对待暴虐行为，把那些为非作歹的苗民斩尽杀绝。上帝又命三位大臣为民建功立业：伯夷立下法典，大禹治理水土，后稷教民播种。同时，士师又教导臣民遵守法令制度。主持审理案件，不全用刑威整治人民，而用德教为民谋利。大家都怀着敬畏的心情做事，不说坏话，遵守公德，所以能求得长寿，享受天福。"

上帝禁止滥施酷刑，执法时应用德教，吕侯在阐述了这一原则后，又以王的名义进行告诫道："唉，要时常地把这种教训放在心上啊！父老兄弟、子孙幼辈，你们都要听从我的话，才能保住上天赐予我们的大命。上天为了整顿臣民，使我们今天掌握权柄，我们不能滥用职权。犯人是偶尔犯罪还是一贯犯罪，要认真考察，给以恰当处分。在断狱时，虽然遇到可怕的事也不要害怕，虽然办事非常顺利也不要高兴。要谨慎地施用五种刑罚，以成就三种德行，即正直、刚克、柔克。一人办好了事，亿万臣民都会得到好处。这样，我们的国家就会永远安宁了。"

如何考察案情和判刑

论述了断狱用刑的原则，接着，吕侯又说明刑罚的种类、条目和判刑的方法。他说："诸侯国君和诸位官员，告诉你们什么叫善刑。诉讼的双方都来了，法官应从辞、色、气、耳、目五个方面去考察案情。考察的结果与事实相符，便查一下五刑的规定看应给予什么刑罚。如果案情与五刑的规定不符，则查一下五罚的规定看应给予什么惩罚。如果跟五罚的规定还不符，那就用五过的规定从轻处理。在用五过规定处理案件时，要防止这样的弊端：或害怕官势，或借机反报，或内有关系，或勒索

用盛稻粱的铜簠
上图铜簠是西周晚期青铜器。器壁斜坦，环耳，方圆足的各底边做成长方形缺口，深腹中等。簠是西周祭祀和宴飨时盛放黍、稷、稻、粱等饭食的器具。郑玄注《周礼》簠簋说："方曰簠，圆曰簋，盛黍、稷、稻、粱器。"西周簠上常自铭"用盛稻粱"、"以簠稻粱"。铜簠出现于西周早期后段，盛行于西周末期春秋初期，战国晚期后消失。

财货，或贪赃枉法。如果办案的人有这些罪过，那就要和犯人受同样的惩罚。你们可要审慎对待啊！"

"处墨刑而感到有疑问的，罚铜六百两；处劓刑而感到有疑问的，罚铜加倍；处断足刑有疑问的，罚铜再加倍；处宫刑有疑问的，罚铜三千六百两；处死刑有疑问的，罚铜六千两，都赦脱其罪。处墨刑的罪有一千条，处劓刑的罪有一千条，处断足刑的罪有五百条，处宫刑的罪有三百条，处死刑的罪有二百条，五刑的罪共三千条。"

为进一步说明判刑的原则，吕侯又补充论道："罪情较重，应该处上等刑罚的，但如果只是偶一为之，不是惯犯，便应该下调其罪，从轻处理；罪情较轻，应该处下等刑罚的，但如果他是一贯作恶或明知故犯，便应该上调其罪，加重处罚。刑罚的轻重，可以根据犯人的具体情况，灵活掌握。刑罚还应该因世道的不同而轻重各异：处在乱世应用重刑，以镇压那些作乱者；处在治世可用轻刑，以教育犯罪者为主。总之，刑罚应该因人因世制宜，既要公平合理，又要随机应变。"

吕侯刑书：中国最早的系统刑法

周穆王在位长达五十五年，从而导致喜爱游历，但一直诸侯不睦，政治昏乱，直到他年老时才任命吕侯为相。吕侯劝告穆王制定刑法，来儆戒天下。穆王采纳了吕侯的意见，制定了刑律依据刑律和采用中刑定罪，天下终于安定了。图为《钦定书经图说》中《吕刑》的两幅插图。《吕刑》是中国历史上最早的系统的刑法文献，具有很高的史料价值。

西周中期的嬴季卤

作为盛装酒类的铜器，卤大都是以装饰华丽、繁复者居多。此件嬴季卤却以简约明快的线条、质朴庄重的造型而独树一帜，体现出清新溃雅的艺术风格。

防止贪官污吏的胡作非为

最后，吕侯以王的名义反复强调判刑应当慎重，防止贪官污吏的胡作非为，他说："唉！要谨慎地处理案件啊，众诸侯和官吏们！对于没有佐证的单方面言论，必须明察。要正确地处理案件，必须用心听取诉讼双方的供词。一定要心存公允，不可偏听偏信，更不可贪图贿赂而做出枉法的事。如果这样，一定会招致臣民的怨恨，而国家对这样的官吏必须严加惩罚。唉，子孙们！在为臣民受理案件、判处刑罚时，一定要明察啊！处理得当，臣民都会高兴。为王治理众民的人，一定要认真领会我这里所说的善刑。"

古代刑法史的重要文献

《吕刑》是古代刑法史的重要文献。因为吕国又称甫国，吕侯又称甫侯，故《吕刑》有的书上也作《甫刑》。从这里，我们可以看出西周法制条目的繁多、刑罚的残酷和实行法制改革的必要性。

157

伯矤壺

〇六二

放纵远游

渴望周游天下，饱览山川风景

周穆王是中国历史上最喜欢旅游的君王之一。他在位期间，经常放纵任性，走出宫门，周游天下，饱览名山大川的风景，以致众多地方都留下他的车辙马迹。大臣祭公谋父闻讯此事后，认为穆王如此，必将耗费民力财物，荒废朝政，给国家和人民带来危害。于是，祭公作了一首诗，名"祈招"，用诗规劝王心，希望穆王能慎重行事。这首诗说："盼望招来安和的年代，使周王的德音传播天下！思念我王对国家大事的规划，如黄金，如美玉。珍惜人民的劳力，成就人民的事务，而不纵欲享乐，无所用心。"穆王听了这首诗，表面上

伯（左页图）
西周穆王时期青铜器伯壶，1975年出土于陕西扶风庄白村。曾奉穆王之命率兵讨伐入侵之敌淮夷，胜利回师，受到周王赏赐，故铸造青铜器来纪念。伯壶共2件。此图称旅彝，侈口，垂腹，象鼻状双耳，颈饰长鸟纹和兽头，腹底铭刻"伯作旅彝"。

穆天子会西王母
史书上多称周穆王好远游，最值得称道的是西游。穆王西游充满了浪漫色彩，其中最出色的一幕，就是穆王在昆仑山的瑶池边与西王母相见。西王母举行盛大的宴会欢迎穆王，彼此唱和欢宴，并约定三年后再见。下图即汉画像石《穆天子会见西王母》，就描绘了会见时盛况。

周穆王是中国历史上最喜欢旅游的君王之一。据说他漫游天下，到过极远的地方，有过神话般的经历。

加以夸赞，认为讲得甚好，但内心深处并没有因此而减弱对旅游的向往，相反，他渴望远游的心思越来越热烈。

筑起楼台，找来骏马

穆王即位的初年，就在都城附近，今陕西华县一带，建造了祇宫，在那里筑起很多亭台楼阁，养了许多野生动物，供他游玩打猎。后来觉得那地方还太小，太单调，又造起了郑宫、春宫等游乐场所。一些邻邦知道周穆王爱旅游，又给他送来了许多骏马。如有一次北唐国的君主来见，就给穆王带来了一匹叫做"騄耳"的骊马，高大骠悍，毛呈棕黑色，奔跑速度快，耐力强，穆王十分喜爱。依靠着这些骏马，穆王不安于近处的离宫别馆了，开始漫游天下。据记载，"穆王东征亿二千五百里，西征亿有九万里，南征亿有七百三里，北征亿二亿七里。"这里的"亿"相当于十万，其里数显然有夸大失实之处，但穆王曾经大规模地远游却是事实。

如痴如醉，乐而忘返

据说穆王曾经到过一个终北国，国中有山，名壶领。山顶有口，如圆环，名叫滋穴。有水涌出，叫做神瀵，香气芬芳，味道甜美。涌出的泉水分为四股，流于山下。这里的土气和，没有疾病；人性柔，不骄不忌，长幼同居。其国没有君没有臣，男女杂游，没有媒人，不要聘礼。由于土地肥沃，庄稼茂盛，人民富足。这里的人还喜欢声乐，互相遇见就唱歌谣，歌声此起彼伏，终日缭绕。人们饥渴了就饮神瀵，喝了心志和平；神瀵还可以洗澡，洗后肤色滋润，香气经久不散。穆王游至此地，陶醉其中，乐而忘返。回到周室，思慕其国，不进酒肉，不召嫔妃，过了数月才恢复常态。

造父驾八骏

周穆王有个驾车能手叫造父，他从各国的贡品中挑选了八匹骏马。造父驾着八骏拉的马车，飞快疾驰，让穆王长驱西游。

周穆王远游西域，有一个驾马车的能手叫造父，经常跟随在身边。造父是后来秦国和赵国国君的祖先，是商纣王的佞臣飞廉的后代。造父有着一手高超的驾车本领，他驾的马车能在高山峡谷飞驰，因为有他给穆王驾车，才使穆王的远游能够顺利进行。

学驾车技术刻苦钻研

造父驾马车的技术是从师父那里学来的。他的师父名叫泰豆。造父开始向泰豆学习驾车时，送了很多礼物，卑躬屈膝，在旁小心侍候，但泰豆态度冷漠，三年没有教给他任何技巧。造父并不灰心，态度更加谦卑。泰豆见造父聪明能干，决心很大，便告诉他："古诗说：'造弓能手的儿子，一定要先学会做箕；冶金能手的儿子，一定要先学会做裘。'因为做箕弯竹是造弓的基本功，制作皮衣是冶金的基本功。你现在先看我行走，行走得像我一样了，六根缰绳才可以稳握，六匹拉车的马才可以自由驾驭。"造父听后回答："唯命是从。"泰豆便放了几根

木头在地上，那木头和脚底一样狭窄。泰豆在每根木头上行走几步，然后窜到另一根木头上。这样行走了好几个来回，竟没有从木头上跌下来。造父跟着学了三天，便已能在木头上健步如飞。泰豆惊异地叹道："你何其聪颖，学得这么快！"然后泰豆教他道："驾驭马车，也像在这木

规模空前的车马坑

周朝车的制造规模空前扩大，种类日益增多，使用范围越来越广，并在各个方面都有了相当完备的体系。迄今已发现的周车遗存多以百计，车件则已逾千，分布地区甚广，如陕西西安张家坡、宝鸡，山东胶州，北京房山，辽宁朝阳等地都有出土。许多贵族死后以车马殉葬，故留下了大批车马坑。图为河南三门峡上村岭虢国墓车马坑，这也说明这位贵族在当时高贵的地位身份。

> ＞历史文化百科＜

〔西周实行世卿制吗？〕

卿是西周的高级长官。西周的卿是如何选定的？学术界一种流行的观点认为，西周实行世卿制，即卿级高官世代相承，祖传其职。近年有学者提出异议，认为这不符合历史事实。

首先，西周一些文献提出选官要"克俊有德"，即选拔贤能；其次，从西周历史上看卿官并非世袭。西周世袭的往往是那些有专门知识技能的官。因此，西周王权比较巩固，无卿职专权跋扈的情况。

世界大事记　埃及第二十二王朝法老奥索尔康二世派兵，与叙利亚——巴勒斯坦同盟者一起，抗击亚述。

造父 泰豆 穆王

勤奋 享乐

《史记·秦本纪》《列子·汤问篇》

人物　关键词　故事来源

铜簠（局部）

头上行走一样。以前你行走在木上，踏的是足，用的是心。引申到驾车，驭者紧握缰绳，口里呼叫着急缓的声音，正确的盘算在心胸之中。内部心中盘算得好，外面与马的志向相合，所以能进退如绳般直而转弯如规般圆，道路走得远而气力有余，这样，就学得驾车之术了。"造父按照泰豆的指点，不断摸索，驾车果然得心应手。

挑选八匹骏马飞快疾驰

造父学得一手高超的驾车技术后，被周穆王看中，要求为他驾车。造父得到穆王的许可，从各国来朝的贡品中挑选，又到各地寻觅，物色到八匹骏马，它们的名称是：赤骥、盗骊、白义、渠黄、骅骝、逾轮、騄耳、山子，称为"八骏"。造父驾着这八骏拉的马车，走山路如平地，飞快疾驰，为穆王的远游创造了良好条件。穆王坐着造父驾的车，长驱西游，心旷神怡，乐而忘归。

因导游功劳封于赵城

为嘉奖造父的功劳，穆王封造父于赵城，其地在今山西洪洞县北，造父一族因此姓赵氏。造父的后代在晋国不断发展壮大，春秋末年竟与韩、魏三家分晋，建立赵国，成为战国七雄之一。

八骏游天下

周穆王有八匹骏马来历不凡，它们是穆王的驾车高手造父从各地来朝的贡品中挑选，以及到各地寻觅而得。据《穆天子传》载，穆天子八骏名为：赤骥、盗骊、白义、逾轮、山子、渠黄、骅骝、騄耳。造父驾驭八骏拉着穆王乘坐的车子巡游天下。后世以八骏喻作良才俊彦、英秀出众的子弟。

161

西域风光

在大自然的山川美景中尽情游乐

穆王带着警卫战士、亲信大臣，乘着轻便马车朝西北长途漫游。大自然风光旖旎，少数民族竞献宝物，形成极为壮观的场面。

为满足旅游的爱好，周穆王在经过充分准备之后，带着他的警卫战士，还有身边的亲信大臣，乘着骏马拉的轻便游车，从国都出发，朝西北方向进行长途的漫游。在大自然的旖旎风光中，饮酒、观赏，尽情玩耍，谱写了国君游乐极为壮观的篇章。

一天，穆王一行来到一个空旷的野外。天子命乐队高奏气势宏伟的"广乐"，自己高兴地站立在车上，一直到达钘山脚下。那天，下起了雨雪，穆王仍兴致勃勃地到钘山的西坡去打猎。接着，穆王继续前行，来到一个叫"漆泽"的湖泊旁。他在湖边钓鱼，又到湖边的森林里去打猎，猎得一只雪白的狐狸、一只黑色的貉子。穆王以为是吉祥之物，就拿来祭祀河神。

过了几天，穆王渡过大河，来到"温谷乐都"。这个山谷中，气温比外界暖和，庄稼长势良好，人民安居乐业。穆王又来到积石山的南河。这里地势空旷，水草茂盛，让骏马在河中畅饮，自己进入野薮田猎钓射。望着空旷的地势、茂盛的水草，穆王忽然感叹道："呜呼！我做天子不盈于德而喜好游乐，后世会追数我的过错吗？"一个警卫答道："人民所望，无失天常。农工既得，男女衣食。百姓殷富，官吏治事。故与民共利，世以为常。"穆王听了很高兴，称赞这位士兵讲得好，赐给他一块佩玉。

又过了几天，天子转向西南而行，来到古代某圣贤所居之地。那里树木高大，野生植物繁茂，并有野兽出没其间，是个可以田猎的好地方。嗣后，穆王又来到昆仑山下的一个高丘，在那里观看了黄帝的一个行宫，还有雷师丰隆的墓葬。不久，天子又踏上北行的征途，夜宿于大湖珠泽旁。珠泽这个长满水草的薮，方三十里，湖波浩渺，风光极美。穆王在那里钓鱼、打猎，尽兴游玩。

然后，穆王向北登上春山的高峰，极目四望，风景尽收眼底。这里树木青翠，清泉潺潺而流，温和无风，飞鸟、百兽饮食其中，就像古代神话中的"县圃"。天子不禁感慨起来："春山，这座天下的高山，真是百兽所聚、飞鸟所栖的乐园啊！"

记录西周官职制度的盠方尊

西周中期青铜器盠方尊，陕西眉县李家村出土。该器铭文记述了周王授权盠统领六师，兼管王室的三有司，并管理六师与八师的事务。盠由此获得了统摄文武的大权，地位显赫，权倾朝野。此器对研究西周官职制度具有重要价值。

前842年　公元前842年 >

世界大事记　以色列耶户王朝建立。

《穆天子传》卷一至卷四

穆王　祭父　造父

享乐　闲适

人物　关键词　故事来源

穆王在这里看见了不少猛兽，如赤豹、白虎、熊、罴、豺、狼，还有野马、野牛、山羊、野猪。有一只小头大鼻的麋（獐子），穆王看了特别喜爱。天上飞的有白鹤、青雕，据说它们可以抓犬、羊，食猪、鹿。穆王游玩得兴致来了，便要人刻石于县圃之上，以诏告后世。

少数民族献上美女和珍奇的特产

不久，天子开始西游，到达赤乌。赤乌人献马、牛、羊、穄麦给天子。穆王使大臣祭父接受这些礼物，说："赤乌民的祖先与周室本为同一宗族。周太王亶父开始经营西土，封他的媵臣长季绰在舂山，把大女儿嫁给他，作为周室的卫护者。"于是，穆王赐给赤乌人黄金、贝带、朱砂等物，又说："赤乌山，是天下的良山，宝玉所出，嘉谷生长，草木硕美。"他很喜欢这里的禾谷，带了一些种子回去，准备在中国种植。天子玩得高兴

造型生动的三足鸟尊

此尊为西周中期青铜器，通体作大鸟形，鸟身肥硕，昂首腆胸，腿粗壮，宽尾。尊口在鸟背，鸟腹部再加一足，以保尊体平稳。

起来，命乐队奏起"广乐"。赤乌人又献了两个美貌女子给天子，穆王喜形于色，赞美说："赤乌，美人之地也，宝玉之所在也！"

经过一段时间的北征、西征，穆王想要返回京师，就开始向南、向东而行。一天，来到重邑氏居住的黑水之滨，看见野麦、苔菫等庄稼，西域人称为"木禾"，是重邑人的主要食粮。接着，又来到附近的采石之山，看到许多玲珑的玉石。穆王十分喜爱，便亲自拾取采石，让重邑人铸成器具。天子高兴地与重邑人一起饮酒，并赐给他们黄金、银乌等物。过了三天，穆王来到文山之下。文山人献上良马、牻牛，说此牛能像骆驼一样行走在流沙之中。天子又看到毛长得很长、样子奇特的豪马、豪牛、龙狗和豪羊，大开了眼界。

为了尽快地返回都城，穆王命八骏拉车，造父驾御，朝东南方向像飞一样的翔行，驰驱千里。来到巨蒐，当地人给天子饮白鹄之血，据说这种血对人的身体特别有补益；又备了牛羊之乳给天子洗足，据说它能消除疲劳，使肌肤滑润。经过一番答谢之礼后，天子继续驱车来到雷首山脚下，那里人又献上许多珍奇物品，其中有白角的黑牛和白血的黑羊。

回到京师计算里程，慰劳卫队

在将要回到京师的路上，穆王令大臣毛班、逢固先行，安排迎接之事。穆王随后乘着骏马驾的轻车，越过几道集梁，向南渡过黄河，不多时就抵达京师宗周。穆王在先祖的庙中进行朝拜，献上从西域带来的珍奇物品。同时，请史官大臣计算这次出游的路线、里程，慰劳与穆王一起出游的警卫部队。

周穆王出游西域，历时数月，行程数千里，也有的记载说上万里。从中我们可以领略到祖国山河的辽阔，物产的丰盛，几千年前已是如此。

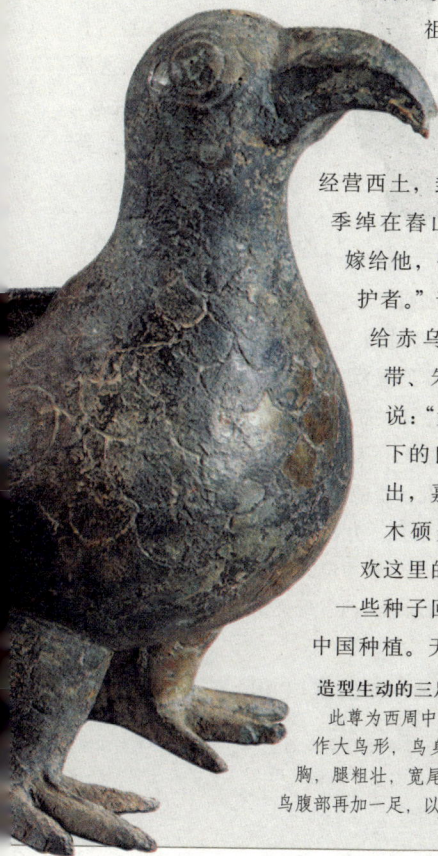

中国大事记

穆王晚年命吕侯修订刑法。吕侯根据穆王在诸侯大会上的讲话精神，参以己意，撰成《吕刑》一文。它是法制史上的重要文献。

〇六五

河伯授穆王宝图

在周穆王漫游西域的途中，最有趣也最令人迷惑不解的是，河伯授穆王宝图和穆王会见西王母两件事。史载天子西征，快速行进，一天来到阳纡之山，这是河伯无夷建都和居住的地方。那里的人自称"河宗氏"。其首领河宗柏夭得知天子旅游，路过这里，就在燕然山下安排迎接，用一束丝帛加璧玉作为见面礼。穆王使祭公谋父接受礼物。然后，天子带着警卫部队在河水的弯曲处会见当地的官吏、百姓，说明要隆重热烈地向河伯致礼。穆王命令选定一个吉日，准备举行这次盛典。

在决定朝拜河伯的当天上午，天子穿上宽大华丽的朝拜礼服，戴上冠冕，佩带饰物，手执璧玉向南面立于河旁，负责致神的官吏曾祝在旁辅佐。当地官吏陈列牛羊等五种肥大的牺畜，准备供河伯享用。这时，穆王把璧玉递给河宗，河宗柏夭接受璧玉，就朝西面把璧玉沉到河里，再拜磕头。然后祝官再沉牛马猪羊等五牲入河。在经过一系列仪式之后，河宗告诉天子，河伯在呼唤你。河伯以上帝的名义宣告："穆满，你当永远治理世事，享用贡赋。"满是穆王的名字。穆王听了河伯的宣告，向南再拜。河伯又传达上帝的旨意说："穆满，给你看春山之宝。你到昆仑之丘，就会见到这些宝物。赐给你终身受福！"天子受命，向南再拜。

见西王母

在漫游西域途中，曾有河伯向穆王授宝图、穆王会见西王母等传奇故事，描绘得有声有色，神乎其神。

次日，穆王又朝拜于河边的黄山，顺手打开河宗交给他的河图宝典，上面写着："天子之宝：玉果、璇珠、烛银、黄金之膏。天子之宝万金，诸侯之宝千金，大夫之宝百金，士之宝五十金，庶人之宝十金。天子之马走千里，胜人猛兽；天子之狗走百里，执虎豹。"河宗柏夭在一旁念道："征鸟张翼叫乌鸢，鹯鸡飞八百里，名兽张足走千里，狻猊、野马走五百里。"柏夭以为这是河图所载给穆王的礼物，便乘着骏马渠黄拉的车为天子先导，策马向西而行。

与西王母互相作歌赠答

不久，来到西王母之邦。选定一个吉日，穆王手持白圭、玄璧等贽物来见西王母，表示尊敬，同时献上锦组、帛玉等物作为见面礼。西王母欣然拜受。次日，天子与西王母在瑶池之上互相敬酒。西王母为天子作歌谣说："白云在天，山陵自出。道里悠远，山川间隔。如君无死，盼能复来。"穆王也作歌答道："我归东土，和治诸夏。万民平均，我还见汝。待及三年，将复来此野。"歌中说的"诸夏"指华夏族各国；"汝"就是你的意思。西王母又为天子吟诵道："往彼

可同时放置两种酒的师遽方彝（上图）
彝体呈长方形，盖为屋顶形。盖上有两个方形口，可用斗从缺口挹酒。两侧有高举的象鼻形耳。器内分隔为二室。可放置两种酒。器与盖各铸铭文66字，记载恭王赏赐师遽圭和璋等玉礼器之事。

前**842**年 公元前842年

世界大事记

犹太王国母后阿瑟莱雅夺权，欲灭大卫一家以巩固其地位。

《穆天子传》卷一·卷三

河伯　穆王　幽默　西王母　河宗　闲适

人物　关键词　故事来源

西土，爰居其野。虎豹为群，乌鹊与处。嘉命不迁，我乃帝女。吹笙鼓簧，心中翔翔。世民之子，唯天之望！"诗歌的"爰"，即于是的意思；"帝女"即"天帝的女儿"；"心中翔翔"指悠然快乐；"世民之子"即"你是天帝生在世界民众中的儿子"；"唯天之望"即天帝的希望。经过一番对歌应酬之后，穆王告别西王母，驱车登高于弇山之上。他兴致勃勃地把这次与西王母会见的经过，记刻于弇山之石。石上赫然写着几个大字："西王母之山"。于是，穆王又继续上路，行进在西域的旷野上。

古代小说的传奇色彩

河伯授穆王宝图和穆王会见西王母的故事，不可能全是真实的，它肯定经过后人的加工和编造，增加了传奇的色彩，成为古代小说的滥觞。

从半人半兽到女仙之首
在上古神话里，西王母是一个穴居野处、半人半兽的怪神，掌管灾厉和刑罚。《山海经》称："西王母其状如人，豹尾虎齿而善啸，蓬发戴胜。"到了《穆天子传》里，西王母自称"帝女"，与穆天子赋诗唱和，已是一个雍穆的女性人王。在《汉武帝故事》等书里，西王母经过仙化已经变成华贵艳丽的仙女了："王母上殿东向坐……视之三十许，修短得中，天姿掩蔼，容颜绝世，真灵人也。"道教则把西王母捧到至尊至上至贵的地位，成为统领天上天下、三界十方的女仙之首。图为汉画像石中西王母形象（左、上）和明清时期的西王母尊容（下图，此图为《列仙全传》插图）。

公元前976─前922年

前976年
前922年

○六六

中国大事记

穆王爱好旅游，曾命造父驾八骏，远游西域，有许多传奇故事。

盛伯献女

穆王一次外出旅游，来到盛国，国君盛伯献上他的女儿陪穆王一起游玩。穆王与盛姬因此产生了一段真挚缠绵的恋情。

妙龄盛姬，游玩发烧而亡

一次，穆王外出旅游，来到盛国。国君盛伯献上他的女儿陪穆王一起游玩，穆王十分喜欢。因为盛国是姬姓国家，穆王就赐盛伯之女为"上姬之长"，居于上位，当众女之长。穆王还为盛姬建了一个美丽的台，称为"重璧之台"，台上放置许多美玉。

隔了几日，天子与盛姬一起到东边的大泽之中游玩。正好遇上刮风，气温骤然下降，盛姬受了风寒生起病来。天子十分爱怜，就留在泽中看护，并下令把这个湖泽称为"寒氏"。盛姬发高烧，要喝水，穆王命人取来最美味的浆给她饮。盛姬之病使穆王心中烦躁不安，独自来到为盛姬建筑的重璧之台。忽见下人急速奔来，报告盛姬亡故的噩耗，穆王哀痛之极，下令把盛姬的灵柩暂时安放在附近的毂丘之庙。

栩栩如生的象尊
西周中期青铜器，象鼻上举，背上有盖，上置二环钮。

世界大事记

亚述王萨尔玛那萨尔三世击败大马士革王哈泽埃尔，并迫使推罗、西顿和以色列称臣。

穆王　爱情
盛姬　激动
《穆天子传卷六》

人物　关键词　故事来源

大办丧事，举行隆重葬礼

接着，穆王为盛姬大办丧事。那天，穆王命大臣祭公谋父主持丧事仪节，儿子伊扈和女儿叔娪为"丧主"，负责接待吊丧的宾客。穆王亲临丧事现场，命令群臣临丧致哀，自己则对着年少夭折的盛姬灵位，呜咽抽泣起来。这时，内史执簿册，书写宾客赠贈的财物。曾祝命敷设筵席，摆上祭奠的菜肴、饭食。于是，曾祝宣布祭奠的仪式开始，众人哭各就丧位。内史读哀词而哭，侍者捧食具而哭，佐者捧衾带而哭，"衾"音钦，即盖尸体的单被。乐人陈琴瑟笙竽而哭，百余官人各以其职事而哭。经过一阵男女错踊的哀哭，宾客才渐渐散去。

过了二日，在乐池之南为盛姬举行葬礼。穆王命令盛姬之丧视王后的葬法，要求附近韦、谷、黄城三

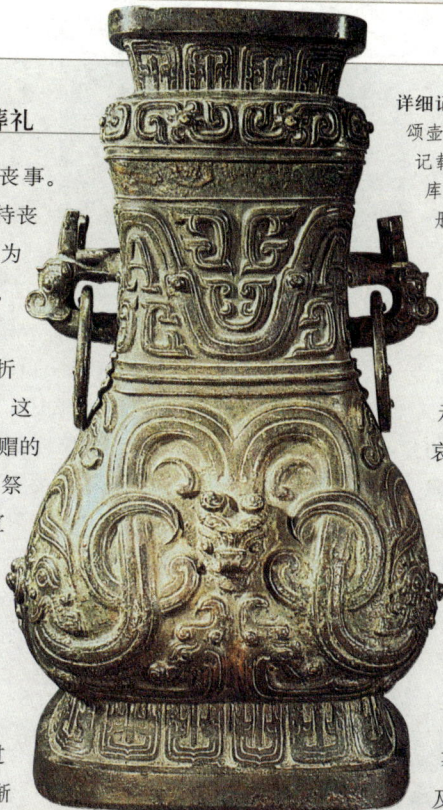

详细记载西周册命仪式的颂壶

颂壶因作壶者颂而得名，壶中的铭文详细记载了颂受王的册命、接受管理洛阳仓库职务的整个过程，是研究和证实西周册命制度的重要铜器。

地的民众前来护送灵车。送丧的队伍由曾祝在前导行，大匠守护灵柩。队伍前拉起绣有日月七星和龙纹的彩旗，乐队击鼓以示行丧的队伍行进，举旗劝人节哀，击钟劝人止哭。浩浩荡荡的送葬队伍，三踊而行，五里而止。经过五次停息，到达重璧之台，于是宣布灵柩停驻于此。天子决开姑之水以环绕丧车，称此车为"明车"，再行祭奠。又过了些日子，送葬的百物皆备。那天，在葬地之上张开帷幕，哀悼的鼓乐齐鸣，警卫部队及亲属、百官再哭而踊，于是盛姬之棺徐徐下葬。在读罢哀悼的祥词后，穆王决定给盛姬赐一个谥号，叫"哀淑人"。同时，命名盛姬的坟丘为"淑人之丘"。

真挚爱怜，缠绵悱恻的恋情

此后，在一段较长的日子里，穆王经常思念淑人盛姬，往往会伤心落泪。有一次，警卫士兵要豫见到穆王又在伤心，猜想一定是在思念盛姬，便上谏天子说："自古有死有生，岂独淑人？天子不乐，出于永思。永思有益，莫忘更求新人。"穆王听了谏言，心中悲哀，复又流涕不止。

这是周穆王对一个未成年的女孩产生的一段真挚爱怜、缠绵悱恻的恋情。

▶历史文化百科◀

〔等级分明的丧服制度〕

丧服是人们为哀悼死者而穿戴的衣帽、服饰。它依据生者与死者关系的亲疏而有所不同，穿戴的期限也不一样。丧服一般分为斩衰、齐衰、大功、小功、缌麻五等，称为"五服"。其中斩衰，礼仪最亲，关系最重，规定用粗麻布做丧服，不修边，表示哀痛，服期三年。以下依次递减。

丧服制度是古时为了规范人们为亲属治丧而制定的，据说在殷代已经出现，西周时逐渐完备。

前922年
前900年

公元前 922 — 前 900 年

中国大事记

恭王西游泾水，密康公跟随其后。密康公得三美女而不献给王。

〇六七

寒日哀民

穆王一日出游，天气骤冷，传说路上已有冻死的人。他立刻挥笔作诗，怜悯受冻的人民，对自己耽于游乐深感不安。

出游占卜获吉

周穆王一日出游，来到黄竹的一个大泽旁，进入一间古代贤人的居室。天子不知道这次出游能否遇到什么好事，就拿出龟甲使人占卜。占卜结果，得到的是"讼"卦。精通占卜的逢公演绎其词，念道："薮泽苍苍，其中洋洋。宜其正公，戎事则从。祭祀则熹，畋猎则获。"词中的"宜其正公"，意即用公正的心去对待；"戎事"指军事；"则从"即成功；"熹"意为有希望；"畋猎则获"意为能获得猎物。天子听后十分高兴，便赏逢公饮酒，并赐给他贵重物品。逢公再拜，表示谢意。

天变寒冷，作诗怜悯

正谈得起劲，天气忽然变得十分寒冷。外面刮起了北风，还下起了雨夹雪。传说路上已有冻死的人，天子立刻忧心忡忡。为了对受冻的人民表示怜悯，穆王即刻挥笔作诗，寄托自己的哀思。诗是这样写的：

"我来到黄竹，天气阴暗而变得寒冷。纷纷的大雪把九衢填塞，似天帝将世间的道路尽行收藏。啊，我的公侯、百官正卿，要急我万民之所急，从早上到黄昏都不要遗忘！"

"我来到黄竹，天气阴暗而变得寒冷。纷纷的大雪把九衢填塞，似天帝将世间的道路尽行收藏。啊，我的公侯、百官正卿，要急我万民之所急，千万不要使他们饥饿穷困！"

"皎白的骆鸟，在得意地翩翩飞翔。啊，我的公侯、百官正卿，要急我万民之所急，勿使他们感到无法生活而迁往他乡！要用礼乐教化人民，不使百姓产生怨恨！"

作罢三章哀民的诗，天子无限感慨地说："我一人淫于游乐，不思万民之急，还如何管理政事？"当时天色已暗，穆王就在黄竹住宿下来。

思绪万千，心神惊慌

这一夜，穆王思绪万千，翻来覆去睡不着。刚入睡，又梦见有穷氏帝羿射于涂山，不理政事，而被其助手寒浞杀死。于是，心神惊慌，再也难以入眠。穆王爱好旅游，但他又挂念着民众的穷困和政权的巩固，他的思想是矛盾的，复杂的。

风格淳朴的南宫柳鼎（右页图）
陕西宝鸡出土了一件西周时的饮器——南宫柳鼎，鼎腹内壁铸有79字铭文，大意为南宫柳接受周王任命，管理"六字牧阳"和"羲夷阳"的田赋，并得到命服等赏赐物。自古以来秦风简朴，这件青铜器的风格可以佐证。

体形硕大的曾中斿父壶
西周晚期青铜器，1966年湖北京山出土。壶造型硕大，盖上雕刻有莲瓣，壶身两侧雕刻兽耳衔环，口和腹部饰波浪纹，圈足饰重鳞纹。壶上刻有铭文，大意是：曾侯的次子斿父铸造此壶。

小亚细亚凡湖周围，兴起乌拉尔图王国。

穆王　逢公　民本　仁爱　《穆天子传》卷五

人物　关键词　故事来源

风格朴拙的南宫柳鼎

〇六八

高奔戎捕虎

勇猛剽悍的贴身警卫

在周穆王出游的过程中，警卫战士高奔戎始终跟在穆王身边。他身材高大，勇猛剽悍，具有北方少数民族粗犷豪迈的性格。高奔戎屡次为穆王排忧解难，深得穆王的嘉奖。

> 警卫战士高奔戎身材高大，勇猛剽悍。穆王一次在树林中打猎忽遇猛虎，高奔戎上前搏斗，把老虎活捉。

沙漠中饮马血解渴

一次，天子西游，进入一个沙漠地带。经过较长时间的行进，仍未走出沙漠。这时，所带的饮用水喝完了，穆王仍感到口渴难忍。派人到四周去找水，不见水的踪影。高奔戎急中生智，他拿起利剑，向驾车的马中左边一匹的颈部刺去。马颈流出青血，高奔戎用盛器取来献给天子饮用。穆王喝过之后，立刻觉得神志清爽，舒服多了。穆王非常感激高奔戎解救了他的困难，赐给他佩玉一双。高奔戎拜受了。又走了一段路程，他们终于发现了水草之地，来到一个新的部落。

草丛中惊险捕虎

有一年秋天，穆王在某地树林中打猎，猎得很多野猪、鹿、兔等动物，非常高兴。穆王命负责饮食的庖人杀了后煮熟，设起祭坛，敬献给祖先享用。穆王刚准备打道回府，发现前面高高的草丛中有一只老虎潜伏在那里，不由害怕起来。高奔戎见状请示穆王，要求让他捕捉老虎，保证一定生擒活拿。此时，只见高奔戎慢慢接近老虎。老虎见有人逼近他，当然不甘示弱，立刻猛扑过来。高奔戎闪在一旁，乘势一脚，把老虎掀翻在地，然后按住它的头部，把老虎活捉。高奔戎擒拿老虎的高超技艺和勇敢精神，使穆王看得出了神。高奔戎把捕

造型怪异的貘尊

西周中期青铜器，大圆耳、大目、长吻，前端平，背穴有盖，上有一虎，貘体壮而足短。

前836年　公元前836年

世界大事记

犹太国王古霍阿什即位，夺权的母后阿瑟莱雅被杀。

《穆天子传》卷三、卷五

穆王　高奔戎　勇敢　敏捷

人物　关键词　故事来源

来的老虎献给天子，穆王命令做一个笼子，把老虎关在里面，畜养在东边的苑囿中。穆王因此把这里的地名改为"虎牢"。今河南荥阳市西北，在西周后期至春秋时有个地方叫"虎牢"，地名就是从这里来的。为嘉奖高奔戎生擒老虎的功劳，穆王决定赐给他奔腾疾驰的田猎之马和牛、羊、猪等物，奔戎自然也高兴地再拜叩首接受下来。

这一天，穆王玩得特别高兴。有这样一位忠心耿耿、武艺高强的勇士保驾，使穆王感到十分欣慰。

牛尊

西周中期青铜器，前吻平而有一小流道，背有盖，盖顶有一立虎，腹饰变形兽纹。

古代捕虎图

自古虎患对人危害极大，在虎患严重的地方，捕虎常常成了官方治理一方的责任之一。古往今来，出现过不少像高奔戎这样的捕虎勇士。

由于经常远游，活动筋骨，心情舒畅，周穆王在位有五十五年，他至少活到八十多岁，有的书上说他活到百岁，是中国历史上有数的几个长寿帝王之一。穆王去世后，其子繄（音衣）扈即位，他就是周恭王。古代"恭"与"共"同音可以通假，因此有的书上就写为"共王"。恭王也是一位喜欢旅游、贪图享乐的君王。他在位时没有什么政绩，最有名的一件事是他因为争夺几个女人而攻灭了同姓的诸侯密国。事情还得从恭王西游泾水说起。

密康公得三女

穆王的儿子恭王也是一位喜欢旅游、贪图享乐的君王。一次，密国国君密康公在旅游中骗得三个姑娘，因没有上献，密国被恭王攻灭。

21世纪中国最大的考古发现

2003年1月19日，在陕西宝鸡市眉县杨家村出土27件青铜器，被认为是中国继秦始皇兵马俑之后的最重大的考古发现。这批器物记载了单氏家族8代人辅佐西周12位王的史实，其中对西周的政治、征战及西周王室年代世系等均有明确记载，是研究西周历史的重要资料。这批青铜器出土数量之多、品级之高，世所罕见，是我国盛世出土的重宝。

周恭王与密康公一起出游

有一次，恭王兴致勃发，乘上豪华的马车，带着文武百官和宫女侍从，来到京城西北风景秀丽的泾水边游玩。附近的密国国君密康公知道恭王出游，也带着一批人马跟随其后，作为保驾。密国也是姬姓之国，与周室是同姓亲戚，其地在今甘肃灵台县西，恰在泾水的南面。这一次周朝的天子恭王和密国的君主康公一起出游，场面壮观，分外热闹，自然吸引了附近的大量居民前来观看。泾水边上不仅桃红柳绿，景色宜人，而且出来观看的许多姑娘也打扮得漂漂亮亮，如过节一般。

花言巧语骗得三个姑娘

恭王到泾水边游玩，一方面观赏风景，一方面又想寻花问柳，找几个美丽的女子欢度时光。密康公同样是个花花公子，他也想乘陪恭王游玩的机会，物色几个漂亮姑娘，一起作乐。周恭王和密康公虽然一起出游，但分坐在两辆车上，各人寻找自己的乐趣。密康公毕竟是当地人，熟悉当地的环境和风土人情，他很快就用花言巧语骗得三个姑娘上了他的车，一溜烟地跑回密国都邑，把恭王抛在了一边。

"小丑备美物，最终要亡国"

密康公带着三个美丽姑娘跑回都邑，这件事很快被他母亲知道了。母亲认为密康公这样做对他很不利，就劝告他说："这三个女子是你和周王一起游玩时得到的，因此你一定要把她们交给王。俗话说：'三头野兽为群，三个人为众，三个女子为粲。'王田猎不取群，公在车上见众而下，而粲更是美物。你有什么美德配得到这美物？你想想吧，这次出游，周王和许多大臣与你同行，唯独你得到这三个美丽女子，你的作为不是太突出了吗？连国王都不敢如此放肆，你这个没有阴德的小丑却这样做了。小丑备美物，最终要遭亡国之祸啊！"

出动军队，攻灭无礼的诸侯

　　康公母亲的一番话，说得合情合理，并不是危言耸听。但密康公是个好色之徒，既然把三个美丽女子骗到门庭之中，哪里再肯献给周王？再说恭王那天也觉得蹊跷，密康公原来随从陪他玩的，怎么一会儿又不见了呢？据人报告，看见康公的车子上去三个美女，然后就调转车头往回跑了。恭王听后，心中甚是不快。他希望密康公有悔改之意，能对王有所贡献。但过了一年，康公仍没有什么表示，恭王便出动军队，攻灭密国，以惩戒这个诸侯的无礼。攻灭密国后，恭王把密康公宫室中的美女全部占为己有。密康公因为贪得三个美女而亡了国。

西周早期的青铜器：庚父己甗
这是一件西周早期的青铜器，仿佛由主体和底座两部分组成。两只耳朵高高耸起，中间束成细腰，很像一个活泼的孩子。上面还有精美的牛头纹、虎头纹和龙纹，显得生气十足。内壁有铭文，是庚为其父己铸造此器的记载。

孝王和西戎

周孝王把养马有功的非子封到西方的秦邑，又同意申侯的外孙继承大骆的首领。周王室在西面有了两块屏障，使西戎不敢来犯。

恭王在位十二年就去世了，其子囏（同艰）即位，他就是周懿王。懿王时周室衰微，戎狄入侵。迫于形势，懿王把国都由镐迁到犬丘，在今陕西兴平市东南。懿王在位二十五年去世，由他的叔父、恭王弟辟方继位，他就是周孝王。孝王采取和亲西戎的策略，使局势稳定下来。

养马有功，定非子为部族首领继承人

穆王时造父因驾车有功被封在赵城，与造父有亲属关系的一些部族也都来到赵城周围。其中有一支首领名大骆，是纣臣恶来的后代。大骆有个儿子名非子，他来到周都犬丘附近，放牧马及其他大牲畜，取得了可喜的效益。犬丘人把这个信息告诉周孝王，孝王就把非子召来，请他在渭水、汧水之间主持养马。结果，马得到大量繁殖，使周朝的军事力量有所增强，同时取得巨大的经济效益。为了嘉奖非子的功劳，孝王准备把非子作为大骆部族的嫡嗣，让他继承大骆的部族首领职位。

申侯不满，提出异议

当时在西北西戎居住的地区附近有一个申国，国君申侯的女儿嫁给大骆为妻，生子名成，已定为大骆的嫡嗣，是大骆的职位继承人。现在孝王要把非子定为大骆的嫡嗣，这当然会引起申侯的不满。申侯便对孝王说："从前我先君在郦山生的女儿，嫁给在西戎的胥轩为妻，生子中潏。中潏亲近周王室，保卫西部边境，因而西部边境得以和睦无事。现在我的女儿再嫁给大骆为妻，生下嫡子成。申骆两家重新联姻，保卫西疆，西戎皆服，所以你能登上周王之位。王现在要废弃我外孙的嫡嗣地位，立非子为嫡嗣，请王考虑这种做法是否应该。"

孝王和亲西戎的两全之策

申国是西部地区一个比较强的诸侯，申侯在西

装饰华丽的宗周钟
与通常的素面铜钟不同，宗周钟外表装饰华丽庄严，纹饰精细，钟乳高突。据说，此器是周厉王为庆贺战功，感谢上天保佑而作。

174

世界大事记 ▷ 小亚细亚的乌拉尔图国王萨尔杜里一世统一附近地区，并不断对外征战。

孝王　非子　申侯　大骆

和亲　谋略

《史记·秦本纪》

○ 人物　○ 关键词　○ 故事来源

蒸锅之祖形：西周铜甗

甗是炊蒸之器，龙山文化时期已经出现，由鬲和甑组成的。陶甗，这种蒸食方式一直延续到现在，我们今天所用的蒸锅和笼屉就是由此发展演变而来。

戎中有一定的势力，不少西戎部落都听他的指挥。现在申侯既然不同意非子为大骆部族的嫡嗣，孝王自然要考虑重新安排对非子的奖励措施。于是，孝王宣布说："从前有个柏翳为舜主持驯养牲畜，牲畜繁殖得很多。舜为奖励柏翳的功绩，赏给他一块土地，又赐给他姓嬴。现在柏翳的后代非子为我繁殖马匹，功劳甚大，我也分给他一块土地，作为附庸。"因为封给非子的土地较小，够不上诸侯的标准，故称"附庸"。非子的封地在秦邑，即今甘肃清水县。孝王封非子

的目的是要他延续嬴氏的祭祀，因而非子又号为"秦嬴"。此后，非子的子孙就以秦为国号，成为保卫周王室的一支重要力量。

孝王在封非子于秦的同时，也满足申侯的要求，把申侯的外孙成，作为大骆的嫡嗣，让他继承大骆族的首领职位，并把大骆族的居地也迁往西方今甘肃天水市西南，地名仍称"犬丘"。这样，周王室在西面既有秦嬴和大骆两块屏障，又与申侯保持良好的关系，使西戎不敢轻易来犯。

鼎盛于西周的古战车

战车即古代用于作战的车辆，适于在平原上冲击追逐，行军时可运载粮饷、军需，扎营时可用于防卫，是我国古代一种重要的军事兵器。使用战车作战始于商代，鼎盛于西周春秋。图中是一辆西周战车模型。

▷ 历史文化百科 ◁

〔最早的一起诉讼案的文献〕

1975年在陕西岐山董家村与裘卫四器同时出土的㝬匜，也是一件引人注目的西周青铜器。该器铭文记载一起诉讼案件：下等人牧牛由于告发他的上司㝬，因而犯了大罪，虽经两次宽赦，仍被周王左右的伯扬父判处鞭刑五百，罚金三百寽。

㝬匜所记载的诉讼判决情况，反映了西周社会的严重不平等，这作为研究法制史的第一手材料，对于了解当时的法律制度价值极高。

175

○七一

奴隶买卖

西周时奴隶还相当多，是贵族的私有财产。贵族把奴隶当物品，用来赏赐、买卖或赔偿，一匹马和一束丝便能买五个奴隶。

周朝奴隶数量大增

周朝通过战争获得大量的俘虏，这些俘虏中有很大一部分都充作奴隶。如武王克商后，灭掉九十九个方国，斩首十万七千七百七十九人，俘虏三十万零二百三十人。康王时发动的一次对鬼方的战争，抓获鬼方的三个酋长，杀掉三千八百多人，俘虏有一万三千零八十一人。这样，周朝奴隶的数目便大量增加。

赏赐为私产，买卖成商品

这些由俘虏转化成的奴隶，大多成为王有或贵族所有的私产，周王经常把奴隶作为赏赐臣下的财物。如西周铜器《令簋》铭文记成王赏赐给贵族令"臣十家，鬲百人"。臣是奴隶，奴隶也可成家，成家后生出的孩子便是小奴隶；鬲是一种更低贱的单身奴隶。《周公簋》记康王赏赐给贵族周公的后代"臣三品"，即三类奴隶，有州人、东人、庸人等。《麦尊》记康王赏赐给贵族麦赭衣赤足的奴隶有二百家，并以"剂"即券契的方式交付，可见其数量相当多。奴隶可以赏赐，作为私产，当然也可以买卖。据《周礼》记载，当时市场上买卖的商品有"人民、牛马、兵器、珍异"等。这里所说的"人民"，与"牛马"陈列在一起，当然就是奴隶。

贵族间的奴隶交易纠纷

贵族间有奴隶买卖，因此而产生的纠纷也多起来。据西周金文记载，孝王时有个贵族曶（音忽）要买贵族限的五个奴隶，已付给限一匹马和一束丝。但限后悔不卖了，叫手下的人把马和丝还给曶。同时，限又约曶于王参门另订券契，把五个奴隶的卖价改为

一百守金属货币。后来，限差人将金属货币退还，再一次表示不卖。限这样出尔反尔，违反商业道德，曶就将此事上诉于负责处理纠纷的上级井叔。井叔判决说："限乃王室之人，不应既订买卖契约，又不付给曶东西。"这样，曶胜诉了，终于购得五名奴隶，他们的名字叫：陪、恒、耦、数、眚。曶向井叔拜手叩首行礼，表示感谢。在买卖五名奴隶的交接仪式上，曶又用酒、羊及丝三守招待，以使这次买卖顺利成交。

清晰勾勒西周历史的逨盘
单氏家族的重器之一逨盘，为我们清晰地勾勒了西周历史。铭文中年月日和月相的记载，有助于校验万众瞩目的"夏商周断代工程"的阶段性成果，对于构建中华民族文明史将起到极为重要的作用。逨盘有铭文370余字，是建国以来出土的铭文最长的西周青铜器。

> **历史文化百科**

〔反映奴隶买卖状况的曶鼎〕

曶鼎是西周中期青铜器。曶（音忽）或作"㫚"，是作器者的名字。该鼎原件已佚，今存其铭文拓本，共分三段：第一段记周王对曶的策命赏赐；第二段记曶先拟用一匹马和一束丝买五个奴隶，后改用金百守得五夫的经过；第三段记曶的禾被匡季抢掠而获得七田五夫的赔偿。

曶鼎记载事情经过相当细致，是研究西周社会状况的重要史料，是西周奴隶社会的证明。

前832年　公元前832年

世界大事记

亚述王萨尔玛那萨尔三世侵入奇里乞亚，攻占塔尔苏斯，征服该地区。

西周铜器《曶鼎》铭文

曶　理财　贪吝
限　匡

人物　关键词　故事来源

经济赔偿可用奴隶抵充

奴隶也可以用作赔偿的物品。据西周金文记载，某年饥荒，贵族匡带领手下二十个奴隶抢走了贵族曶的禾谷十秭。当时一秭相当于二百把，十秭就是二千把，数目不少。于是，曶就到上司东宫那里去告匡。东宫把匡抓来训斥说："把你手下那几个抢禾谷的人抓来，如果抓不着，就要重重地罚你。"匡知道事情不妙，就设法与曶私了，答应给曶五块田和四个奴隶作为赔偿。曶认为匡的赔偿条件太低，又向东宫明确提出要求："匡必须偿还我的全部禾谷。"东宫听了曶的要求便提出判决意见说："匡必须偿还曶禾谷十秭，并加送十秭，为二十秭。如到明年还没有偿还，则要加倍付四十秭。"匡知道曶这个人不好对付，便又增加了两块田和一个奴隶，一共给曶七块田和五个奴隶，又偿还所抢禾谷十秭，这场官司才算了结。

从上述一匹马和一束丝便能买五个奴隶，抢夺了别人的禾谷便用五个奴隶赔偿的事实来看，当时奴隶的价格是相当便宜的。

暴发户与贵族的土地交易

1975年陕西岐山董家村出土周共王、懿王时代的裘卫青铜诸器中，五祀卫鼎、九祀卫鼎两铭和卫盉铭都记载了土地交易事件。周室治下的京畿有矩伯、裘卫两个系族，矩伯是周室的贵族，号为邦君，又有"矩内史友"，足见是周室的大臣。而裘卫则是西周中晚期掌作皮裘的小官。然而这位贵族矩伯却穷得必须向裘卫家借贷。卫盉铭文说，周王建旗大典上，矩伯必须到场，矩伯用田地向裘卫家换来了必需的瑾璋和皮饰。两年后，五祀卫鼎的铭文又记载了第二件交换行为，裘卫换取到矩伯家靠近两条河川的四片良田。九祀卫鼎铭文则是裘卫、矩伯间第三次交换记录，裘卫用车辆和皮革饰件及用品换取了矩伯的一片林地。由这三次交换来看，周室的大臣穷乏不堪，甚至不能拥有像样的车马、玉饰和衣着。为了撑场面，矩伯不得不用田地和山林，向不足称道的小官，交换来贵重的物品。裘卫是暴发户，不仅能给封君所需的物品，并且还可以制作铜器以为纪念，其实际财力也就可想而知了。这三篇铭文是研究西周中期土地制度变化和周室封建社会秩序变化的极为珍贵的史料。

中国大事记

夷王中期听纪侯的谗言，烹杀齐哀公，立哀公异母弟静为齐君，造成齐国长期内乱。

熊渠兴兵

楚君熊绎的第四代孙熊渠，见周夷王恶疾缠身，周室衰微，便乘机兴兵，开拓疆土，在南方称王称霸。

夷王初年的强盛起色

周孝王即位九年就去世了，诸侯和大臣立孝王之侄前懿王的太子燮继位，他就是周夷王。夷王初年，政治较有起色。远方的蜀国、吕国都派使者来献琼玉，夷王在黄河边用宾客之礼迎接。有一次，夷王也曾命虢公率领六师攻伐不服王命、常来侵扰的太原之戎，一直打到俞泉，获得马千匹。这是夷王征伐西北边境的一次不小的胜利。

乘病重之机兴风作浪

可是，夷王后来得了恶病，身体衰弱，不能治理国事。同姓的各诸侯国都十分忧虑，他们遍祭国内的名山大川，祈求神灵保佑，使夷王恢复健康。然而祭祀并不能挽救夷王的生命。他终于在十六年离开了人世。一些异姓的诸侯国，乘夷王病重、国势衰微之机，便不来朝贡，甚至起而叛逆，兴兵互相攻伐，夺取土地、人民和财物，态度十分嚣张。楚国的熊渠，便是其中突出的一个。

熊渠称王，大肆攻伐

熊渠是楚国始封君熊绎的第四代孙。楚族本是中原华夏族的一支，因局势动荡、转辗迁移来到今河南西南部和湖北西部。周公东征后，为稳定南方局势，把曾与周国有过友好关系的鬻

富有生活气息的它盉

西周晚期青铜器它盉，1963年陕西扶风齐家村出土。盉体似一圆形扁腹小鼓，两腹侧面有阴线花纹，中心为涡纹，涡纹外是一周重环纹，最外圈为斜角雷纹。顶部有圆角长方形盉口，盉盖雕塑成鸷鸟游水状，流管雕作龙形，从盉腹前部斜伸而出，引颈探首，似蛟龙出水状，龙口张开就是流嘴。盉形如腾云小龙，龙体多屈。腹下四足似兽蹄。盖内有铭文一字"它"。它盉是西周时冲破青铜器神秘庄重旧制，一步步走向生活，具有轻松气息的代表作。

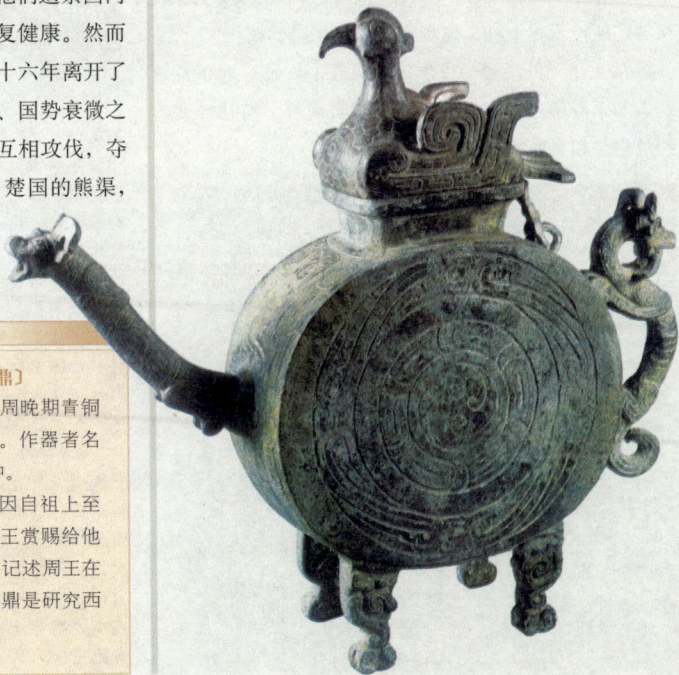

〔记述从政、治军经历的大小克鼎〕

1890年出土于陕西扶风任家村的西周晚期青铜器，计有大鼎一、小鼎七、镈二、钟六。作器者名克，世因称大克鼎、小克鼎、克镈、克钟。

其中大克鼎有铭文290字，记述克因自祖上至今，勤勉王事，治理四方有功，受到周王赏赐给他许多田地和奴隶。小克鼎有铭文72字，记述周王在宗周命克去整顿成周八师的情况。两克鼎是研究西周政治、经济、军事的重要史料。

世界大事记

斯巴达的立法者来库古约于此时为斯巴达人订立了不成文的律法，用国家组织的户籍原则代替氏族组织的血缘原则，标志着斯巴达国家的形成。

夷王　狡诈
熊渠　恐惧

《史记·楚世家》
《竹书纪年》

人物　关键词　故事来源

隹（唯）王十又二年三月既才（在）甲中王初执驹于庑王子□□□（师）�锡召盟□□王拜念（稽）首曰王弗望（忘）氒（厥）旧宗小子□（即）□皇身盂口王□（册）□下其（綦）篷（奉）□□□□□□（录）兹逸□□天子之休今余□今□（兹）其□□□□十□□□□篷蛊□□□遂楚年世子……猎……永（宝）之

雒子驹尊

西周孝、夷时期青铜酒器雒子驹尊，1955年陕西眉县李村出土。形如一驹昂首静立，背上有个马鞍状尊盖，可以启闭。驹腹两侧有圆形花纹，中心是涡纹，四周为变形卷云纹。驹颈部和尊盖内各有94字和11字铭文，记述周王举行执驹典礼，亲自把两匹马驹赐给掌管王室禁卫军的将领的事。"执驹"是周代一种典礼，《周礼·夏官·校人》说："春祭马祖，执驹"，两岁小马叫驹。郑玄解释说，所谓执驹就是把小马驹从马群中分离出来，以免仲春交配季节被成年雄马所伤，同时也令马驹脱离母马，改为人工饲养。驹尊铭文总结了周人护马的有效措施，是研究西周马政的重要史料。

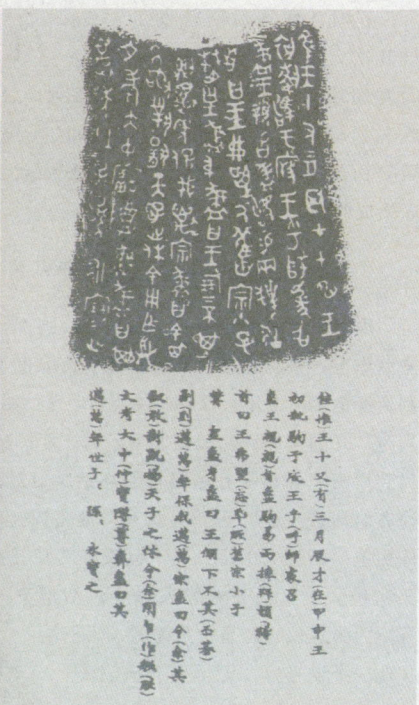

熊的曾孙熊绎封到今湖北西南部秭归和枝江一带。楚族深入南方蛮夷居住的地区，由于经济发展的先进，周围的蛮夷部族都来归服，楚国很快就壮大起来。这时，熊渠见夷王恶疾缠身、周室衰微，便趁火打劫，向北面和东面大肆攻伐，开拓疆土。他北面攻伐到庸，今湖北竹山县东南；东面攻伐到杨越，今湖北天门市东；并一直向东攻到鄂，即今湖北鄂州市。熊渠宣扬："我是蛮夷，可以不同于中国的称号和谥号。"于是，他把三个儿子都封为"王"，与中原天子的称号相提并论：长子康为句亶王，中子红为鄂王，少子执疵为越章王，其封地都在江汉一带的蛮人聚居区。

至厉王即位，对诸侯国采取强硬的粗暴态度。熊渠害怕厉王派兵来征伐，就悄悄去其王号，不敢再声张。由此可见，楚国在南方，看到周王室软弱和衰微，就乘机开拓，称王称霸。一旦周王室兴盛和强硬起来，他又不得不有所收敛。

前885年
前878年

公元前 885—前 878 年

《史记·齐太公世家》

周夷王
齐献公
齐哀公
齐厉公

残忍　怨愤

人物　关键词　故事来源

中国大事记

夷王后期因得恶病，有的诸侯乘机叛逆。

○七三

齐哀厉之乱

纪侯向周夷王进谗言，称齐君蔑视周王，正招兵买马，准备叛乱。周夷王不作调查，就把齐君烹死，造成齐国长期内乱。

齐国在西周后期曾发生过几次大乱，国君及其亲属间互相攻杀，争夺君位，造成长期政局不稳。大乱的起因是由周王的昏庸和专制暴虐造成的。

周夷王烹死齐哀公后，立哀公的异母兄弟静为齐君，后来人们称他为胡公。齐胡公为避免与其他齐君亲属的矛盾，把国都迁到薄姑，在今山东博兴县东北。

纪侯进谗言，夷王烹死齐哀公

周夷王初年形势很好，蜀国和吕国都曾遣使者来献琼玉，夷王对戎狄部落的征伐也取得了一些胜利。于是，夷王开始骄傲起来，处理事情草率粗暴。当时，齐国与邻近的纪国发生矛盾，纪国的国君纪侯到周夷王面前说齐国国君的坏话。他造谣说齐君蔑视周王，正招兵买马，准备谋逆。周夷王一听怒火中烧，也不调查证实，就召集诸侯大会，把齐君投入鼎中，活活烹死。因为这位齐君是被烹死的，人们给了他一个谥号为"哀"，称作齐哀公。

雏子驹尊（另面）

亲属矛盾加剧，献公攻夺君位

夷王烹死齐哀公，又立哀公的异母兄弟胡公静为齐国国君。这样做，加深了齐国公室中各亲属间的矛盾。哀公有一个同母小弟山怨恨胡公夺了自己的王位，就与同党率领营丘人来偷袭胡公新迁的都城。胡公没有准备，被山攻杀。山便自立为齐君，后来称为献公。献公元年，山把胡公之子全部驱逐出齐国，把国都又迁回营丘。因其城临近淄水，故改称临淄。

厉公专制暴虐，遭复仇者杀害

齐献公九年去世后，其子寿即位，后来称为武公。齐武公二十六年去世，其子无忌即位。无忌专制暴虐，受到国内人民的普遍反对。原来被献公驱逐的胡公之子认为复仇的时机已到，便纠合一帮国外的反对势力潜入齐国。齐国人痛恨无忌，欲立胡公之子为国君，就与胡公之子一起攻杀无忌。不幸胡公之子也在这次战乱中身亡。因为无忌生性暴虐，积怨甚多，人们便给他一个恶谥为"厉"。古谥法书上说："杀戮无辜曰厉。"齐厉公死后，齐国人立厉公之子赤为国君，同时诛杀厉公手下助纣为虐的恶吏七十人。

厉公子赤当上国君后，接受他父亲的教训，不敢为非作歹，小心谨慎地处理国政，齐国的政局渐趋平稳，西周后期齐国公室的内乱终于告一段落。赤死后因而得了一个良谥为"文"，称为齐文公。

公元前824年

前824年

世界大事记 亚述王萨尔玛那萨尔三世去世，沙马什阿达德五世即位，国内出现叛乱。

西周铜器"覸匜"铭文

牧牛 师覸 伯扬父 专制 屈辱

人物 关键词 故事来源

〇七四

牧牛打官司

小吏牧牛因上司横行霸道，便到司法机关告状，结果被罚五个奴隶，又挨鞭打，并要立誓不再上诉。

小吏牧牛告发其上司横行霸道

西周后期，有个叫牧牛的小官吏，由于他的上司、担任"师"官职的覸横行霸道，经常欺侮下级，勒索下级的财物，还要下级去他家里服劳役，稍有不慎便要受到惩罚，因此，牧牛就到司法机关去告状，要求制裁覸的不法行为。然而覸既然任师职，统率军队，又在政府机关当顾问，与司法上层机构的大官当然都有关系，甚至还认识周王，自然不把小小的牧牛放在眼里。经过覸在司法机关上层官吏中的一番活动，牧牛告发覸的案件开庭审理了。

王廷大臣宣判牧牛为诬告当受罚

就在三月底甲申这一天，王廷大臣伯扬父在审理案件的大厅中，宣布对牧牛上告覸一案的判决，判决词说："牧牛，你现在被指责为诬告。你竟敢和你的师打官司，你违背了先前忠于上司的誓言。现在责成你立即到蒿地去见覸，给他五个奴隶。按照刑法规定，你本应鞭打一千，脸上刺字，并处以黑布蒙头的羞辱之刑。现在念你是初犯，姑且从轻惩处，减刑为鞭打一千、脸上刺字和免除职务。又据赎刑条款的有关规定，现按罚铜三百锾、鞭打五百下的最轻处罚执行。"

牧牛立即知过认罪表示悔改

判决宣布后，伯扬父又要牧牛立下誓言："从今以后，决不再上诉纠缠。"牧牛哪敢不从，只得马上立誓。伯扬父再一次警告牧牛："如怙恶不悛，继续上告覸，就要鞭一千，脸上刺字并蒙黑头巾，严惩不贷！"牧牛听完警告，又连忙立誓，表示悔改，当场签字画押，知过认罪。

胜利者铸铜器作为宗族的光荣

牧牛的案子判定了，誓约存入档案。覸得到宣判结果的消息，十分高兴，把这件事告诉给他的许多同僚听。牧牛实践誓言，到蒿地交给覸五个奴隶，又被鞭打，并罚了铜。覸为了纪念这次诉讼的胜利，特地铸了一件铜器盉，后来也称匜。覸把伯扬父对牧牛的判词以及这次诉讼案件判决后的执行情况，统统铸在这件铜器上，作为他这个宗族的光荣。时间久了，这件青铜器就成为文物存放起来。

1975年底，考古工作者在陕西省岐山县董家村发现了一处青铜器窖藏，窖中共埋藏青铜器三十七件，其中一件就是西周后期的师覸铸造的。考古工作者把这件铜器定名为《覸匜》。铜器的盖和器身上铸有相连的铭文，共一百五十七字。

法律偏袒尊贵者，判决明显不公平

铭文所记述的牧牛打官司的案件，说明在西周那样等级森严的社会里，法律规定，等级卑贱的决不能上告等级尊贵的，其判决带有明显的偏袒和不公平。牧牛在上级权势的压制下，只得忍气吞声，屈服从判。

论述西周诉讼案件的覸匜（上图）

覸匜造型奇特，纹饰与铭文带有西周中期的风格。器内铭文为一篇法律判决书，判决书判定下等人牧牛因告发上司而必须受惩罚，并要求牧牛立誓不再上诉。这反映了西周社会的严重不平等，对于了解当时的法律制度价值极高。

○七五

国人暴动

周厉王实行专利，规定进山泽打柴、捕鱼，要缴高额税金，表示不满者即被杀戮。结果引发国人暴动，周厉王狼狈逃窜。

实行专利，大肆搜刮民财

夷王去世后，其子胡即位，就是西周历史上有名的暴君周厉王。厉王初即位，就喜欢主张专利的荣夷公。荣夷公是荣国国君，在周王室担任一定官职，"夷"是其死后的谥号。所谓"专利"，就是把国都附近的山林川泽，都封锁起来，不让人民进去打柴、采集、捕鱼、捉水产品。谁要进入这些地区，就要缴纳高额的税金。周王可以借专利之机大发横财。但是，国都附近的平民和工商业者，当时称为"国人"的人，生活就发生了困难。

这时，周宫廷中有个贤臣芮良夫评论此事道："山林川泽之有物，是天地所生。天地百物，大家都以此为生，怎么可以专利？专利激怒的人甚多，荣公以此教王，王能长久吗？在王身边的人，应引导物质利益布施于上下，使神人百姓各得其所。即使这样，还要经常忧惧，恐怕怨恨的产生。《文王》诗说：'布施赐利，以成周业。'现在王学专利的结果必然归附者少。王用荣公，周朝必败。"厉王听到芮良夫的议论，只当耳边风。由于利欲的驱使，厉王还是起用荣夷公为卿士，实行专利政策，大肆搜刮民财，以供自己奢侈享用。

发表"诽谤"言论，立即杀戮

专利政策推行后，国人由于被王室官府盘剥，难以维持生活，纷纷表示不满。王室重臣召穆公向厉王进谏道："百姓已经不能忍受贪暴的政令了！"然而厉王不但不放松专利的剥削，并且从卫国招来巫师，要他们监督京城内百姓，发现谁发表"诽谤"王上的言论，就立即加以杀戮。这样，国人再不敢发怨言。亲戚朋友在道路上相见，也不敢说话，只眨一下眼睛，表示对王室贪婪剥削和残暴镇压的愤怒。厉王看到这种情况，高兴地对召穆公说："你看，我能够消除百姓的诽谤，现在他们都不敢说话，天下太平了。"

堵塞人民的口，终会酿成大祸

召穆公严正指出："这是堵塞人民的口啊！防民之口，甚于防川。堵塞河水一旦决口，伤人必多；堵塞人民的怨言不让发表，更会如此。所以治理河水要疏通它使之流畅，治理人民要开导他们把话都讲出来。故天子听政，使公卿至士大夫都献诗，盲人乐官献曲，史官献书，师官劝告，百工进谏，庶人传话。在近臣都进行规劝、亲戚观察补缺、各方面都发表意见之后，王再进行归纳、斟酌、取舍，这样王事

> 历史文化百科 <

〔体国经野〕

周代在建国时严格划分国、野，把国都及近郊地区称为"国"，把郊外的地方称为"野"。在国中居住的称为"国人"，他们主要是国君的亲属、贵族官僚和为他们服务的工商业者；在野居住的称为"野人"，他们主要是广大农民。国人、野人，其权利和义务都是不同的。

国野制度是周代统治者为团结统治阶级和便于对广大农民的统治而实施的一种治国方略。

人物
贪婪 厉王
芮良夫 怨愤
召穆公 忠言 荣夷公

关键词

故事来源
《国语·周语上》
《史记·周本纪》

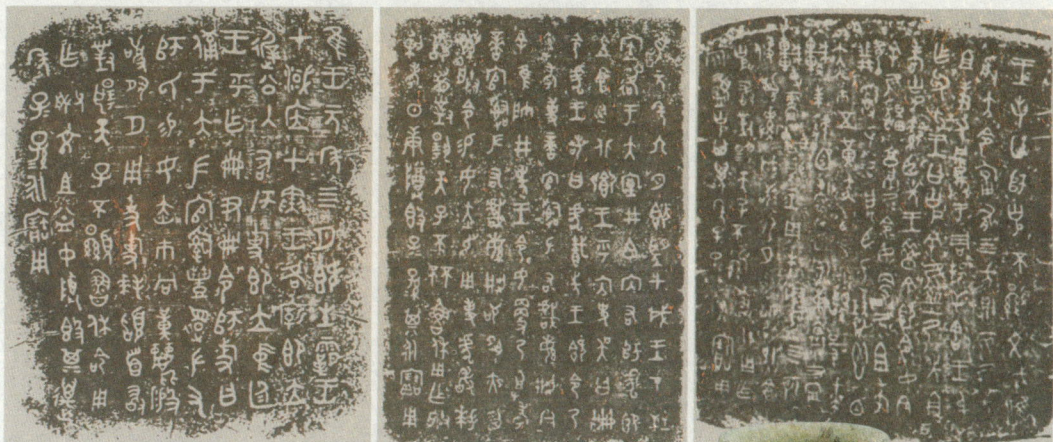

就能顺利而不发生逆乱。人民有口，就像土地有山川一样，财富从那里出来，衣食在那里生成，善恶兴败在那里出现。人民心中有思虑、口中就发言，顺其言而行就能成功，怎么可以堵塞？堵塞人民的口不让讲话，终究会酿成大祸！"

国人冲进王宫，厉王亡命奔逃

厉王不听召穆公的劝谏，仍一意孤行，对各种自然资源都实行专利，有怨言者即行斩首。这样过了三年，国都中的人民再也忍无可忍。他们便联合起来，愤怒地冲进王宫，守宫的卫队无法抵挡。厉王见这么多人汹涌而来，知道民众起来造反了。他知道被愤怒的民众抓住，后果一定不堪设想，连忙命人驾车，从宫后门溜出，狼狈逃窜。厉王的车马不停蹄，一直向东北方向亡命奔逃。他渡过黄河，来到彘邑，即今山西霍州市东南，认为国人不可能再追来抓他了，才在那里找一块地方，避居下来。

据后来一件西周铜器的铭文记载，这次参加暴动的有"邦人、正人、师氏人"等。所谓"邦人"即国人，是住在国都及郊区的平民；"正人"是手工业劳动

师氏是官称不是徽号

学者许倬云根据青铜器铭文推证，师氏是统率师旅的官称，而不应是表示族别的徽号。师氏为西周中期以后的高级武职，师职所属分化为左右及各种次级的单位，反映了政事日繁后的分化。

者，包括工正、陶正、车正等管理手工业的小官吏及其下属；"师氏人"是驻扎在国都的军队，包括基层军官和士卒。由此可见，这次暴动参加的人员非常广泛，显示了人民群众的巨大力量，给了西周统治者一次严酷的教训。

〇七六

召公救太子

厉王逃跑后，太子躲到召穆公家。成千上万的民众要求召公交出太子。召公在情急之中，把自己的儿子交给国人，被活活打死。

国人包围召公家

众国人、工商业者、军士冲进王宫，本想抓住厉王，进行审问，以发泄多年来被残酷剥削压迫的心头之恨。可是找遍王宫，不见厉王的踪影。有人说，看见厉王驾着马车从宫后门逃跑了。厉王的车已跑得很远，不知去向，众国人无心追赶，便想抓住王太子。寻找太子时，又听说太子已逃往召穆公家。于是，愤怒的人群就匆匆向召公家奔去。不一会，成千上万的民众把召公的家围得水泄不通。鉴于召公不是阿谀逢迎、助纣为虐之辈，平日能进谏厉王，经常为百姓讲些公道话，故众国人并未像冲进王宫那样直冲召公家门，只是在门外大喊，要召公交出太子，接受民众的审讯。

召穆公名虎，是周初辅佐大臣召公奭的后代，"穆"是他的谥号。召公虎同样是周厉王的重臣，平时对太子十分关心，经常辅导他。太子名静，也有的书上写作靖，他看到愤怒的国人冲进王宫，父亲急急匆匆驾车逃跑，顾不上与家人同行。他想，自己若被国人逮住，国人满腔的怒火一定会发泄到他

头上，是不会有好结果的。于是便逃到召公家去暂避灾难。召公把太子接进门，本打算隐蔽起来，让他在这里避过风头。不料过了一会，众国人在外面喊声大作："把太子交出来！"召公知道，成千上万的民众在门外守候，隐藏太子已不可能，若让这些民众冲进宅院，其后果将不堪设想。

危急关头忍痛割爱

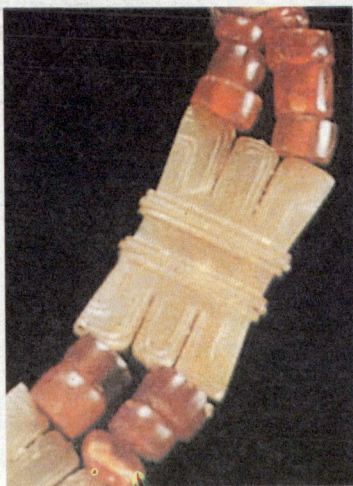

召穆公对家人说："过去我一直向王进谏，王不听我的劝告，因而造成今天的灾难。现在我把太子送出去，肯定会遭不测之祸。服侍诸侯国君，虽有怨事不能发怒，遇到险情应全力相救，而况服侍的是王呢！"在外面民众催着要人的危急关头，召公情急之下，忍痛命自己的儿子穿上太子的衣服，将他冒充太子送出门外，交给国人。愤怒的民众见"太子"出来，迎面就是一顿痛打。可怜召公的儿子年幼稚弱，经不起众人的扭打，很快就不省人事，命归黄泉。"太子"一死，众国人认为怨气已出，厉王一时也找不到，就四散而去。

高尚华贵的西周玉石项饰（上图及左页图）
玉凝聚了日月之精华，自古以来是神圣尊贵的象征。此件玉石项饰以天然彩色玉石为原料，精心雕琢，既是一件完美的艺术品，同时也体现了古时以玉彰显高尚人格的理念。

国古代第一本正规史籍——司马迁所作的《史记》，其中的《十二诸侯年表》就是从共和元年开始编起的。

被救的太子静登上王位

共和十四年，京城传来逃亡周王在彘逝世的消息。人们根据王的一生行事，给他评定了一个恶谥为"厉"。古传的《谥法》规定："杀戮无辜曰厉。"从此，人们便称这位已故周王为厉王。厉王一死，召公便宣布厉王的太子静还在人间。经过十四年光阴，太子静在召公家已长大成人，成为一个英俊懂事的青年。静毕竟是周王的嫡长子，是最名正言顺能继承王位的人。共伯和说服诸侯与国人拥立太子静为王，自己又回到原来的国中去。太子静登上王位，他就是周宣王。

国家不可一日无君。厉王既然已经逃亡，"太子"也已经身死，国人听说诸侯中有一个共伯名和的国君，品性贤德，好行仁义，远近四方都传扬他的美名，于是就请共伯和来京城代理行使天子职权。这一年，就称为"共和"元年。据推算，共和元年当公元前841年。从共和元年开始，中国历史有了确切可靠的纪年。中

国人暴动时，如果召公把太子静交出去，一定早被国人打死，就没有后来周宣王的登位了。召穆公牺牲自己的儿子救了周宣王的性命。召公虎这种牺牲骨肉保全王子的精神，在封建社会的历史上被传为美谈。

○七七

殷鉴不远

在厉王专制暴虐的混乱年代，召穆公又作了许多诗歌对厉王进行劝谏。他告诫厉王、不能胡作非为，要以殷商灭亡的历史为鉴。

在周厉王专制暴虐、被国人暴动吓跑的混乱年代，召穆公不但对厉王的胡作非为进行劝谏，牺牲自己的儿子救太子性命，表现了一个大臣的高尚风范，而且还创作大量的诗歌进行呼吁、讽喻，留给后人许多宝贵的精神遗产。

大声疾呼：贪利谨防哗变

当时厉王任用贪利的小人，无限制地对人民增加赋税、征发徭役，弄得百姓苦不堪言，召穆公目睹此状，创作了一首诗歌让人传唱道："人民已很劳苦了，应尽可能让他们稍稍安康。请爱护这王畿中的百姓，安抚天下四方。不要放纵诡诈欺骗，谨防逢迎者用心不良。要遏制掠夺暴虐，惩治那些污吏贪官。谨慎您

打击乐器：编钟
钟是西周时期出现的打击乐器，常由数件组成一套，形状相同，大小依次，称为编钟。编钟是周朝贵族在举行祭祀、宴享等活动中使用的主要乐器。此套出土于陕西省长安县的编钟是目前已知年代最早的编钟。

的威仪，亲近德高望重的大臣。莫使政治腐败，谨防大的哗变。让人民的忧愤发泄出来，不要使局势发生反常。王啊，我要爱护您，故在这里大大地规劝！"召穆公可能已经察觉到国人暴动即将发生，所以如此大声疾呼。这首诗歌，后来题名"民劳"，收在《诗经·大雅》中。

告诫天下：亲近莫如兄弟

由于利欲的驱使，当时出现了许多宗族内部不和，兄弟反目为仇、争权夺利的情况，这是道德沦丧的表现。召穆公有鉴于此，便纠合宗族的人在成周作诗，告诫天下。诗中唱道："棠棣树开了花，连花托一起放光辉。今天人与人之间，最亲近的莫如兄弟。死亡是那样可怕，只有兄弟最关心。野地聚土成坟，兄弟也会来找寻。脊令鸟飞在高原，兄弟有难就急于相救。兄弟尽管在墙内争吵，当有外人欺凌则共同抵御。摆出你的饮食器具，一家人私宴饮酒。兄弟既已俱在，和睦相处乐悠悠。善待你的家人，喜爱你的妻子。请你考虑，请你深思，上面所说可真如此！"召穆公这首申述兄弟应该互相友爱的诗，题名"棠棣"，读来亲切感人，是一篇不朽的名作。

殷鉴不远，在夏后之世

厉王的暴虐日甚一日，社会矛盾越来越尖锐，召穆公感到自己肩负的责任重大，又作了一首讽喻诗来告诫厉王。诗的开头唱道："恣意放荡的上帝，还是下民的君主。可

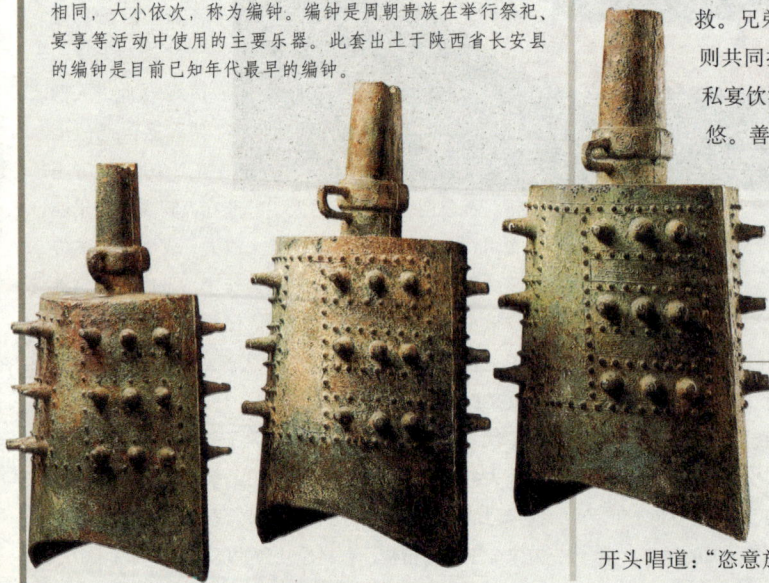

恨可怕的上帝，他的本性多邪僻。天生众多的人民，他们的命运不可猜测。人们起初无不想把事情办好，但很少能够有始有终。"这里以指斥上帝来影射周王，并预示众民将有非常的举动，促使厉王醒悟。

接着，诗歌以文王的口气指责殷纣，实际上是指桑骂槐，讽喻厉王。诗中唱道："文王说唉唉你殷商，为何如此强暴？为何如此搜刮？上天降下凶灾，你助长了这个力量！你咆哮于国中，收受怨恨反以为有德。老百姓像小蝉鸣叫大蝉噪嚷，像沸腾的开水烧滚的菜汤。大小官僚都丧失理智，拒不遵循德行礼法。你向内压迫国中人民，向外威胁到远方。殷商不用常规成法，还有先王旧章。你这样不肯听从，国家大命就此倾亡！"最后，诗歌作结道："殷鉴不远，在夏后之世！"殷朝要观察历史，总结教训，就看前朝夏后桀是如何灭亡的。言下之意是说："周鉴不远，在殷商之世！"他告诉厉王，要以殷商灭亡的历史为鉴。

含义深刻，苦口婆心

召穆公这首风格特别、含义深刻的诗歌，题名为《荡》，也收在《诗经·大雅》中。尽管召穆公一再劝谏，作诗讽喻，但厉王仍然我行我素。顽固作恶的君王，苦口婆心的劝谏和讽喻不能唤起他的觉醒，只有国人暴动，才给他以应得的惩罚。

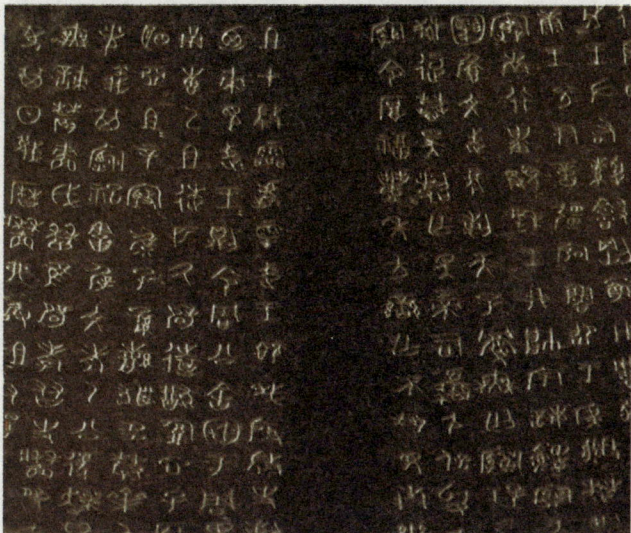

史墙盘及铭文

墙盘是西周微氏家族中一位名叫墙的人做的铜盘。因为做盘的人世代为史官，所以又叫史墙盘。此盘造型规整，纹饰精美。盘的内底部刻有铭文284字，内容是器主史官墙追颂周初文、武、康、昭、穆等诸王的功绩，记述本家族微氏从武王时历任史官的家族发展史。铭文是建国后发现的西周铜器中较长的一篇，也是一篇气势宏伟的金文作品。

历史文化百科

〔具有极高史料价值的史墙盘〕

陕西扶风庄白村1976年发现一铜器窖藏坑，出土铜器103件，有铭文的74件，可以确认为微史家族四代人的器物共55件。其中最重要的是史墙盘，铭文长达284字。

史墙盘作者世代充任史官，铭文概述西周前期重要史事及史家的家世，以当世人记录当代史和家族变迁，具有极高的史料价值。

○七八

芮良夫怒斥周厉王

芮国国君芮良夫在朝廷怒斥厉王的倒行逆施，又希望同僚们能改恶从善。但祸乱终于发生，芮良夫也跟着往东逃难。

"多做坏事会使怒火升高"

对周厉王的倒行逆施，敢于出来用诗歌进行讽喻规劝的，还有凡伯。凡伯是凡国的国君，其封地在今河南辉县西南，他也是周公的后代，同时在周王朝担任官职。凡伯曾作诗讽刺权贵道："上帝反常不正，使下民劳累痛苦。说出的话都是错误，治理政策远见全无。大臣无知乱吵乱嚷，没有诚意而多虚诈。上天正在降难，不要胡作非为。上天正在暴虐，不要沾沾自喜。多做坏事会使怒火升高，到头来不可救药！人民正在呻吟，王朝前途难以揣测。军队是篱笆，民众是围墙，大国诸侯是屏障，同姓子弟是城堡。不要使城墙破坏，只有这个最为可怕！"凡伯这首诗，题名为"板"，意在指责局势的反常。他既有痛斥，又有忠告，感情是深沉复杂的。

"人民不堪虐待，君主就有危险！"

对厉王的贪婪暴行指责得最严厉的，要算芮良夫。他是芮国的国君，芮国在今陕西大荔县朝邑，封国的爵级为伯，故又称他为芮伯。芮良夫在厉王任荣夷公为卿士、实行专利政策时，已经作过劝谏，但厉王根本不听。过了几年之后，贪官横行，民怨沸腾，眼看国内就要大乱，芮良夫忍无可忍，再次在朝廷向厉王直言极谏。芮良夫说："我小臣良夫，观察大道，三思而告：天子是民父母，若能按大道行事，四方都会顺服；如暴虐无道，则左右臣妾也会违逆。人民归于有德者，有德则人民拥戴，否则人民视为仇敌。此言在前代不远，便有应验。商纣无道，夏桀肆虐，被民仇恨而推翻，故我周家才有今天。唉！你天子继承文王、武王的大业，你们执

政小子应该像先王之臣那样辅佐天子。可是你们专利作威，导王于不顺；倒行逆施，人民将不堪你们的虐待。君主应为民除害，害民者便不是君主，只是人民的仇敌。君主做好事才配当君主，不做好事，人民不会感恩，只有怨气。人民有亿兆，君主只有一个，寡不敌众，君主就有危险啊！"

"互相欺骗蒙蔽，最终会被颠覆！"

芮良夫指责厉王，数落同僚，一口气讲述了一大套道理。他觉得还不够，又继续慷慨陈词："唉！现在你们执政小子，只知道贪婪掠夺，阿谀逢迎，不修道德，以备灾难。下民相怨，财力殚竭，手足无措，不堪盘剥，不是要作乱吗？以我小臣良夫之见，现在王的最大忧患就是国人。唉！你们这些执政朋友，只有洗心改行，反省往日的过错，才能保住你们的官位。如果怙恶不悛，玩灾弄祸，我未知王的安定，而况你们小子！祸变往往埋伏、发生于人所轻忽之时。你们执政小子，苟安偷生，爵禄以行贿而成，使贤智箝口，小人鼓舌。你们逃避罪责，只知大捞财利，得到

> ### 历史文化百科
> **〔世卿世禄制〕**
>
> 西周有许多大贵族世世代代担任卿的高官，世世代代享有周王分封的禄田，这叫做世卿世禄制。如西周初年辅佐周王的周公、召公，其子孙长期在朝廷辅佐周王，为王朝卿士。不过，世袭官职和继承其祖、父的采邑、爵位，均需履行一定的手续，得到周王或其上级的重新册命。
>
> 世卿世禄是周代统治者为笼络亲属、功臣而实施的制度。

前818年 _{公元前818年}

世界大事记

亚述与巴比伦发生战争，亚述得胜。

凡伯 芮良夫

讽刺 怨愤

《逸周书·芮良夫解》《诗经·大雅·桑柔》

人物 关键词 故事来源

你们的所求，真是可哀啊！你们小子，在王面前花言巧语，并有许多徒众。王受你们的迷惑，互相欺骗蒙蔽，最终会被颠覆！我劝你们谨慎地考虑修德，防备你们的祸难。发生祸难只有后悔，后悔又如何能够追及！"芮良夫最后寄希望于同僚执政，劝他们能改恶从善，辅佐厉王，免除这一场祸乱。

动乱后逃难的凄凉苦楚

然而，祸乱终于发生了。国人暴动，厉王出逃，

芮良夫也跟着往东逃难。一路上，芮良夫所见所闻，心潮起伏，他又作诗吟诵道："茂盛的桑树柔嫩，它的树阴广布均平。将采者把它剥落稀疏，害苦了下民大众。不断的忧伤，憔悴困顿，高明的上天，怎不给我们哀怜？逃难的车马不停，旌旗飞动。乱子发生了就不会平静，无处不是乱哄哄。人民在祸乱中丧生，到处是烧过的灰烬。唉呀心中悲哀，国步艰辛！去吧往哪里走，无处可以安身。君子们在思考：是谁生出这罪恶的根？我心隐隐作痛，顾念我们的土地家园。上天降下丧乱，要消灭我们的王。又降下害虫蟊贼，庄稼受灾一片荒芜。民众起来犯上作乱，宁愿为此受难受苦。我每每告诫这样不可，你反而在背后大骂我。虽说以我的话为不是，我毕竟作了这首歌！"芮良夫的诗歌哀怨动人，写出了动乱后的凄凉苦楚。

倘若厉王能听一听芮良夫、凡伯等的讽喻劝谏，就不会导致祸乱发生，国家动荡，自己受辱。然而，昏暴的统治者只有在尝到了人民的铁拳之后，才肯有所收敛，有所醒悟。这是历史的悲剧。

铭文最长的毛公鼎
西周后期青铜器：毛公鼎，清道光末年陕西岐山出土。毛公鼎通高53.8厘米，制作精美，器形完整，鼎内铸铭文497字，是已知商周青铜器中铭文最长者。内容叙述宣王以四方大纵不静，策命毛公厝参预执掌朝政，屏王位，敷命敷政，锡以丰厚的物品。铭文书法流逸秀美，为存世铜器铭文中艺术水平上乘杰作。

督促农事的藉田礼，每年隆重举行

西周初年，在周公主持制订的礼仪中，有一种藉田礼。所谓"藉"是借的意思，"藉田"就是借庶民的劳力来耕种公田，故公田也称藉田。这种公田，面积非常大，大都在千亩以上，因此有用"千亩"来代表公田。公田上的收获物，用于祭祀天地祖先神灵和供给贵族们的生活享受。当时藉田礼的举行，不仅是为了垦耕公田，也是为了督促农事。这项藉田礼反映了统治者对农业的重视。

按照藉田礼的规定，太史官要经常观察土地的气脉和星辰的位置。当阳气土下盈满、将要震发之时，天上的农祥星处于正中，日月都运行在天庙的区域，这标志着立春时节的到来。立春之前九日，太史就要告诉负责农事的稷官："从今天起至下月初，阳气上升，土膏萌动。如不垦耕，脉满气结，变为灾疫，谷物便不能生长。"稷便向王报告说："今天之后九日，土气俱动。王要恭敬地斋戒，监督农事，不为他事所干扰。"王便命令司徒官告诫公卿、百官、庶民，准备春耕之事；司空官在藉田旁立一个坛，以便祭祀神

不藉千亩

原来西周初期每年春天都要举行藉田礼，即借庶民的劳力耕种公田。宣王即位，由于公田荒芜，礼仪废弛，乃"不藉千亩"，进行改革。

灵；又命各农官准备垦耕农具，不得延误。

立春之前五日，乐师报告有暖和的春风。王就到斋宫清心洁身，百官也到那里斋戒三日。及至春耕那天，有郁人进献鬯酒，牺人进献醴酒，王灌鬯饮醴，在前行走，百官、庶民在后跟从。来到藉田之处，后稷监察，膳夫、农正官布置陈列礼品，太史引导着王，王恭敬地听从太史安排。耕田开始时，王

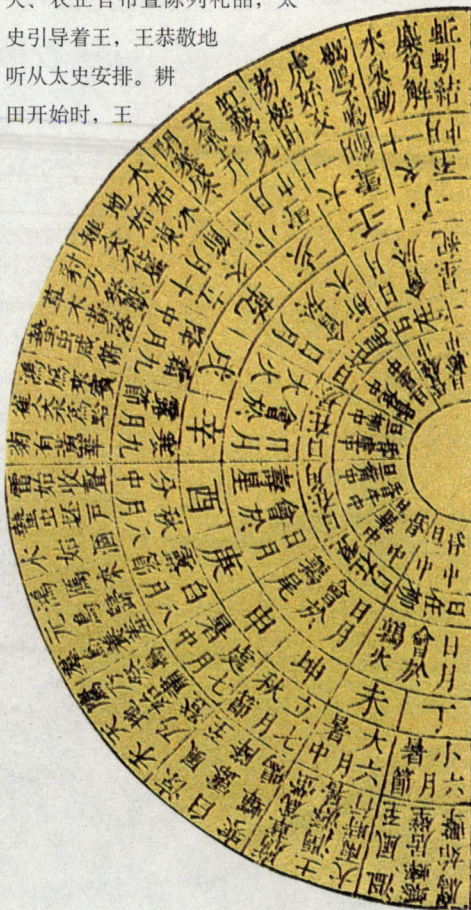

前 公元前814年

世界大事记

北非迦太基城兴起，逐渐发展成一个强大的奴隶制国家。传说建立此城者是一个名叫代尔的腓尼基妇女。

宣王　虢文公
人物

革新　理财
关键词

《国语·周语上》
故事来源

挖土一下，其后每降一级挖土次数加三倍，即公三下，卿九下，大夫二十七下，到庶民就把千亩的公田耕完。耕田完毕，宰夫陈列酒食，膳宰在旁监察。膳夫引导王先享用牛、羊、猪三种牲口肉做成的"大牢"，然后公、卿、大夫依次品尝，最后庶民把大牢吃完。

立春这一天，在举行藉田礼之后，稷官遍告百姓，综理农事。他宣布说："今天立春，日夜长短均等。雷始震发，蛰虫萌动。哪一家土地没有耕垦，司寇要拿他治罪。"然

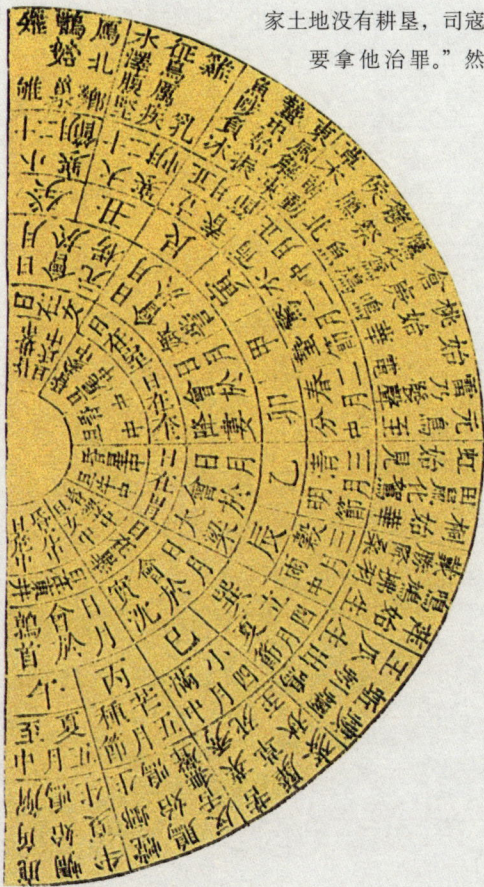

后，许多官吏都来督促农事：农师先来，农正接上，依次是后稷、司空、司徒、太保、太师、太史、宗伯。最后，王率领公卿百官亲巡一遍。不但春耕时节如此，夏天锄草、秋天收获都要举行仪式。于是，人民莫不震动，恭谨于农事，每天拿着农具，操劳不懈。这样，就可以使财用充足，人民和同。

宣王即位，废弃此项仪式

藉田礼自西周以来，年年举行，成为一种惯例。但厉王去世、宣王即位后，却把这项礼仪废弃了。卿士虢文公进谏道："藉田礼不可废弃。治理民众的大事在农，祭祀上帝的物品由此而出，人民的繁衍昌盛由此而生，各样事情的供给由此而来，和睦协调由此而兴，敦厚巩固由此而成。举行藉田礼之际，王事唯农是务，不以其他事干扰。一年四季，三时务农而一时讲武，故征则有威，守则有财。现在天子欲修先王之业而废弃藉田，这样就会祭祀匮乏而困民之财，如何能够长久？"对于虢文公的劝谏，宣王根本不听。故史书记载："宣王即位，不藉千亩。"

土地制度和剥削方式的改革

据查，宣王"不藉千亩"的原因，一方面是由于公田的荒废，宣王有意进行改革，取消藉田改收赋税；另一方面，宣王之父厉王长期逃亡在外，藉田礼仪已多年不举行，难以再恢复起来。宣王废弃藉田礼仪是西周的一件大事，从而使土地制度和剥削方式发生了一系列变化。

起源于西周的二十四节气（左右页图）
虽然迟至战国末期才确立了农事变化的二十四节气，但早在西周时期，人们就学会了用圭表测日影的办法确定春、夏、秋、冬四个节气。二十四节气的确立，极大地促进了农业生产。

○八○

中兴盛事

宣王就是召穆公所救的太子，他差一点被国人打死，怎能不胆战心惊？他即位初年，就任用贤良，平定叛乱，局势日见好转，人称"宣王中兴"。

心有余悸，励精图治

周宣王这条命是召穆公用自己儿子的生命换来的，否则他早已被愤怒的国人打死了。一回忆起这件事，宣王怎能不战战兢兢，心有余悸？宣王即位初年，偏偏又遇上一连几年的旱灾，好像老天爷对周厉王暴虐无道的惩罚还没有了，殃及他这位即位者。宣王无奈地发出了感叹："天降丧乱，灾害连年。无神不祭，不惜牲口，美玉用尽，为什么老天还不听？哎哟，先人的罪难道真要如今的人来承担么？"鉴于父亲厉王的教训，宣王感叹过后，决心励精图治，改变局面。

起用贤良人才，出现新兴气象

宣王改革的第一个步骤是起用贤良的人才。他即位初年，就以厉王时的大臣、救他性命的召穆公为相。接着，进用樊仲山父、尹吉父、程伯休父、虢文公、申伯、韩侯、显父、南仲、方叔、仍叔、张仲等，都给他们以卿的高位，作为辅佐大臣。上述人名中的"父"，或作"甫"，是古代男子的美称。厉王逃亡后，官政废弛，百姓离散。宣王这时收用人才，安抚民众，自然就出现了一片新兴的气象。

宣王中兴

在"国人暴动"时，召穆公用自己儿子的生命换下了厉王太子静的性命，并把他抚养成人。太子静继位，即是周宣王。经过厉王暴政后，朝臣和诸侯都希望有一个稳定的中央政权，而宣王顺应着这个时势的要求，发展经济、清明政治，重视人才，击溃外族入侵，一时间仿佛回到昔日的黄金时代，以至于史家称之为"宣王中兴"。然而时间不长，宣王又开始骄奢淫逸、专制暴虐起来，因此"宣王中兴"只是昙花一现。

反击少数族入侵，大振国威

当时一个严重的问题是，由于厉王时期国内局势动荡混乱，许多周边的少数族乘机纷纷入侵，危害中原政局和人民生命财产的安全。宣王即位后，在收用人才、安抚民众的同时，着手整顿军队，起用有带兵作战本领的武将，准备给入侵的少数族以有力的反击。入侵的少数民族中，以居住在今陕西北部、甘

宣王　众辅佐大臣

识才　尊贤　果断

《诗经·小雅·六月》《帝王世纪》

人物　关键词　故事来源

肃东部和内蒙古西部的猃狁为害最烈，他们结集于焦获，侵入镐及方二地，一直到达泾水之阳。宣王命南仲和尹吉甫两名大将率军出征，一举打败猃狁部队，并一直追击到北方的大原。为巩固这次征伐猃狁的胜利，周军又在北方筑城，作为守卫的堡垒。

南方的楚国在周室混乱之际，也举起了反叛的旗帜，公开与周朝为敌。它攻伐、兼并附近的周朝属国，气焰嚣张。宣王命大臣方叔率领三千人马前往征伐。善于用兵的方叔陈列军队，击鼓冲锋，并巧用计谋，把楚师打得落花流水，还抓到大批俘虏。

居于淮河两岸的淮夷，这时也不安分，经常骚乱，宣王又命召穆公虎率军征伐。召公武威很盛，所到之处叛乱无不平息。为奖励召公的功劳，宣王赐给他贵重玉器、黑黍香酒，还有山川土地。召虎制造了铜簋，上铸铭文，记载其事，当作纪念。在淮河下游今江苏泗洪县一带由夷人建立的徐国，也曾发生叛乱。宣王命卿士南仲、大师皇父和程伯休父率军东征。周军勇猛威武，使徐方震慑慑服，不战而胜。徐方派使者来到王庭朝贡。

> **历史文化百科**
>
> 〔彰显宣王中兴的驹父盨盖〕
>
> 1974年2月陕西武功县四龙村出土一件西周铜器驹父盨盖。该器铭文记载周宣王十八年，执政大臣南仲邦父派遣驹父到南淮夷索取贡赋。淮夷诸国敬畏王命，迎见驹父，献纳了贡物。驹父从正月出发，四月返还至蔡，相当顺利。
>
> 驹父盨盖所记的这次南淮夷之行，在文献里是没有的。它反映周宣王中兴的事实，及其与南淮夷的往来，可补史料之不足，十分珍贵。

封建和安抚诸侯，巩固边防

为巩固周朝在南方的统治，宣王原封其母舅于申，称为申伯，建立申国，在今河南南阳市北；后改封于谢邑，在今河南唐河县南。宣王命召穆公先到那里，安顿好申伯的居处，利用谢邑人筑城、建造宫室和宗庙，整理申国的土田和边疆。然后，宣王为申伯设宴送行，赐给他大的玉制礼器，当作定国之宝。申伯来到谢邑后，以他贤惠的德行，和合周围各邦，成为周朝在南方的屏障。

在今河北固安县东南有一个韩国，其始封的国君是周武王的儿子。宣王时韩侯新继君位，便来朝见王。宣王在宗庙举行册命之礼，赏赐他龙旗、礼

伯公父金爵（上图及下图）

西周晚期青铜器伯公父金爵两件，1976年在陕西扶风黄堆云塘村出土。两件形制、大小以及花纹均相同，铭文前后相连贯，是一对。器身呈圆杯状，饰变形蝉纹和云纹，有圈足饰重环纹。曲柄扁宽，柄面饰夔龙纹。关于这两件铜器名称，学者的叫法不同，有人叫斗，有人叫勺，而铭文自称"金爵"，其用途为献、酌、享、孝。

服、车饰、兽皮等许多珍贵物品，并亲自告诫他："继承你祖先的事业，不要废弃王命，早晚勤劳，不可松懈，恭敬地坚守你的职位。督治那些不安定的邦国，以辅佐你的君王。"韩侯这次出行，受到各方的热情款待，又在汾河之滨娶到了一位贤惠的妻子。回到国内，附近的燕国帮助他修筑城墙，挖护城河。韩侯一心一意发展生产，训练军队，在蛮族聚居的地区成为北国的方伯，保卫着一方的平安。

宣王大臣仲山甫道德高尚，又有美的威仪。他担任出纳王命的工作，传布政令迅速准确。为人善良正直，不欺侮鳏寡，不畏惧强暴。当时东方的齐国内乱初定，局势不稳，宣王就派他去齐国，解决齐国公室的纠纷，并修筑都城，这样，又巩固了周朝在东方的统治。

"不同凡驹"

西周懿孝时期青铜酒器神驹尊，1984年出土于陕西长安沣西张家坡村。该尊形体像马驹，却又头生双角，腹有双翼，大概是古人所说的"天马神驹"。驹昂首，短鼻吻，双耳高竖，槌状角在耳之内侧。尊口在驹背，有盖，驹腹饰有扉棱，象征翼翅，四肢较短，奇蹄。驹颈上立一只虎，驹尾有一条龙，驹前胸有一兽，似龙又似虎。驹之胸、腹、臀部饰饕餮纹。此尊造型奇特，"不同凡驹"，铸造和装饰工艺皆为上乘，是商周青铜酒器中难得的艺术珍品。

东都大会，盛况空前

在周朝初年的成王时期，东都刚建成，曾有大会诸侯及四夷于东都之事。现在宣王经过一段时间的整顿和征伐，国内大治，四方顺服，于是又一次召集各地诸侯会于东都。这次集会，由各路诸侯驾着猎车带着人马前来，到东都附近的圃田和敖山进行狩猎，既交流了情况，又是一项军事演习，场面热烈，盛况空前！

宣王前期在父亲厉王惨痛教训的激励下，内修政事，进用贤良，外攘夷狄，巩固边防，取得了出色的成绩。历史上称为"宣王中兴"。

公元前850—前800年

前850年
前800年

世界大事记　推罗爆发奴隶起义。

宣王　秦仲　秦庄公　人物
坚强　壮志　关键词
《史记·秦本纪》　故事来源

〇八一

秦仲之难

非子所封的秦国后来受到西戎的袭击，其君秦仲也惨遭杀害。周宣王支持秦仲之子庄公复仇，秦国在反击西戎中逐渐壮大。

西戎反叛，攻灭大骆

周孝王因非子养马有功，封他于秦邑，在今甘肃清水县，使他延续嬴氏的祭祀，故号为"秦嬴"，此后即以秦为国名。秦嬴死后，其子秦侯即位。秦侯又将君位传给其子公伯，公伯再传给其子秦仲。秦仲立三年之时，正当周厉王暴虐无道，诸侯叛乱不服。西戎部族乘机反叛王室，将在犬丘附近秦的兄弟之邦大骆族攻灭，大骆族的首领也惨遭杀害。

秦仲受命报仇，反被西戎杀死

宣王即位后，决心打击西戎的反叛势力。为了给惨遭杀害的大骆族报仇，宣王命秦仲为大夫，组织力量镇压西戎。无奈秦国偏在西隅，势单力薄，在秦仲立二十三年时，一次与西戎作战，反被人多势众的西戎杀死，秦国受到极大损失。

宣王调遣步兵，并给武器装备

秦仲战死后，秦国内部报仇的决心更大了，宣王也想利用秦国来制服西戎。秦仲有五个儿子，其长子叫庄公，继承了秦国的君位。为坚定秦国报仇的意志，宣王把庄公五兄弟召到京城去，与他们进行长时间的谈话，勉励他们鼓起勇气，打败西戎，为父报仇，杀敌立功。为了加强秦国军队的力量，宣王在庄公五兄弟临行时，调遣步兵七千人，归庄公指挥，并给了庄公不少武器装备的援助。

庄公巧用计谋，终于击败西戎

由于有周王室作为坚强后盾，庄公回到秦国，日夜练兵。他把国内的全部力量都发动起来，再加上宣王支援的步兵七千人，力量有了明显的增强。庄公的军队报仇心切，士气高昂，巧用计谋，采用突然袭击的战术，在一次猛烈攻击中把西戎部队杀得大败。秦军和宣王的部队奋力追击，把附近的西戎部族势力全部歼灭或赶跑。秦庄公在宣王和全族人民的支持下，终于击败西戎，为父报了仇。

秦国土地扩展，逐渐强大

秦军大破西戎的消息传到京城，宣王大为振奋，他下令封秦庄公为"西垂大夫"，负责保卫西部边境的工作，同时命令把击退西戎而占领的原大骆族所有之地，也归秦国管理。这样，秦国原有的秦邑和从西戎手中夺回的犬丘，即今甘肃的清水县和天水县两地，连成一起，合二为一。秦仲之难并没有使秦国衰亡，相反地，秦仲之子庄公在这场灾难后迅速振作起来，不失时机地组织力量击败西戎。秦国的土地扩展了，国力也逐渐强大起来。

▶历史文化百科◀

〔禹鼎：研究西周军事状况的重要资料〕

禹鼎是西周晚期青铜器。宋代薛尚功《历代钟鼎彝器款识法帖》等书中已著录，称为"穆公鼎"。1942年陕西岐山任家村又出土相同的鼎，因其作者者实为禹，故改称"禹鼎"。

该鼎有铭文207字，记述鄂侯驭方率南淮夷、东夷反叛周朝，周王曾命西六师、殷八师征讨，未能取胜，后禹以武公的兵车徒驭进击，终于俘获鄂侯。禹鼎是研究西周军事状况的重要资料。

中国大事记

宣王初年，进用大批贤才，击退猃狁，攻伐叛乱的楚国，征服淮夷和徐国，又支援秦庄公大破西戎，诸侯来朝，边防巩固，号称"中兴"。

姜后脱簪待罪

宣王中年以后，渐渐贪图享受，终日与女人为乐。宣王的正妻姜后传言："君王失礼，都是妾的过失！"并脱簪待罪于后宫，使宣王猛醒。

中年后不思进取，与女人为乐

宣王前期，在内修政事、外攘夷狄方面，很有一些作为，造成可喜的中兴局面。可是进入中年后，渐渐地贪图享乐，不思进取，不问朝政，不关心百姓的疾苦。终日盘游在后宫之中，与女人为乐，早睡晚起。大臣有要事奏见，也找不到他的踪影。这种懒散不振的作风，在朝廷上下引起了种种议论。

姜后传言宣王，请治婢子之罪

宣王的正妻姜后，是齐侯的女儿。她从小接受良好的教育，贤惠有德，遵循礼的教化行事，受到大臣们的尊重。她看到宣王经常在后宫游荡，精神委靡，大臣们议论很多，心中有一股说不出的滋味。她想对宣王进以忠告，但又鼓不起勇气。一天上午，太阳已经很高，宣王还在睡觉，不去上朝听政。姜后犹豫再三，忍无可忍，就脱下头发上的簪子和玉制耳环，呆在后宫的永巷中，好像自己有罪听候君王处置的样子。她请负责宫廷中君王和后妃饮食起居的傅母传言给宣王说："姜的没有才能，妾的淫乱之心，今天显露出来了！因而使得君王失礼，很晚才上朝听政，让大家都看见君王乐于女色而忘记道德。这是妾的过失啊！如果乐于女色，必好奢侈，贪得无厌，这样就会兴起祸乱。追查祸乱的兴起，是从婢子开始的，请君王处治婢子之罪吧。"姜后所说的"妾"和"婢子"，都是指自己而言。姜后的这番话，可以说是用心良苦了。

猛然惊醒，一改往日作风

睡意蒙眬、迷迷糊糊的宣王，在床上听到傅母传来姜后待罪于永巷听候处治的言词，猛然惊醒，连忙答道："寡人没有道德，实在是自己生成的过错，不是夫人的罪啊！"宣王说着，立刻起身，从永巷中接回姜后。从此宣王一改往日的作风，

引人注目的迷鼎

迷鼎之所以引人注目，除了其造型精美，纹饰繁缛，铭文字体遒劲古朴，有着很高的艺术价值之外，它与迷盘一样，铭文中的年月日与月相的记载，是研究、佐证西周纪年的重要的第一手资料，意义非同寻常。

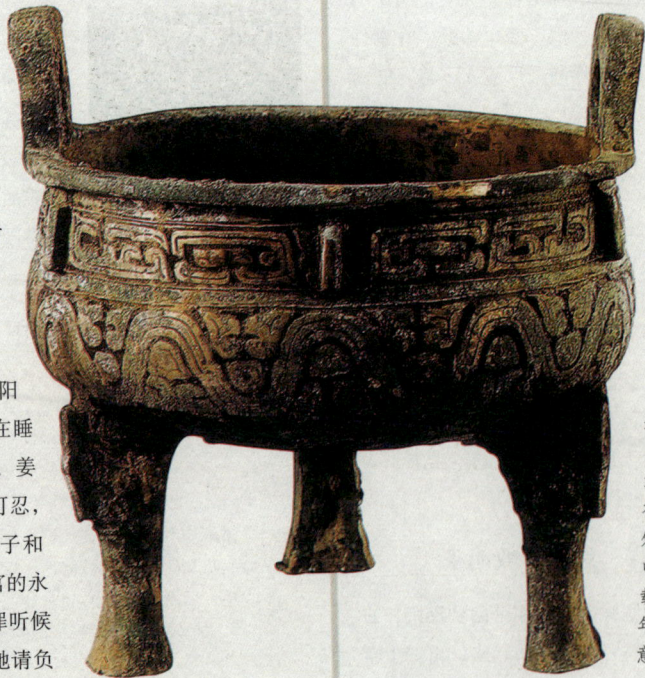

前850年
前800年
公元前850—前800年

世界大事记

亚述王国出现骑兵，与战车兵并存。这是世界军事史上第一次出现专业骑兵。

宣王　姜后　　忠言　纳谏　　《古列女传》卷二《诗经·小雅·庭燎》

人物　关键词　故事来源

又变得勤于政事了。他早早上朝，很晚才退朝休息。宣王成为"中兴"之主，与姜后的贤惠、经常劝谏是分不开的。

经过姜后在永巷脱簪待罪的诤谏，宣王感悟而勤政之后，有人写了一首诗来赞美宣王。这首诗用宣王

周人的服饰：上衣下裳

周人服饰上衣曰衣，下衣曰裳，衣连裳的叫深衣，这种衣服宽博又合体，长度到足背，袖子宽舒覆盖肘部，腰部稍收缩，用长带束腰。周人穿衣右衽，由胸前包肩部；裳的形制是以七幅布围绕下体，前三幅后四幅，两侧重叠相连，状如今日的裙子，不过褶裥在两旁，中间则方正平整。衣饰最多的是佩戴玉件，衣服的材料为毛、麻、葛及丝织品。裘卫就是西周一个专制皮毛、裘的家族，专制各种裘皮件和皮制品供贵族使用。而用粗毛制成的褐，则是农夫常用的冬衣。《诗经·豳风·七月》："无衣无褐，何以卒岁。""七月流火，九月授衣。""我朱孔阳，为公子裳。""取彼狐狸，为公子裘。"又《周南·葛覃》："葛之覃兮，施于中谷，维叶莫莫，是刈是濩，为絺为綌，服之无斁。"葛丝织物，精者为絺，粗者为綌。麻葛纤维织物仅次于丝织品。

〔周宣王是"中兴"之君吗？〕

周宣王的人品怎样？在历史上的功过如何？学术界评论各殊。近年有学者作了深入剖析。

周宣王初即位，能够虚心纳谏，进用贤良，改革经济，征服边疆叛乱，确实很有一番中兴气象。

但到后期，宣王变得专横跋扈。他在政治上听信谗言，迫害功臣；在经济上搜刮民众；在军事上穷兵黩武；在生活上乐色忘德。特别是他废长立少，乱杀无辜，使国内矛盾日益恶化。

在凌晨与旁人对话的方式，描写宣王关心朝政、勤于治国的情态。诗中写道："夜怎么啦？夜还没有到尽头，这是庭中的大烛发出的光。上朝的君子快要到了，听那车铃的响声锵锵。"诗中描写宣王晚上睡不好觉，总是在惦念上朝听政的事，因此一直在问"夜怎么啦"。当有人回答"夜还未尽，那亮光是大烛的照明"时，宣王仍恐怕时间已晚，说："上朝的君子快要到了，已能听见那车铃的响声。"此诗采用三段递进的形式：第一段说"夜还没有到尽头，这是庭中的大烛发出的光"；第二段说"夜还没有结束，庭中的烛光正照得明亮"；第三段说"夜已到凌晨，大烛的光还有余辉"。诗中描写夜越来越近天明，而宣王想象中上朝的大臣君子，其马车的声音和旌旗也越来越听得和看得清晰。这样，把宣王夜不能寐、勤于朝政的心态刻画得淋漓尽致。后来，这首诗取名"庭燎"，收入《诗经》的《小雅》中。

晚年故态复萌，政局江河日下

姜后脱簪待罪而诤谏，只能使宣王贪图享乐的懒散作风改变于一时。宣王晚年，故态复萌，而且脾气暴躁，征伐戎狄部落频频失败，又企图扩充军队，滥征民力和赋税，诛杀无辜的大臣，造成民众的怨愤，政局顿呈江河日下之势。这是由君王专制制度的本质决定的。

〇八三

废长立少生乱

兄终弟及，宋国造成悲剧

鲁武公带着两个儿子来朝见宣王，宣王喜欢其次子，命立为世子。结果鲁武公长子气死，长孙攻其叔父，宣王又率军征鲁，酿成鲁国大乱。

中国历史上奴隶制王朝或封建王朝的王位继承，以嫡长子继承最为安全、稳妥，其他的继承方式，如兄终弟及、废长立少，都会产生内乱。这是为无数历史事实所证明了的。因为王权是一切权力的中心，一旦登上王位，政治、经济、军事、生杀予夺大权就集中于一身。因此，王位成了王室亲属争夺的焦点。兄终弟及或废长立少，必然会带来兄弟和兄弟之子之间的争乱。诸侯君位的继承同样如此。西周中期，宋国就发生过一场因君位的兄终弟及而造成的惨祸。

宋湣公共去世后，由其弟熙继立，称为炀公。炀公执政时，湣公之子鲋祀组织力量攻入宫廷，弑炀公而夺其位。鲋祀向公众宣称："我应当立为国君。炀公篡位，现自食其果。"鲋祀因弑炀公而登上君位，死后谥为"厉公"。这是一场兄终弟及造成的悲剧。西周后期，宣王在鲁国因废长立少而造成攻杀之乱，又导致一场灾难。

利簋及铭文（局部图）

前810年　公元前810年

世界大事记　希腊多利安人约于此时建立科林斯城。

《史记·鲁周公世家》
《国语·周语上》
专制　恶行　忠言
宣王　鲁懿公　伯御　鲁武公

人物　关键词　故事来源

宣王废长立少，鲁武公二子丧生

宣王十一年春天，鲁武公带着长子括与少子戏来朝见周宣王。宣王喜欢鲁武公的小儿子戏，想命武公立戏为世子，即法定的诸侯君位继承人。宣王的大臣樊仲山父在旁谏诤道："不可啊！废长立少，于事不顺。不顺，必有犯王命者。故出令不可不顺啊！令不行则政不立，行不顺则民将弃君。现在天子命诸侯立少子，是教民做逆乱的事啊！鲁如听从立少而诸侯效仿，则先王立长之命将壅塞不行；如鲁不听从立少而诛杀之，则是诛杀先王之命了。王命鲁立少，鲁听从则失礼，不从而王诛杀他也失礼。此事关系重大，请王三思而行！"宣王不听劝谏，仍执意要鲁立戏为世子，鲁武公不敢违抗。武公归国后，第二年去世，即由少子戏继位，称为懿公。

懿公即位后，其兄括因长子不能继承君位，心中抑郁不平，不久就因健康状况恶化谢世了。括去世后，括的长子伯御积怨在胸，便长期在鲁国人中暗暗组织力量，准备推翻懿公。终于在懿公九年，伯御率领国人攻杀懿公，自己登上了君位。由于宣王废长立少的命令，使得鲁武公的两个儿子均在这场悲剧中丧生。

亲自率军征鲁，再杀武公长孙

然而，悲剧到此还没有终结。伯御攻杀了宣王命立的懿公自立为君，这是对宣王的公开挑战和蔑视，当然是宣王不能容许的。鲁伯御十一年，即周宣王三十二年春天，宣王亲自率军征鲁，杀戮了武公的长孙、鲁君伯御。这样，在由宣王一手造成的废长立少的惨剧中又多牺牲了一条人命。

宣王杀掉伯御后，询问鲁公子中有谁品性驯良、能使诸侯顺从者，可以继立为鲁国君。这时，樊仲山父推荐说："鲁懿公之弟称，恭敬聪明，敬重长辈；凡办事和执行刑罚，必先问问先王有什么遗训，历史上有什么先例。对于先王遗训和历史先例，他遵照实行，决不违反。"宣王听后，表示同意，便把鲁公子称召到京城，在其祖父夷王的宗庙中命称为鲁侯，这就是鲁孝公。

命令不近情理，宣王威信日减

由于宣王对诸侯国干涉过多，命令又不近情理，因此，他在诸侯中威信日减，诸侯也多有不从王命者。

鸭尊

为大鸭形，尊口在背，躯体刻饰羽毛。为了立地稳定，设计者在鸭屁股上加了个立柱，比起三足鸟尊的设计者，相形见绌。

杜伯射宣王

宣王晚年脾气暴躁，动辄杀人。大夫杜伯无辜被斩，临刑前义愤难平。三年后宣王正在打猎，一个装扮成杜伯的人窜出将宣王射死。

屡次征伐，丧师辱国

宣王晚年，屡次发动战争，镇压周边少数族叛乱，掠夺少数族的人民和财富，想以此提高王室的威望。但由于其政治失策，农田荒废，经济萧条，军队疲劳，因而屡遭失败，丧师辱国。宣王三十三年，遣兵伐太原戎。军队长途往返，毫无所获，反而遭到戎狄部落的袭击，王师受困。宣王三十八年，联合晋穆侯一起伐条戎和奔戎。由于地形不熟，指挥失当，王师又大败，损失惨重。次年，再次征调驻南方的军队，北上讨伐姜氏之戎。王师与姜戎战于千亩，即今山西介休市南。这次战争，王师远途来伐，遭到姜戎的突然袭击，失败得更惨，几乎全军覆没。

检查户口，抽丁参军，按人增税

屡次征伐失败，军队在战争中一部分被歼灭，大部分逃散。宣王感到兵员不足，财力匮乏，于是便想在太原"料民"，即检查人民的户口，按户口抽壮丁参军，出赋税上交国库。大臣樊仲山父进谏道："民众的数目是不能专门进行检查统计的啊！古代不检查而知户口多少，是因设有各种官职在管理：司民管百姓的生死登记，司商管民众的姓，司

徒管征兵服役，司寇管罪犯数目，牧人管养牲口，百工管用工制度，场人管国库收入，廪人管粮草支出。这样，人民的多少、死生，财物的出入、往来都可知道。此外，王在春耕时节举行藉田礼，在农隙时举行军事训练，也都可以熟悉人民的数目，何必大张旗鼓地专门统计呢？因民少而大检查，是厌恶政事的表现，诸侯将避而不附，也难以向人民颁布命令。况且，无故检查人口，不仅妨碍王今天对天下的治理，还将对子孙产生不利的影响。"宣王没有听从樊仲山父的劝谏，执意而行。"料民"之后，军队是扩充了，税收也增加了，但人民对统治者的怨恨情绪也加剧了。

脾气暴躁，杀戮无辜

检查户口、充实军队、开辟财源，毕竟增强了周朝的实力。宣王晚年，就曾经击溃申戎，取得过胜利。但是，宣王的脾气越来越坏。他处事专断

记录西周土地契约的散氏盘

盘通常作为盛水之器，散氏盘因为盘内的大量铭文而显出其非同寻常的意义。整个铭文记载了周厉王时期散、矢两个国在周王使臣的监督下，偿还侵占田地、双方订立契约的过程。此器具有重大的史学价值。

商周贵族服饰

暴躁，不容他人劝谏。宣王四十三年，大夫杜伯因为一件小事不顺宣王的心竟被杀戮，杜伯的儿子怕宣王迁怒于己逃到晋国避难。杜伯临刑前悲愤地说："我没有罪而君王杀我：人如死后无知，倒也罢了；如死后有灵魂知觉，不出三年，我一定要让君王知道杀戮无辜的罪孽。"宣王无辜杀杜伯，自然引起强烈的不满情绪，特别是杜伯家族中的人，更是满腔义愤，怒气难平。

杜伯鬼魂射中宣王心脏

过了三年，宣王又会合诸侯在镐京附近的圃田打猎。当时，出动的猎车有数百乘，跟从的徒众有数千人。正当中午时分，宣王在猎车上观赏野景，洋洋自得。忽然间，从道路左边，窜出一个装扮成杜伯的人，穿着红衣裳，戴着红帽子，手持红色的弓箭，朝着宣王的车前迎来。宣王大惊失色，赶忙调转车头想要逃避，但为时已晚。那个装扮成杜伯的人追到宣王车前，对准宣王就是一箭。箭不偏不倚射中宣王的心，甚至把脊梁骨都折断了。宣王顿时死在车上。当"杜伯"射宣王时，周围的人都看见了，因为怕鬼而不敢去救。这件事，很快传遍全国。史官们把它记载在《周春秋》这部史书中。

宣王晚年乱杀无辜，积怨甚多。有人假扮杜伯的鬼魂，射杀宣王，以解心头之恨。虽说是奇闻，却也并不奇怪。

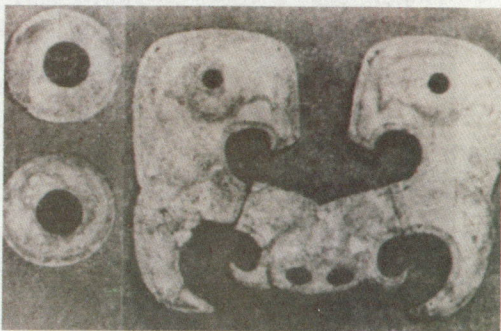

西周胄甲

商人的胄甲是用整片皮甲制成，可以防护前面，但裹甲的士兵不能自由活动。山东胶州西庵出土西周的青铜胸甲，前胸由三片组成，全形呈兽面状，后背是两个圆形甲泡，胸背甲边缘均有小穿孔，以钉缀在皮革的甲衣上。

> **历史文化百科** <

〔封建社会肇基于西周〕

按照一般的说法，夏、商、西周都是奴隶社会。但近年有不少学者撰写论文、出版专著，认为西周已形成封建社会。

他们的主要论据是：西周的井田制划分公田和私田，公田为领主耕种，私田是农民份地，这是一种封建农奴制经济；领主经济是中西封建社会的共性，若把封建社会的开始放在战国，砍掉领主经济阶段，是不合封建社会的发展规律的。

〇八五

取名"仇"起祸

西周晚期，周王室动荡不安，祸乱迭起。各诸侯国也不太平：除了鲁国因宣王强令废长立少而造成伯御之乱外，楚国和晋国公室内部，兄弟和叔侄之间因夺位的斗争也异常激烈。

晋穆侯长子取名"仇"，意在对戎狄视同仇敌；少子取名"成师"，意在成就大业，出师得胜。后仇与叔父争位，造成内乱；成师封于曲沃，日益壮大而攻杀晋君。君王给儿子起名，可不慎乎！

楚国因兄弟争位而互相残杀的惨剧

楚熊渠兴兵攻伐，扩大疆土，分封他的几个儿子为王，后因怕厉王伐楚而去其王号。熊渠死后，他的几个儿子开始争位。长子熊毋康早死，由次子熊挚继立。熊挚有的史书上写作熊挚红，他体弱多病，小弟熊延就胁迫他退位而自立为楚君。熊挚被赶下台后逃到夔（音葵），在今湖北秭归。夔后来成为楚的附庸之国，其国君称夔子。

熊延夺了兄的君位，死后传给其子熊勇。熊勇去世后，君位又传给其弟熊严。熊严有四个儿子：长子伯霜，次子仲雪，三子叔堪，少子季徇。熊严死后，长子伯霜继立，称为熊霜。熊霜在位时，三个弟弟也想仿效先人赶走其兄，矛盾尖锐，争夺激烈。熊霜因烦恼过度，在位六年就去世了。熊霜一死，三个弟弟的君位之争就达到白热化的程度。经过骨肉相残的搏斗，老二仲雪被杀死，老三叔堪逃亡至濮，一个南夷少数族建立的小国避难，在今湖北石首市南。小弟季徇以强暴的手段夺取了君位，称为熊徇。楚国因为君位传子还是传弟没有明确的制度，故国君亲属间经常发生互相残杀的惨剧。

晋太子仇袭杀殇叔而登君位

北方的晋国和楚国存在着同样的弊病。晋穆侯四年，娶齐君之女姜氏为夫人，至七年伐条戎时生下一子。穆侯定此子为太子，为晋君的法定继承人，取名为"仇"，意思是对常来侵扰的戎狄部落要视同仇敌。过了三年，穆侯助周宣王伐千亩之姜戎有功获得嘉奖。此时恰巧生下小儿子，便取名"成师"，意在出师得胜，成就大业。对于穆侯给两个儿子所取的名字，当时的晋大夫师服就议论说："奇怪啊，君侯给儿子取名，太子叫仇，仇即仇恨，仇敌；小儿子叫成师，是要成功的预兆。名字是自己取的，物兆是自己定的。现在君侯两个儿子的取名，长幼、嫡庶正好反逆，此后晋国能不乱吗？"

繁缛雕饰的折觥及铭文（上图及右页图）

西周前期青铜器折觥，1976年陕西扶风出土。折觥前端作羊首形，大而长的双角弯下垂，阔鼻突目，两齿外露，气势雄奇，后端作饕餮面。巨目咧嘴，双角作卷曲夔龙形，翘出器盖。盖中脊有两个形态不同的兽首，盖上两侧饰回首卷尾夔纹一对。体前有流，饰卷鼻兽及长羽冠鸟。腹饰兽面纹，圈足饰夔纹，折为兽首、鸷鸟、象鼻组成的圆雕。造型优美，纹饰精细。器底和盖各有铭文40字，内容是折奉周王命向侯传达命令，而受赏为父乙铸器。此事发生在周康王十九年。

公元前800年左右 >

世界大事记

希腊出现铁锄、装有铁铧的犁和其他铁制工具。

晋穆侯　太子仇　成师

狡诈　残忍

《史记·楚世家》

《史记·晋世家》

人物　关键词　故事来源

　　师服的预言真的应验了！晋穆侯二十七年去世后，其弟殇叔夺君之位自立，这对太子仇是个严重的挑战。他没有防备殇叔的夺位，自知力量敌不过殇叔，只得出奔他国，暂时避难。到殇叔四年，太子仇率领其组织的徒众悄悄进入晋国，一举袭杀殇叔，自己登上君位，称为晋文侯。这是晋穆侯死后发生的第一次内乱。

成师后代连杀晋君而成大事

　　晋文侯去世后，由其子伯即位，称为昭侯。昭侯元年，封叔父成师于曲沃，在今山西闻喜县东北。曲沃的邑大于晋的都城翼，成师又行德政，远近之众都来归附。曲沃的力量日益壮大，经过几代人的争斗，成师的后代曲沃武公连续攻杀晋国国君晋哀侯、晋小子和晋侯缗，尽并晋地而成为晋君，真的实现了"成师"之名，晋国公室长达六七十年的内乱才告平息。

　　有人认为：晋国的长期内乱都是由于晋穆侯给两个儿子起名不当所引起的。这虽是无稽之谈，但有鉴于此，在奴隶或封建社会，给儿子起名，特别是给君王的儿子起名，可不特别慎重！

〇八六

地震议政

幽王二年，京城周围发生大地震。史官议论："不出十年，周朝就要灭亡！"时势的发展果然如此。史官的预言为何能这样灵验？

幽王二年山崩地裂

滥杀无辜的周宣王在田猎活动中，被装扮成屈死的杜伯鬼魂追射，中箭身亡。这使满朝上下，人心惶惶。宣王死后，由他的儿子宫涅继位，他就是西周的末代天子周幽王。幽王即位的第二年，宗周王畿周围发生了大地震。真是灾难迭出，祸不单行！

这次大地震，波及的范围非常广。周王畿附近的三条大川泾水、渭水、洛水，都发生剧烈震荡。地震的强度也相当高，出现了许多奇异的现象。据说地震时，天空昏暗，电闪雷鸣，所有河流中的水都沸腾起来，像烧开了似的。大山和小丘都裂开崩倒，其声隆隆。本来是很高的山崖，忽然下陷成为峡谷；本来是很深的沟堑，突然隆起成为丘陵。地震中人民生命和财产的损失，更是不计其数。

太史预言周朝灭亡不过十年

看到这种情景，周朝的太史伯阳父观察自然的变化，又联系到当时祸乱的频仍，分析说："周朝将要灭亡了！我看天地的气流，有它一定的顺序。如果这顺序有了错乱，一定是有人在破坏它。阳气伏在下面出不来，阴气逼迫使其不能上升，于是就有地震。现在三条大川都震得很厉害，是阳气失去其所在的位置而为阴气镇住之故。阳气失其位而在阴气之下，大川的源流必然堵塞，川源堵塞则国必亡。水土滋润生物而民得财用，水土干枯，人民困乏，怎能不亡？一个国家的兴衰与山川之形关系极大，山崩川竭，这是亡国的征兆啊！以前伊水、洛水枯竭而夏朝灭亡，黄河水枯竭而商朝衰亡。现在周朝的德行就像夏商二代的末尾，其川源又堵塞枯竭。周朝灭亡，不会超过十年，这是数目进位的极限。上天抛弃周朝，不会超过极限。"

流言蜚语真的应验

这一年，周王畿附近的三条大川都枯竭无水，岐山也发生崩裂倒塌现象。到幽王十一年，周朝都城镐京就被西戎攻破，幽王被杀，西周灭亡。从幽王二年发生地震，到十一年宗周城被攻破，间隔岁月不过九年。伯阳父的预言真的应验了。

地震是自然界常有的地壳运动现象，往往会造成灾害。当政治稳定、经济繁荣、百姓安居乐业的时候，地震不会引起人们太多的议论，造成的损失也会很快弥补。但当政治暴虐、经济衰败、民不聊生的时候，地震常被人们当作天地发怒的征兆，由此而引出国家灭亡、改朝换代的流言蜚语。

西周主要封国一览表

国名	位置	始封人	君姓	始封时	分封身份	迁移状况	灭亡时
芮	今陕西大荔东南		姬	文王时	古国		春秋初期被秦灭
管	今河南郑州市	叔鲜	姬	武王时	武王弟		周公东征时被灭
蔡	今河南上蔡	叔度	姬	武王时	武王弟	春秋时迁河南新蔡，又迁今安徽凤台，称为下蔡	公元前447年被楚灭
霍	今山西霍州市	叔处	姬	武王时	武王弟		公元前661年被晋灭
祝	今山东济南市西南		姬	武王时	尧后代		
杞	今河南杞县	东楼公	姒	武王时	夏禹后代	春秋时迁往山东	公元前445年被楚灭
蓟	今北京大兴区		姬	武王时	黄帝后代		
焦	今河南陕县南			武王时	神农氏后代		春秋时灭亡

邶	今河南汤阴东南	武庚	子	武王时	商纣之子		周公东征时被灭
鄘	今河南卫辉市	管叔、蔡叔监管		武王时			周公东征时被灭
卫	今河南淇县	康叔封	姬	周公时	周公弟	春秋时迁至今河南滑县、濮阳	公元前254年被魏灭
朝鲜	今朝鲜平壤市一带	箕子	子	武王时	商纣庶兄，贤者		
齐	今山东淄博市	吕尚	姜	周公时（一说武王时）	功臣	战国初年君权被田氏篡夺	公元前221年被秦灭
鲁	今山东曲阜市	伯禽	姬	周公时	周公长子		公元前256年被楚灭
吴	今江苏南部	周章	姬	武王时	周太王子太伯、仲雍后代		公元前473年被越灭
虞	今山西运城市	虞仲	姬	武王时	周章弟		公元前655年被晋灭
毕	今陕西西安西北		姬	武王时	武王弟		西周后期绝封
原	今河南济源市		姬	武王时	武王弟		
鄌	今陕西户县东		姬	武王时	武王弟		成王时被黜
郇	今山西临猗西南		姬	武王时	文王子		春秋时被晋灭
邘	今河南沁阳市	邘叔	姬	武王时	武王第二子		
应	今河南宝丰西南		姬	武王时	武王第四子		
虢(东虢)	今河南荥阳市	虢叔	姬	西周初			春秋前期被郑灭
虢(西虢)	今陕西宝鸡市	虢仲	姬	西周初	文王弟	春秋初年迁今河南陕县	春秋前期被郑灭
陈	今河南淮阳	满(胡公)	妫	武王时	舜后代		公元前478年被楚灭
燕	今北京市	召公奭	姬	武王时	周同姓亲戚		公元前222年被秦灭
楚	今湖北西南部	熊绎	芈	周公时	功臣鬻熊后代		公元前223年被秦灭
晋(唐)	今山西翼城	叔虞	姬	周公时	成王弟	春秋时都城屡迁，不断扩大。	春秋末年被韩、赵、魏三家瓜分
郕	今山东宁阳东北	叔武	姬	周公时	周公弟		春秋时被鲁灭
毛	今河南宜阳	叔郑	姬	周公时	周公弟	毛叔郑采邑在陕西扶风，后东迁至河南建国	
聃(冉)	今河南开封市	季载	姬	周公时	周公弟		春秋初期被郑灭
郜	今山东成武东南		姬	周公时	周公弟		春秋初年被宋灭
雍	今河南修武西		姬	周公时	周公弟		
曹	今山东定陶西南	叔振铎	姬	周公时	周公弟		公元前487年被宋灭
滕	今山东滕州西南	叔绣	姬	周公时	周公弟		战国时被宋灭
韩	今河北固安东南		姬	西周初	武王子		
韩	今陕西韩城市		姬	周公时	成王弟		春秋初被晋灭
凡	今河南辉县市		姬	周公时	周公子		春秋时被戎伐
蒋	今河南固始东北	伯龄	姬	周公时	周公第三子		
邢	今河北邢台市		姬	周公时	周公第四子		公元前635年被卫灭
茅	今山东金乡县茅乡		姬	周公时	周公子		
胙	今河南延津北		姬	周公时	周公子		
祭	今河南郑州东北		姬	周公时	周公第五子		
宋	今河南商丘市	微子启	子	周公时	商纣庶兄		公元前286年被齐灭
薛	今山东滕州市		任	周公时	夏商贤臣后代		战国初期被齐灭
邻	今河南新密市		妘	西周初	祝融后代		春秋初期被郑灭
莒	今山东胶州市西南	兹舆期	己	西周初	古国	春秋初迁至今山东莒县	公元前431年被楚灭
随	今湖北随州市		姬	西周初			战国初期被楚灭
许	今河南许昌市	文叔	姜	西周初		春秋时屡迁徙	战国初期被楚灭
秦	今甘肃天水市北	非子	嬴	孝王时	养马有功	春秋时迁往陕西	公元前221年统一中国
吕(甫)	今河南南阳市西		姜	西周初	四岳后代		春秋初期被楚灭
郑	今陕西华县	友(郑桓公)	姬	宣王时	宣王弟	西周末年迁往今河南新郑市	公元前375年被韩灭
申	今河南唐河南	申伯	姜	宣王时	宣王母舅		春秋初期被楚灭

十四岁少女当了宠妃

周幽王初年，尽管发生了强烈的地震，灾情严重，百姓情绪波动，但是荒淫昏庸的幽王却只当没有这回事，照样追求享受，寻欢作乐。就在地震后的次年，幽王看中了一位年仅十四岁的美丽少女褒姒，宠爱无比。从此，幽王与褒姒朝夕相随，唯命是听。当时有诗人愤怒地指出："赫赫宗周，褒姒灭之。"说是褒姒把幽王引向邪路，干了许多坏事，导致西周王朝的灭亡。

褒姒是千年前两条神龙的唾液所变

那么，褒姒是何许人？她怎么会来到周朝王宫，把幽王弄得神魂颠倒？说起褒姒的由来，可有一段不平凡的经历。据说，夏朝末年，有两条神龙忽然来到夏帝的宫廷中，宣布说："我们是褒国两个先前的国君。"夏帝看到这两个怪物，惊恐不已，不知如何办才好。他占卜叩问上天：是杀掉或赶掉它们，还是留住它们，卜兆显示的都是不吉利；又占卜叩问，请它们留下口水唾沫收藏起来如何，得到了吉兆。于是，连忙陈放了玉帛等财物，把请神龙留下唾液之事写在

竹简上，向龙求拜。那两条神龙果然飞去不见了踪影，只留下一堆唾液，夏帝命人把那唾液装在一个荒唐的匣子中珍重地收藏起来。

夏朝灭亡了，那只装着神龙唾液的匣子传到殷朝宫廷。殷朝灭亡了，匣子又传到周朝。经过三个朝代，一千多年，没有人敢打开这个匣子。但到胆大妄为的厉王时，他想探究匣子中的秘密，便打开匣子观看。不料匣子中的唾液大量流出，在宫廷中到处流淌，无法止住。厉王一时束手无策，便想出了一个"以邪止邪"的办法。他召来许多宫女，命她们脱光衣服，在旁大声喧嚷，发出怪叫。说来也真奇怪，那些赤身露体的宫女如此一喧闹，那流淌满地的唾液忽变为一只黑色的大甲鱼，爬到厉王的后宫去了。后宫有个正在换牙的童妾恰巧出来，大甲鱼就爬到她的身上。那童妾到了婚嫁年龄，未嫁丈夫而有孕在身，不久便生下一女。童妾惧怕那女是妖孽所变，便把女婴抛弃在路边，让随便什么人把她带走领养。

幽王为美色倾倒而走向灭亡

其时厉王已经去世，宣王继位执政。民间有童谣说："檿弧箕服，实亡周国。"檿弧是桑木的弓，箕

褒姒来历

幽王的宠妃褒姒据说是千年前两条神龙的唾液变成的甲鱼爬到童妾身上所生，是个妖孽之种。这是史官根据女人是"祸水"的理论而编造出来的。

世界大事记

印度出现"古儒"学校。"古儒"是指对《奥义书》进行研究的专家，他们从事对青少年的教育工作。

《史记·周本纪》
《国语·郑语》

幽王　褒姒
谎骗　荒淫

人物　关键词　故事来源

"女人是祸水"论的受害者

一个美女的奇异诞生，似乎昭示了她将给西周带来亡国之祸。于是，古人生出了美人倾国、女人是祸水的谬论，把国家衰亡的责任统统推到女人头上，这显然太不公平了。褒姒是最早被戴上这顶帽子的美女，她该是"亡国祸水"中最无辜的一个，也是最早的受害者之一。图为清代《百美新咏》和《美人百态画谱》中的褒姒形象。

是箕木的箭，服是箭袋。童谣传言有上述弓箭及袋的人，会使周国灭亡。宣王听说有一对夫妇正在卖这种弓箭及袋，就把他们抓起来准备杀掉。那对夫妇设法在夜间从关押所逃出，跑到道路上时，听见后宫童妾所弃女婴的啼哭之声。循声寻去，发现女婴。卖弓箭夫妇见那女婴可怜，就把她抱起，一起奔逃到了褒国，其地在今陕西勉县东，正当周都的西南面。

光阴荏苒，过了若干年，卖弓箭夫妇带到褒国去的女婴，已长成一个美丽的姑娘。那时宣王也去世

了，其子幽王刚刚即位。褒国国君褒姁因事得罪了幽王，幽王派兵攻伐，把褒姁抓了去。褒人向幽王献上那姑娘，赎褒姁的罪。幽王答应了，立刻释放褒姁，把那姑娘置于后宫中。因为那姑娘是从褒国来的，褒国为姒姓，故称她为"褒姒"。幽王三年，王到后宫中见到褒姒，为其美色所倾倒，宠爱无比，日夜不肯分离。从此，幽王的大祸临头了，西周王朝便一步步走向灭亡！

根据"女人是祸水"而编造的荒诞故事

很早以来，人们便有这样一种说法："女人是祸水。"你看：妹喜迷住了夏桀而导致夏朝灭亡，妲己迷住了殷纣而导致殷朝灭亡，褒姒迷住了幽王而导致西周的灭亡，历史不是清楚地证明了这一点吗？于是，有的好事者便编了这样一个关于褒姒的离奇故事，说褒姒是千年以前两条神龙的唾液变成的甲鱼爬到童妾的身上所生，童妾本要抛弃的女婴却被带到褒国，长大后又回到周朝后宫，将幽王迷倒。按照上面所说的来历，褒姒是个妖孽之种、狐狸精一类的怪物，因而有如此魔力。这个故事当然不可能是真的，然而它一经编出，许多史官便纷纷把它载入史册，使它广为流传。显然，"祸水论"便是这个故事编造和流传的根源。

207

○八八

烽火戏诸侯

为博取褒姒一笑，幽王命烧起烽火，让诸侯军队都来营救。这种昏庸举动，引起诸侯们的普遍厌恶和反对。

宠妃生活优裕，还感缺少乐趣

周幽王自见到褒姒，被她的绝色美貌迷住了，终日和她厮混在一起，早把朝政抛在脑后，对国家一切事都不闻不问。平日对褒姒千依百顺，给她吃的都是山珍海味，穿的都是绫罗绸缎，住在豪华的宫室之中，金银财宝满堂，奴婢、仆人随便使唤。但褒姒仍不满足，总感到缺少乐趣。幽王最喜

骊山烽火台：烽火戏诸侯
烽火台是传递信号的。白天烧柴生烟为号，称作"燧"，夜间举火把为号，称作"烽"。烽和燧置于一连串的烽火台上，绵延传递，以告知远方各诸侯前来援助。此烽火台相传是周幽王烽火戏诸侯的地方。

欢看到褒姒的笑容，因为她笑起来特别美，但褒姒就是不笑。尽管幽王使用了种种逗笑的方法，还是没有让她笑起来。

烧烽火，敲战鼓，拿诸侯军队寻开心

周朝的都城附近常有戎狄部落来侵扰。为迅速通风报信，使各诸侯国在戎狄入侵时前来营救，周朝从都城到四周的各条大道上都建造了烽火台，每隔一定距离建造一个。烽火台建在高处，中间放上柴草或狼粪，有专人看管。烽火台上同时设有大鼓，这种大鼓敲击起来声音极响，能传得很远。制度规定，一旦发现戎狄部落入侵或有其他军事情况需要紧急救援，烽火台上白天就燃起浓烟，晚上便烧起大火。邻近的烽火台看到烟火，知道有紧急情况，也马上跟着燃放烟火。同时，烽火台还要敲起大鼓，附近的烽火台听到鼓声也立刻响应。这样一传十，十传百，四周各诸侯国看到烟火，听到鼓声，应该立即出兵，赶赴都城营救。当出现紧急的军事情况时，哪一个烽火台没有燃放烟火或敲击大鼓，哪一个诸侯看到和听到信息不出兵救援，就要受到严厉的惩罚。

一天，幽王正愁无法使褒姒张开笑口。他看到王宫附近有个烽火台，忽然想出了一个能使褒姒开心的妙法。他命人烧起烽火台的烟火，并亲自在台上敲击大鼓。周围的烽火台看到都城的烽火台冒烟了，以为有紧急军事情况，也赶忙烧起烟火，敲起战鼓。不过一会儿工夫，都城四周上空便浓烟滚滚，鼓声震天。邻近的诸侯看到浓烟又听到鼓声，都纷纷穿上戎装，驾着战车，率领着大队人马前来救援。四面八方的诸侯军队都汇集到京城来了，但

公元前800年左右

世界大事记 印度婆罗门教在各地设置了一些称为"图洛司"的学舍，培养教士，向人民群众灌输神学思想。

《吕氏春秋·疑似》
《史记·周本纪》

昏庸 幽王
怨愤 褒姒

人物 关键词 故事来源

却没有发现异常情况。当诸侯们知道是幽王为博得宠妃褒姒的一笑而拿他寻开心时，一个个气得火冒三丈，但又无可奈何，只好大呼"上当"。褒姒在王宫的城楼上看到众多的人马不召自来，一个个垂头丧气的狼狈样子，不禁大笑起来。幽王看到褒姒终于开了笑口，也暗自得意这个点子出得好，心中十分欣喜。

昏庸举动预示着末日来临

诸侯们率领军队来回奔波，累得精疲力竭，又没有遇到什么敌情，却被幽王和宠妃耍弄了一顿。他们越想越气愤，发誓下次看到烽火，听到鼓声，再也不来被人玩弄了。为了使褒姒继续发笑，幽王后来如法炮制，又在烽火台放了几次烟火，敲了几次大鼓，但

烽火戏诸侯（上图及左图）

据说周幽王为了博得美人一笑，竟想出了"烽火戏诸侯"的馊主意。周王与诸侯有约，如果有外寇侵扰，点燃烟火为信号，以告知诸侯前来援助。周幽王自作自受，戏弄诸侯以取乐，结果联军真的攻来，诸侯愤而不发援兵，致使国破身亡。

率领军队到京城"救援"的诸侯越来越少。他们不再理睬幽王的胡作非为了。这样，烽火台就变得形同虚设，不能再起到传递军事信息、国王和诸侯间互相救援的作用了。

动用国家的军事警报设施，虚报敌情，摆布四面诸侯的军队来回折腾，耗费大量的资财、人力，为的只是博取宠妃的一笑。幽王的这种昏庸举动，引起诸侯们的普遍厌恶和反对。这预示着幽王末日的来临。

幽王　申后　宜臼

《诗经·小雅·小弁》
《史记·周本纪》

怨愤　屈辱

人物　关键词　故事来源

前780年

公元前780年

中国大事记

宗周王畿附近发生大地震。周太史预言："周朝将要灭亡了！"

〇八九

宜臼怨愤

幽王宠爱褒姒，乃将前妻所生的太子宜臼逐出宫廷。宜臼受此打击，忧伤怨愤。但他依靠外祖父的帮助，最终还是登上王位。

立褒姒为王后，废前太子宜臼

幽王在见到褒姒前，已经立申侯的女儿为王后，称为申后。申后生有一子，取名"宜臼"，已立为太子。幽王自看到如花似玉、姿色迷人的褒姒，便终日与她相伴，寻欢作乐，把申后和宜臼抛在一旁，态度冷漠。不久，褒姒生下一子，取名"伯服"。幽王想废掉申后把褒姒立为王后，碍于大臣和诸侯的劝谏，一直下不了决心。幽王八年，当褒姒长到十九岁的时候，他不顾诸侯和大臣的反对，终于立褒姒为王后而废

警惕操行的玉器

西周时期，着装时配饰的玉器已相当考究。据说，人在行走时候，身上的玉器互相碰撞会发出悦耳的响声，以此来提醒主人万事宜谨慎从容，不可操之过急。此件玉器上以龙为纹饰，应是君王所有。

去申后，同时立褒姒之子伯服为太子，废前太子宜臼，将他逐出宫廷。

心中忧伤，悲诗吟唱

宜臼受此打击，心中忧伤怨愤，百感交集。他走在田野上，触景生情，创作了一首缠绵悱恻的诗歌，独自吟唱起来：

"看那快乐的乌鸦，扑打着翅膀飞回。人民莫不好好生活，而我偏落在忧愁里。为何祸从天降，什么是我的罪？我心中的忧伤啊，有谁知道呢？平坦坦的国道，长满了野草。我心中的忧伤，就像有人在乱捣。和衣躺下长叹，忧伤使人变老。"

"看那桑树和梓树是祖先所栽，定要恭敬地对待。儿子无不尊敬父亲，儿子无不依恋母亲。现在我既不属于父亲，又不得依靠母亲。上天生下我啊，我的出路何在？葱郁的杨柳，鸣叫的蝉，水深的大池，茂密的芦苇。我好比乘船在水中流淌，不知漂向何方？"

"看那鹿儿在狂奔，四足在急急地跳动。雄鸡在早上高叫，还在追求雌鸡的爱情。譬如那些坏树，病枯了就没有枝叶。看那被捉的兔子，或许还有人会放开他。路上有死人躺着，或许还有人来埋葬他。你君子的居心，竟是那样残忍！我心中的忧伤啊，涕泪早已滚滚！"

依靠外祖父伸雪怨恨

宜臼吟唱的这首诗歌，感情真切，凄楚动人，后来编入《诗经·小雅》中。宜臼的父亲幽王因为有了宠妃褒姒，残忍地将他抛弃；宜臼的母亲申后也被幽王废黜，使他的怨屈无处申诉。但是，宜臼有一个当诸侯的外祖父申侯，依靠着他的帮助，经过一场暴风雨的洗礼，宜臼的怨恨得到伸雪，最终还是登上了周朝的王位。

○九○

幽王之死

以追索宜臼为名，幽王准备攻申。申侯联合犬戎攻破镐京。幽王带着褒姒仓皇出逃，被杀于骊山脚下。

斩草除根，调动军队准备攻申

幽王为博得褒姒的欢心，废去以前立的申后，立褒姒为王后；罢黜以前命的太子宜臼，立褒姒之子伯服为太子。申后是申侯的女儿，宜臼是申侯的外孙。申后和宜臼既被废黜，就逃奔到他们的娘家和外祖父家，居于今陕西、山西间的申国。幽王害怕宜臼将来要报复，想斩草除根，杀掉宜臼，便问申侯要人。申侯当然要保护自己的外孙，拒绝交出宜臼。于是，幽王以追索宜臼为名，调动军队准备攻申。为取得诸侯的支持，幽王在十年春与诸侯盟于太室，但来参加盟会的诸侯甚少。特别是西北边境接近戎狄部落的诸侯，对幽王的盟会根本不予理睬。

遇险情，烧烽火，全都按兵不动

申侯因为自己的女儿被废，外孙宜臼被黜，本来胸中就有一团怒火。现在听说幽王还要来进攻申国，就与在今河南方城一带的缯国联合，并会同西戎中的一支犬戎部落，在幽王十一年春大举进攻镐京。幽王见申、缯联军及犬戎来犯，连忙命人燃烧烽火，通知诸侯发兵来救。四周的诸侯以为又是幽王和褒姒在开玩笑，全都按兵不动，烟火烧得再浓，战鼓擂得再响，也不见诸侯援兵的影踪。

幽王被杀，褒姒成了战利品

在内无精兵、外无援军的情况下，宗周镐京很快被申、缯和西戎的联军攻破了。幽王带着褒姒和新立的太子伯服仓皇出逃，联军在后紧紧追赶。当逃到今西安市临潼区东南骊山脚下一个叫戏的地方，幽王被联军追上，连戳数刀，结果了性命，伯服同时被杀，褒姒则成了犬戎的掳获品。联军在镐京城内烧杀抢掠，席卷大批珠玉财宝而去。

共立宜臼为王，由秦襄公护送迁都

幽王被杀后，由申侯提议，鲁侯和许文公赞同，共立避居于申的幽王原太子宜臼为王，他就是周平王。与此同时，虢公翰也在镐京附近的携，立周王室亲属王子余臣为王。这样，西周末年出现了二王并立的局面。因为余臣不是幽王的嫡子，故后来以其所在地名为号，称为携王。

在镐京遭到犬戎袭击、幽王被杀的危急关头，处于西部地区为孝王和宣王所封的秦国，其国君秦襄公率兵救周，与犬戎发生多次激战。因为镐京已破残不堪，且有戎狄常来骚扰，已不能作为国都，秦襄公就派兵护送平王，向东迁都至洛邑。平王感谢秦襄公的相助，即封襄公为诸侯，并赐以西部大片土地。平王东迁后，携王成了一个累赘，不久即被晋文侯所杀。这时已经到了东周初年。

被褒姒迷得晕头转向的幽王，随意废立王后和太子，玩烽火戏弄诸侯，最后导致自己惨遭杀害，国破家亡，人民遭受严重的苦难，其子平王只得东迁，西周王朝就此宣告结束。这个教训和夏桀、殷纣的自取灭亡一样，是沉痛而又深刻的。

周幽王和褒姒（上图）

讽刺诗流行

在政治腐败、兵荒马乱的西周末年，人们作了大量讽刺诗，其讽刺的矛头直指君王和高层贪官，在中国历史上是很少见的。

西周末年，特别是幽王时期，贪官污吏横行，民穷财尽，幽王嬖爱宠妃，唯妇人之言是听，国都被攻破，兵荒马乱，生灵涂炭，于是人们作了讽刺诗到处传唱，抨击统治者的丑行和社会的腐败，表达人们的悲愤心情和对美好事物的向往。讽刺诗的大量出现，成为这一时期突出的社会现象。

揭露太师尹氏的丑态

有一首诗，题名"节南山"，是大夫家父讽刺幽王时的大臣太师尹氏的。诗中唱道："高高的南山，巨石岩岩。显赫的师尹，人民都在向你看。国家快要灭亡，你为何不见？上天正在降灾，到处都是丧乱。人民对你没有好言，你还不知道儆戒！尹氏太师，你是国家的支柱，掌握着国家政权，四方诸侯靠你维系，天子靠你辅弼。可是你不亲察政事，民众对你不相信。你安插的裙带亲戚，没有一个计谋之士。你不好好从政，结果劳苦了百姓。上天不平，我王不宁。我家父作诗讽咏，以追究害王的元凶。愿你改变心思态度，以安抚这千邦万国！"诗歌直抒胸臆，揭露太师尹氏的丑态，希望他改邪归正。

指责宠妃危害，艳妻煽风

揭露幽王溺爱宠妃、指责褒姒的诗歌，数量相当多。有一首题为"正月"的诗唱道："正月多霜，我心忧伤。人民如今将有危殆，看老天爷还在昏昏。心里的忧愁，好像有了结子。如今的政治，为什么这样丑恶？赫赫盛大的宗周，褒姒可要毁灭它？"一首题为"十月之交"的诗又讽刺说："十月里日月交会，发生了日食。日月告人凶灾，不以它的常轨运行。四方

诸侯没有善政，不用忠良之臣。皇父是卿士，番氏是司徒，家伯是太宰，还有艳妻在旁吹风！皇父好聪明，在向作都邑。选用三官吏，囤藏多粮米！"类似这样讽刺统治者没有道德、昏庸无能、贪赃枉法、妇言是听，反映局势混乱、民众痛苦的诗歌，还有《雨无正》《小旻》《巧言》等许多首。

痛惜国家衰败，矛头直指昏君

在抨击社会黑暗和统治者昏庸的讽刺诗中，要算凡伯讽刺幽王的两首诗笔锋最为尖刻，态度最为激烈。凡伯在厉王时也写过《板》诗进行痛斥，到幽王时他又作诗揭露和控诉。在一首题为"瞻卬"的诗中，凡伯怒斥说："仰望着苍天，就不给我们恩惠！国家多动乱，士民同受病。人家有田地，你反占有它。人家有奴隶，你又强夺他。此人该无罪，你反拘捕他。那人应有罪，你倒放脱他。智慧的丈夫成城，智慧的妇人坏城。看那艳妇，是不孝鸟、是猫头鹰。妇人有长舌，就是祸根。乱子不是从天降，就生于妇人。不可教不可诲，就是因为与妇人亲近！"凡伯另作《召旻》

> ### 历史文化百科
>
> **〔中国最早的改革家〕**
>
> 周公是怎样的人？在历史上作用如何？历来众说纷纭。有人说他是政治家，有人说他是野心家。近年有学者指出，他是中国最早的改革家。
>
> 周公进行经济改革，授田于民，提高农夫生产积极性；进行政治改革，封建侯国，巩固中央政权和边防安全；进行文化改革，制礼作乐，调整社会规范，用艺术感化民众。经过三方面的改革，周初人民和睦，颂声四起，天下太平。

前798年 公元前798年 >

世界大事记 以色列国王约阿斯收复以色列失地。

《诗经·小雅·节南山》等

家父 凡伯 谭大夫

讽刺 怨愤

人物 关键词 故事来源

独特的装饰技巧

此簋山西省曲沃县曲村晋国墓地出土，与同一墓地出土的西周早期青铜簋相比，这件约晚了一个世纪的食器显得结构复杂。四条足的设计非常精巧，因簋腹上有四个均匀分布的环形耳，耳下又有类似耳坠的小耳（称为珥），小耳向下延伸超过圈足并取代之，于是形成了"多足"簋。

残酷剥削压迫，社会严重不公

西周王朝统治者的奢侈生活，是建立在对东方广大诸侯国人民的残酷剥削上的。西周末年，在今山东济南附近的谭国有一大夫作了一首题为"大东"的讽刺诗，对此事作了揭露和讥评。诗中唱道："周家的大道如磨石般平坦，像箭一般笔直。它是当官的君子所行走，平民小人只能在旁观看。不论是大东还是小东地区，织布的原料都被搜刮一空。凄楚地暗自叹息，可怜我们劳苦的人。东方的子弟，只当苦差；西方的子弟，衣冠楚楚；有专业人的子弟，失去职位；贵族亲戚的子弟，百官都做。"诗歌始终以东人和西人、平民和权贵加以对比，揭露社会的矛盾和剥削压迫的严酷。

一诗，大声疾呼："苍天可恨可怕，沉重降下死亡。给我们带来饥荒，人民尽在流亡。我看这个国家，无处不在溃烂！池水的枯竭，不是从边上开始的吗？泉水的枯竭，不是从中间开始的吗？普遍的受害呀，灾情波及面这样广。从前先王受命，有召公这样的大臣，每日开辟国土百里，如今呀每日缩小国土百里。呜呼哀哉！如今的人啊，是否还能恢复故旧？"从周末的兵荒马乱，想到周初的欣欣向荣，作者的心情是沉痛和哀伤的。

那么多讽刺诗都是对当时现实的直接写照。这在中国历史上是很少见的。

公元前779—前772年

前779年
前772年

〇九二

中国大事记

为引褒姒一笑，幽王玩弄烽火戏诸侯。

不平则鸣

上自王后、太子、卿士，下至士、小吏、宦官，都因目击丑恶、遭遇不平而作了许多咏叹诗，表达了西周末年各阶层的心声。

除了揭露社会丑恶的讽刺诗外，还有抒发个人怨愤的咏叹诗，也在西周末年大量出现。中国古代有位哲人曾说："不平则鸣。"这种咏叹诗就是看到社会上的各种不平事而发出的呼声。咏叹诗在社会上广泛传唱，在许多人的心中引起共鸣，与讽刺诗起着同样的针砭时弊的作用。

鞭挞官场中的罪恶行径

有苏公和暴公两人，同在幽王的朝廷当卿士。暴公在幽王面前说苏公的坏话。苏公受到迫害，心中怨恨，便作诗抨击道："他是什么人？用心好险恶。为啥过我桥，不入我的门？说的他是谁？就是指暴公。二人相随行，谁造此灾祸？开始不找我，现说我不可。他是什么人？为啥过我庭？我听见其声，不见其人影。这次他进来，使我添忧愁。大哥吹陶埙，二弟吹竹篪。你我串一线，难道不知我？摆出猪犬鸡，诅咒你暴公。你若是鬼蜮，则不可看见。见你有面目，做人却滑头。作此善意歌，警告你别反复！"这首诗题名"何人斯"，对暴公在官场中居心叵测、踩着别人的肩头往上爬的罪恶行径，进行无情的鞭挞。

指控毁谤别人的造谣者

还有一个遭人污蔑的宦官，也发出不平之鸣。宦官就是太监，他愤怒地指控造谣者。诗中唱道："花纹错综，织成锦缎。那毁谤的人，做事太缺德！窃窃私语、翩翩往来，阴谋毁谤人。你的毁谤上面听信，已经升了你的官。毁谤的人趾高气扬，受害的人心里忧伤。苍天苍天，看那毁谤者的模样，可怜这受害者的沮丧！取那毁谤者，投给豺狼虎豹。

豺虎不吃，再投向极北荒地。北地不受，再投给上天审判。杨园里踩出一条道路，加在田亩之上。内臣孟子，作了这诗。请所有君子，敬而听之！"这首诗题名"巷伯"，是作者的官名。诗作者对毁谤的人深恶痛绝，可见他一定是受了莫大的冤屈。

怨恨苦乐不均的社会现象

西周等级制度完备，"人有十等"，"士"处在下层。西周末年，有一个士作了一首题为"北山"的诗，愤怒指责统治阶级中劳逸悬殊、苦乐不均的不合理现象。诗中唱道："登上北山，采摘枸杞。强壮的士，早起晚睡做事。王的工作没有休止，父母在家不能服侍。普天之下，莫非王土。土地之上，莫非王臣。但大夫分配不均，我的工作最累！有的人安然休息，有的人疲于奔命；有的人逍遥自在，有的人痛苦辛劳。有的人饮酒作乐，有的人畏惧罪过；有的人自由出入高谈阔论，有的人事事要做身负重任。"诗作者的怨恨和不平，反映了当时统治阶级的分化：有人高官厚禄，尽情享乐；有人终日劳累，动辄得咎。

有个小官吏被分派到南方当差，遭遇变乱，久不得归，受尽苦楚，作了一首诗题为"四月"，抒发内心的怨恨："四月已是夏天，六月到了盛暑。先祖不是人吗，怎么忍我受苦？秋日凉风凄凄，百草干瘪枯萎。乱离害人苦啊，何处将是依归？冬日寒冷凛冽，北风呼呼狂叫。他人生活都好，何独害我难熬？看那泉水，时清时浊。我在天天遭祸，何时才能有好生活？鞠躬尽瘁来作王事，竟得到如此虐待！君子作这诗歌，只向大家报哀！"诉苦楚、鸣不平的诗作者，十分明显是统治阶级中的下层人物。

控诉没良心、换花样的男人

在那妖魔横行、控诉无门的年代，谁有了冤屈，谁就作诗抒发哀怨之情。被废的太子宜臼也曾作《小弁》诗叙其忧伤，被黜的申后也作过一首题为"白华"的诗，诗中唱道："菅草开出了白花，白茅把它捆束。这个人的远离，使我感到孤独。一朵朵白云，滋润着那些菅茅。命运的艰难，是这个人不好！砍那桑树当作柴烧，添在灶中用火来烤。就是那个大人，真使我心瘁劳！鸳鸯成双成对在水坝玩乐，把嘴插在左边翅膀。这个人没有良心，再三换花样毫无道德。有扁平的石头，踩着它不能升高。这个人的远离，使我忧病心里乱糟糟！"诗中的"这个人"就是指幽王，可见她心中的怨恨有多深！

丰富多样的生活画卷

上自王后、太子、卿士，下至士、小吏、宦官，都因目击丑恶、遭遇不平作了许多咏叹诗。这些诗歌展现了西周末年丰富多样的生活画卷，使我们了解到统治集团中各阶层人物的心声。

祭祀祖先、祈求福寿的井叔钟

这是西周中期的一件青铜器，同时出土两件，一大一小，酷似一对兄弟。周身花纹精美，有雷纹、鸢鸟纹。这样的钟敲起来，声音一定是悦耳动听。周身有突出的圆柱，为钟常有的装饰物。它的底部不是平齐的，从照片上看，像一座拱桥，这不仅是为了美观，一定具有调音的作用。钟上还有铭文三十九字，记载了铸钟的目的，就是为了祭祀祖先、祈求福寿。

215

公元前774年 >

〇九三

郑桓公救国

眼看幽王昏庸腐败，西周将要灭亡，郑桓公在东边今河南中部找了块地方把妻儿、人民安顿下来，使郑国免遭灭亡之祸。

一个人有远见，会给他的生存发展带来无穷活力；一个诸侯、国君有远见，会给国家的生存发展带来巨大影响。西周末年郑桓公救国的故事，充分说明了这一点。

眼看政局腐败，寻求避难的落脚点

郑桓公名友，是周厉王的小儿子，周宣王的小弟弟。宣王非常喜爱这个小弟，在他即位后二十二年便封姬友于郑，在今陕西华县东，建立郑国。姬友当

了国君即郑桓公后，爱护百姓，悦近来远，深得周围民众的拥戴。周幽王八年，郑桓公又被任命为周王室的司徒，进入朝廷当官。当时幽王迷恋宠妃褒姒，烽火戏诸侯，最后竟立褒

西周早期的典范之作
簋又写作殷，是商周时期的盛饭工具。文献中说是用来盛黍稷稻粱的器皿，容量为一升或二升，这件铜簋出自山西省曲沃晋国墓地，是西周早期青铜铸造业的典范之作。极具动感的画面，显示出了武王伐纣立国后周人的奋发向上的拼搏精神，精湛的铸造技艺又述说着已逝的三千年前的辉煌。

姒为王后、褒姒之子伯服为太子，废掉以前立的申后和太子宜臼。在朝廷内部和诸侯国之间，矛盾急剧加深。

眼看王室政局腐败，可能导致倾覆，近在咫尺的郑国说不定会连带遭殃。桓公忧心忡忡地向太史官请教说："王室将会有变故，我到哪里可以逃避灾难？"太史思考一下后答道："只有洛邑的东面，黄河、济水之间一块地方可以落脚。"桓公不明其中缘故，问："为什么？"太史分析说："因为那里地近虢、郐两国。这两国国君贪而好利，百姓不附。现在公身为王室司徒，声名远扬。公如果提出要在那里居住，虢、郐国君见公为朝廷大官，必然会分地给公。公若得地而居，则虢、郐之民都成为公的民众了。"

郑桓公还想看看是否还有其他可以考虑的地方，便问："我如向南到长江、汉水一带去，怎么样？"太史答道："那里有楚国。从前祝融当高辛氏的火正官，功劳甚大，楚君是他的后代。周朝衰败，楚国必兴。楚国兴盛强大，郑国就难于立足了。"桓公听后觉得很有道理，但为了更加踏实起见，又问："我要是到谢邑西面的九州去，又怎样呢？"谢邑是宣王之舅申伯封国所在，在今河南唐河县南。谢邑西面是尚未开发的蛮人聚居之地，故太史回答："那里人民贪利而狠毒，难与他们久处。"郑桓公见确实没有比洛邑以东，黄河、济水以南更合适的地方了，他就进一步向太史请教历史发展的趋势，他说："周朝衰落后，何国会兴起？"太史答："是齐、秦、晋、楚吧！齐国，姜姓，是伯夷的后代，伯夷曾辅佐过尧主持典礼；秦国，嬴姓，是伯翳的后代，伯翳曾辅佐过舜繁殖牲畜。还有楚君的祖先，都曾有功于天下。成王封其弟叔虞于唐，后改名晋，其地险阻，以此有德，也必然兴盛。"桓公对于太史的分析，深感有理，连连称"善"。

以财物换取土地，把国家迁到河南

于是，郑桓公给了位于今河南荥阳东北的虢国和位于今河南新密市东南的郐国的国君许多财物，要求让出一块地方来。虢、郐两君得到周王室司徒的赠物，自然不敢怠慢，果然让出了两个邑。郑桓公便把他的妻子、儿女，还有许多人民、财产都迁到那里。这是周幽王九年的事。

动乱爆发，新的郑国在危难中诞生

过了两年，动乱果真爆发了。申后的父亲申侯联合缯国以及西戎中的犬戎，进攻镐京，幽王被杀。郑桓公在朝廷做官，同时遇难。申、缯联军和犬戎部队在镐京城内烧杀抢掠，洗劫一空。镐京附近的郑国也遭到犬戎部队的蹂躏。虢国和郐国想乘机收回给郑桓公的二邑。这时，郑桓公之子继任了国君，即是郑武公。他率领成周之师向虢、郐两国发起反攻，又占领了八邑之地。于是郑国正式在洛邑东面宣告成立，建都于今河南新郑。周平王东迁后，郑武公先后攻灭郐和虢，疆土日益扩大，成为春秋初年的强国。郑国一直存在到战国中期的公元前375年，才为战国七雄中的韩国所灭。在西部今陕西华县的郑国被犬戎攻灭后，东部的郑国又在危难中诞生，竟延续国祚近四百年。

如果郑桓公没有远见，看不出西周将要灭亡，没有事先在东面找一块土地，把妻子、儿女、亲属和人民移居过去，那么郑国早就被西戎所灭，也就不会有东周时的郑国了。正因为郑桓公能看到历史的发展动向，及早作好准备，才使西面的郑国破灭后，东面的新的郑国得以继续存在。可惜郑桓公还是考虑不周，他自己没有及早避难而死于兵祸战乱之中。

○九四

金文宝器

西周流传下来铭有金文的铜器有数百件，这些金文记录了征伐、分封、买卖、诉讼等许多重要史事，每件都是传世珍宝。

记录当时史实的传世珍宝

西周时期，有一个特殊的文化现象，就是金文的盛行。金文是指铸或刻在铜器上的铭文，因为这些有铭文的铜器主要是钟和鼎，所以过去也称"钟鼎文"。铜器上的铭文从商代开始已经出现，但都比较简单。到西周时，不但有铭文的铜器特别多，而且铭文也变得相当长，有的铭文长达四五百字。至东周列国时期铭文又趋于简单，到秦汉已基本上看不到长篇铭文了。西周大量出现的金文，所叙述的历史涉及面很广，又记录在当时铸造的铜器上，是绝对可靠的。这些史实极其珍贵，可以弥补史书所记的不足。因此，每一件铭有金文的铜器，都是传世珍宝。

为了叙事的方便，史学家对每一件金文宝器都取一个名。取名的方法是根据金文的记事，先找出作此铭文的器主，然后加上此铜器的器形，有时再在器主名前加上其官职。例如作金文的器主名班，器形是簋，就称该器为"班簋"；作金文的器主名大，器形是鼎，器主的官职是作册，就称该器为"作册大鼎"。

三千多年前武王伐纣的战争风暴

有些金文，记录了西周历史上相当重要的史事。如

金文中食物用字
民以食为天，金文中常出现的食物用字如鹿、马、鱼、牛、麦、黍、稻、豚。

1976年在陕西临潼发现的"利簋"，铭文有32字，大意是说："武王征商，在甲子日的早晨，先举行了岁祭，并进行了贞问，兆象很好，很快攻克商都。过了八天到辛未日，王在阑师，赐给右史利金（即铜）。利觉得很光荣，作一铜器表示纪念。"这段金文记述武王伐纣的牧野之战，是在甲子日的早晨，与文献记载完全相符。它是三千多年前这场历史风暴的真实记录。

康王分封吴君的详细经过

分封诸侯是西周历史上经常发生的大事，有许多金文宝器是记录诸侯分封的经过的。如1954年在江苏丹徒县发现的"宜侯夨簋"，记录宜侯在康王时受封所得的礼器、土地、人民，其中包括王人、甿、庶人等的情况。据专家分析，这个"宜侯"就是周王对吴国国君的早期称呼。这件铭有一百多字金文的铜簋，是记载吴君在西周初期正式被周王分封的宝器。

征伐鬼方，获得大量战利品

西周时期中央王朝与周边的少数族经常发生战争，有许多铜器铭文是记录这些战争的情况的。如

> **历史文化百科**
>
> 〔金文研究的著作〕
>
> 由于有铭文的青铜器大量出土，其学术价值不断提高，故对金文的研究著作也纷繁迭出。属字典的有容庚《金文编》等，属通论的有马承源《中国古代青铜器》等，属资料的有罗振玉《三代吉金文存》等，属考释的有郭沫若《两周金文辞大系图录考释》等。
>
> 目前，金文研究争论较多的有西周历谱、铜器断代等问题，尚待进一步深入探讨。

大量记载西周官名的矢令方尊

矢令家族是西周早期的一个大家族，矢令方尊记载了该家族的显赫历史，其铭文中还提及大量的西周官名，具有重大的史料价值。"矢令"系列铜器除了方尊之外，另有簋、方彝等存世。

近代出土的"小盂鼎"铭文，记述盂受康王之命征伐鬼方，结果取得大捷，共抓获敌酋长二人，斩杀敌四千八百余人，抓获俘虏一万三千八十一人，还获得了马、车、牛、羊等战利品。从这些金文的记载中，可以知道中央王朝对周边的掠夺和周边对中原王朝侵扰的详情，也是弥足珍贵的资料。可惜这件铜器已在战乱中亡佚，现仅存金文的拓本。

土地交易和奴隶买卖的真实情况

土地交易和奴隶买卖在西周时开始出现，有不少金文是记载这样的事情的。如1975年在陕西岐山县发现的"裘卫盉"铭文，记载恭王时有个贵族矩伯庶人在裘卫那里取了朝觐用的玉璋，作价贝八十朋，答应给裘卫田一千亩。矩伯又取了两块赤玉的琥以及其他物品，作价贝二十朋，答应给田三百亩。裘卫把这件事告诉五位执政大臣，五大臣就命令司徒、司马、司空三职官到场，把矩伯的田付给裘卫。又如清代发现的西周铜器"曶鼎"铭文，记录了周孝王时贵族曶用一匹马和一束丝折价购买五个奴隶，以及有人用田七百亩和五个奴隶赔偿曶禾谷损失的事。从这些金文可以看出当时的土地制度和奴隶价格等状况，也是研究西周社会史的极珍贵的资料。

西周社会生活的百科全书

此外，有的金文还记录了当时的诉讼情况。如与上述"裘卫盉"同时发现的"㑒匜"铭文，记述牧牛和他的上级师㑒打官司的经过。这篇金文是研究我国法制史的珍贵材料。还有的金文记载一个家族的发展经历。如1976年在陕西扶风县发现的"史墙盘"铭文，记述殷末周初时，殷朝微国一直任史官的微史家族来见周武王，受到良好的接待，以及这个家族在周朝长期的工作生活情况。这篇金文又是研究殷周社会转变时期的政策和周朝家族制度的第一手材料，具有极重要的价值。

西周金文所记载的内容既丰富，又真实可靠。如果说，商代的甲骨文是商代社会生活的百科全书，那么，西周金文完全可以和它媲美。数百件铭有长篇金文的西周铜器，是中国文化富有特色的瑰宝。

聚焦：公元前 1046 年至公元前 771 年的中国

殷周间之大变革，自其表言之，不过一姓一家之兴亡与都邑之移转，自其里言之，则旧制度废而新制度兴，旧文化废而新文化兴。

王国维

周人的生活礼仪，具有强烈的社会功能。群体性远远超过了个人情感。西周的礼仪，大致见于春秋。宗族的社会组织，长期为中国古代社会的基石。

梁启超

周之文化以礼为渊海，集前古之大成，开后来之政教。

柳诒徵

西周在中国哲学史上有两个巨大的贡献，一个是存在于《周易》一书中的阴阳说，另一个是存在于《尚书·洪范》里的五行说。前者代表古代的朴素的辩证法思想，后者代表古代的原始的唯物论思想。

许倬云

由部落联盟向国家过渡的过程，就是民族开始形成的过程，夏、商、周三个王朝相继兴替，形成了中华民族历史上最早的国家，也促成夏人、商人、周人的融合。三族到西周时已融合为一体，具备了民族的基本特征。

陈连开

从西周开始，社会文化的浓郁的宗教迷信氛围渐次被注重世事的精神所冲淡。"殷人尊神，率民以事神。……周人尊礼尚施，事鬼神敬而远之"。对天神的无条件的绝对依赖，修正为有条件的相对崇拜。天神是膜拜的对象，但同时也成为人们思考的对象。

冯天瑜

文苑泰斗，学术名家，聚焦于公元前1046年至公元前771年的中国。他们以宏观或者微观的独到眼光，对西周社会的政治经济和社会文化的各个层面作了深入浅出、鞭辟入里的解析。这些凝聚了高度智慧的学术精华，历经岁月洗礼，常读常新，是我们走进中国历史文化殿堂的引路人。

自商以前到周初，由部落到封建等级国的演变完成了，这个演变完成之时，周初的经济空前进步。因着经济的进步，由封建等级国到统一帝国的演变，又将在春秋战国到秦汉时代逐步完成。

周谷城

西周的政权是封建领主阶级的政权，这个政权的基础是封建领主阶级的土地世袭所有制。由于土地层层分封以及由此而形成的土地所有的等级结构，就使得这个政权既具有地方分散性，又具有等级从属关系。

翦伯赞

很多人都知道，古代中国的礼制常常是被追溯到周公那里的，"周公制礼作乐"的传说究竟有多少真实性，现在已经不太好说了，但是西周是一个礼制很发达的朝代。

葛兆光

夏商周在文化上是一系的，亦即都是中国文化，但彼此之间有地域性的差异。

张光直

西周是继夏、商二代建立的王朝，西周的政治文化在两代的基础上有了光辉灿烂的发展。孔子就曾说："周监于二代，郁郁乎文哉！吾从周。"儒家从孔子开始，一贯推崇西周的政治文化，特别推崇西周开国君王文王和周公。孟子进一步把从尧、舜、禹、汤、文王到孔子推尊为"圣人"的传统。荀子又开始把代表西周政治文化的《诗》、《书》、《礼》、《乐》作为儒家的经典。因而西周的政治文化，包括周文王，周公等人物，影响很是深远。

杨宽

图书在版编目（CIP）数据

诗经里的世界 / 杨善群，郑嘉融著． 上海．上海锦绣文章出版社，2014.2（2019.3重印）
（话说中国：普及版）

ISBN 978 - 7 - 5452 - 1256 - 3

Ⅰ．①诗… Ⅱ．①杨…②郑… Ⅲ．①中国历史—西周时代—通俗读物

Ⅳ．① K 224.09

中国版本图书馆 CIP 数据核字（2013）第 062526 号

责任编辑	李　欣	顾承甫		
特邀审读	王瑞祥			
特邀编辑	王建玲	侯　磊	刘言秋	李曦曦
整体设计	袁银昌	李　静		
电脑绘画	严克勤	王　伟		
图片整理	居致琪			
印务监制	张　凯			

书名

诗经里的世界
　　——公元前 1046 年至公元前 771 年的中国故事

著者

杨善群　郑嘉融

出版

上海锦绣文章出版社 · 上海故事会文化传媒有限公司

发行

上海文艺出版社发行中心
（上海市绍兴路50号　　邮编：200020）

印刷

北京一鑫印务有限责任公司

版次

2014年2月第1版　2019年3月第3次印刷

规格

787 × 1092　1/16　印张 14

书号

ISBN 978 - 7 - 5452 - 1256 - 3/K · 431

定价

42.00元

告读者　如发现本书有质量问题请与印刷厂质量科联系 T：010—61424266